杭州旅游及其近代命运

项文惠　著

ZHEJIANG UNIVERSITY PRESS
浙江大学出版社

图书在版编目(CIP)数据

杭州旅游及其近代命运 / 项文惠著. —杭州:浙江大学
出版社,2018.9

ISBN 978-7-308-17892-1

Ⅰ.①杭… Ⅱ.①项… Ⅲ.①地方旅游业－旅游业发
展－研究－杭州－近代 Ⅳ.①F592.755.1

中国版本图书馆 CIP 数据核字(2018)第 012565 号

杭州旅游及其近代命运

项文惠 著

责任编辑	傅百荣	
责任校对	杨利军 边望之 於国娟	
封面设计	杭州隆盛图文制作有限公司	
出版发行	浙江大学出版社	
	(杭州天目山路 148 号 邮政编码 310007)	
	(网址:http://www.zjupress.com)	
排 版	杭州隆盛图文制作有限公司	
印 刷	虎彩印艺股份有限公司	
开 本	710mm×1000mm 1/16	
印 张	16.75	
字 数	300 千	
版 印 次	2018 年 9 月第 1 版 2018 年 9 月第 1 次印刷	
书 号	ISBN 978-7-308-17892-1	
定 价	49.00 元	

目　录

绪　论

一、研究现状述评及其意义

受制于中国历史被分成古代、近代和现代的惯性思维,中国旅游的进程也被分成古代、近代和现代,其中,1840—1949 年是中国近代旅游的形成和发展阶段,不仅对中国近代社会产生了广泛而深远的影响,而且为中国现代旅游的发展奠定了良好的基础,是中国旅游发展进程中承上启下的重要阶段[①],具体表现在:吃、住、行、娱、游、购旅游六要素初露端倪并日益完善,显现近代化的特征;在全球范围,随着大众旅游时代的到来,旅游业正渐成新兴产业,在经济结构中所占比重不断扩大。在这一背景下,现代意义上的旅游研究由此启动,并取得了一定成果。仅据书目文献出版社 1981 年出版的《1833—1949 全国中文期刊联合目录》(增订本)统计,就有《旅行月刊》、《旅外岭东周报》、《旅行周报》、《旅行》、《旅行卫生》、《旅行天地》、《旅行杂志》、《旅行便览》、《旅光》共9 种旅游报刊,其中,创刊于 1927 年春季的《旅行杂志》出刊周期最长(1955 年改为《旅行家》,存在 28 年,出版 28 卷)。旅游书籍除各种游记、旅行指南、名胜介绍不计其数外,《中国近代现代丛书目录》和《民国时期总书目》著录相关著作、译作有数十种之多。这些论著立足现实,借鉴西方,内容包括旅游经济理论、旅馆饭店经营、旅行卫生、资源开发、景区建设、旅游审美、旅游文化。总

[①] 郑焱、杨庆武:《30 年来中国近代旅游史研究述评》,《长沙大学学报》2011 年第 1 期。

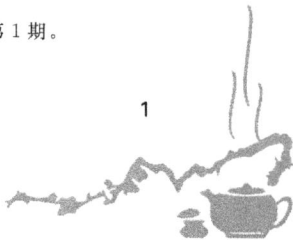

体上，这些论著有明显的"两多两少"的特点：一是因西方旅游近代化的实践水平和理论研究都较中国领先一步，故研究中"拿来主义"的东西相对较多，自己创新的成分相对很少，如，论著中经常连篇累牍地引用西方旅游的各项统计数据，介绍各国旅游发展的现状和对策；二是研究者多数凭借个人经验，基于感性认知，针对当时中国旅游发展中存在的问题提出建议，就事论事，现身说法，故研究中应用对策相对较多，理论思考相对很少，如，陈其英《庐山面目新认识》，蒋德敬《开辟浙东风景区 建设雁荡山》《建设浙江名胜区域》等。尽管如此，它们也为今天研究中国近代旅游保留了第一手的资料。[①]

但是，一般人"从一种想当然的经验出发，认为旧中国贫困落后，除少数官吏、富商和外国人偶尔的游山玩水之外，旅游业作为一个经济部门是根本不存在的，在人们的印象中，旅游进入他们的生活空间不过是近二三十年的事情"，使"关于中国近代旅游的宏观经济分析，由于缺乏起码的基础研究，而大多语焉不详，甚至付之阙如"[②]。在此后的数十年间，研究几乎停滞，鲜有成果。20世纪80年代初期开始，面对旅游业给一个国家和民族带来的冲击、影响、利益和问题，以及对未来经济社会发展前景的深远意义，尤其是随着中国现代旅游业在经济结构中地位的持续提升，"人们对研究旅游经济现象和本质产生了广泛、浓厚的兴趣"，"旅游经济学已成为经济学研究领域中一个新兴分支和应用型学科"[③]。研究取得了可喜的成果。然而，这些研究同样有两个明显的特点：一是仍然处于对西方研究成果介绍、引进和演绎的阶段，而忽略了对中国自身旅游发展规律的探索以及历史上经验教训的总结；二是着重关注旅游业的经济属性，而忽略了对作为经济社会、历史文化现象的旅游业尤其是中国旅游近代化的研究。与这一背景相关的论著并不少，郑焱、杨庆武通过对中国期刊网、国家图书馆数据库的检索，统计出1980年以来的30年间共有216种关于旅游的论著，其中，专著23部，期刊论文151篇，学位论文42篇，并按研究内容将其分为"近代旅游史总体研究"、"近代旅行社研究"、"近代特定人物及群体旅游活动研究"、"近代旅游思想研究"、"近代会展旅游研究"、"近代旅游地、游憩区建设研究"、"近代旅业同业公会研究"、"近代区域旅游史研究"、"近代出入境旅游活动研究"、"近代旅游企业建设研究"、"近代旅游经济研究"、

① 贾鸿雁：《民国时期旅游研究之进展》，《旅游学刊》2002年第4期。
② 张俐俐：《近代中国旅游发展的经济透视》，天津：天津大学出版社1998年版，序。
③ 张俐俐：《近代中国旅游发展的经济透视》，天津：天津大学出版社1998年版，前言。

"近代旅游出版物研究"、"近代餐饮业研究"、"近代旅游交通研究"、"近代旅游文化研究"、"近代旅馆业研究"16 个类别。[①] 但就总体而言，将中国近代旅游作为分析核心的论著仅 20 种而已，主要有专著和论文两大类。

　　专著类有：王淑良、张天来的《中国旅游史（下册）》"近现代部分"，从 1840 年鸦片战争至 1945 年抗日战争期间，分 11 章 23 节，叙述近现代旅游发展的进程，介绍各种旅游活动的模式及著名人物的旅游经历，评点近现代旅游的思想理论，总结近现代旅游发展的经验教训。[②] 但该书系旅游管理专业系列教材之一，事实叙述相对较多，理论思维显得不足。张俐俐的《近代中国旅游发展的经济透视》，分 6 章 21 节，从海关档案和其他档案中，收集 1879 年至 1928 年间中国出入境旅游人数、外国人客源产生地和入境目的地、国内旅游人数和 19 世纪末 20 世纪初中国国际旅游收入和支出的数据，运用旅游经济的理论和方法，经过计量分析，对中国旅游近代化的发展状况做了全面系统的描述，计算了其增长过程中存在的周期波动、随机波动、季节波动，阐明中国旅游经济的发展水平、基本规律和影响因素；通过比较，考察了美国、日本、中国旅游经济发展的特点及其影响因素；追溯近代中国旅馆业的发展状况，揭示其管理水平、经营特点、运行规律等。该书完全以海关数据替代旅游数据，并以此分析中国出入境旅游人数、国际旅游收支情况，有夸大中国出入境旅游人数和作用等不足之处，但开创了从经济学角度研究中国旅游的先河，其许多观点、结论具有开拓和奠基的性质，至今难以逾越。刘佛丁主编的《中国近代经济发展史》[③]一书之第八章"近代旅游业的产生和发展"，系张俐俐所作，资料、观点、结论与上述《近代中国旅游发展的经济透视》大同小异。此外，现有的旅游史专著多以古代中国旅游部分为主，有关近代中国旅游的研究内容所占篇幅并不多，往往浮光掠影，甚至一带而过，如，彭勇主编的《中国旅游史》，除导论外，分 5 章 19 节，有关中国旅游近代化的内容仅占 1 章 3 节。[④]

　　论文类有：在《近代中国旅游发展的经济透视》出版前后，张俐俐发表了《近代中国国际旅游客源市场浅析》[⑤]、《中国、日本、美国近代国际旅游收支比

　　① 郑焱、杨庆武：《30 年来中国近代旅游史研究述评》，《长沙大学学报》2011 年第 1 期。
　　② 王淑良、张天来编：《中国旅游史（下册）》，北京：旅游教育出版社 1999 年版。
　　③ 刘佛丁主编：《中国近代经济发展史》，北京：高等教育出版社 2001 年版。
　　④ 彭勇主编：《中国旅游史》，郑州：郑州大学出版社 2006 年版。
　　⑤ 张俐俐：《近代中国国际旅游客源市场浅析》，《南开经济研究》1997 年第 6 期。

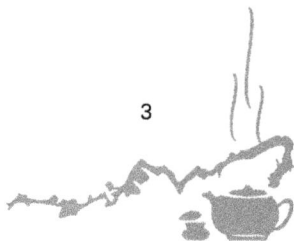

较分析》①、《近代中国第一家旅行社述论》②三文,其中《近代中国第一家旅行社述论》根据档案和报刊中的文字记载,对中国第一家旅行社的发展状况和经营管理进行了微观分析,梳理出许多值得借鉴的历史教训。贾鸿雁有《民国时期文化名人旅游特点浅析》《民国时期旅游研究之进展》《略论民国时期旅游的近代化》三文。第一篇总结了民国时期文化名人旅游的5个特点:踏迹访古,钟爱历史文物;心与物游,重视美感体验;游必有记,促进文艺创作;考察之旅,服务科学研究;奔走天下,长怀救国之心。③ 第二篇概括介绍了民国旅游研究的主要进展,指出取得的成绩以及存在的问题,具有较高的学术价值。④第三篇按照时间顺序,将民国旅游的发展进程分成抗战以前、抗战期间、抗战之后三个阶段,并从规模、内容、方式、文化等层面分析了旅游近代化的特征,指出民国时期在旅游实践和旅游理论研究上取得的成绩,表明该时期是中国旅游发展史上不可或缺的一环,在由古代旅游向现代旅游转型的过程中起着承上启下的作用。⑤ 吕伟俊、宋振春《陈光甫的旅游管理思想与实践》⑥,郑焱、易伟新《中国早期旅游企业的企业文化建设——兼析企业文化建设与研究起于何时》⑦,潘虹、庄东芳《陈光甫之中国旅行社对中外文化交流的影响》⑧等文,从不同的角度论述和探讨了民国时期中国旅行社的经营业务、思想理念及其影响。陈蕴茜《论清末民国旅游娱乐空间的变化——以公园为中心的考察》一文认为:现代意义上的公园由西方传入中国后,最早出现于上海租界,再向华界逐步扩展,民国时期由沿海开放口岸向内陆城镇发展,成为人们旅游娱乐休闲的主要场所,并随着殖民主义的渗透成为政治空间,"折射出在近代特殊的历史背景下中国现代化过程中中西文化融合、殖民主义与民族主义冲突的发展轨迹",体现了清末民初中国社会在殖民主义影响下由传统走向现代的

① 张俐俐:《中国、日本、美国近代国际旅游收支比较分析》,《南开经济研究》1998年第5期。
② 张俐俐:《近代中国第一家旅行社述论》,《中国经济史研究》1998年第1期。
③ 贾鸿雁:《民国时期文化名人旅游特点浅析》,《桂林旅游高等专科学校学报》2002年第2期。
④ 贾鸿雁:《民国时期旅游研究之进展》,《旅游学刊》2002年第4期。
⑤ 贾鸿雁:《略论民国时期旅游的近代化》,《社会科学家》2004年第3期。
⑥ 吕伟俊、宋振春:《陈光甫的旅游管理思想与实践》,《东岳论丛》2002年第2期。
⑦ 郑焱、易伟新:《中国早期旅游企业的企业文化建设——兼析企业文化建设与研究起于何时》,《湖南师范大学学报》2003年第6期。
⑧ 潘虹、庄东芳:《陈光甫之中国旅行社对中外文化交流的影响》,《吉林省经济管理干部学院学报》2016年第1期。

本质特点。①　张进《近代商人与民国旅游事业的发展》一文,以张謇、荣德生、荣宗敬、陈光甫等近代商人营造地方社会环境、保护修复旅游资源、规划建设旅游景区、配套旅游服务设施为切入点,考察了近代商人在推动近代中国旅游事业现代化演变中的作用,认为近代商人发展旅游事业既是对近代旅游理性认识的现代反映,也是爱国爱乡、学习西方、发展公益的思想境界和人格追求的具体表现。②　李艳纯《近代上海都市旅游研究(1912—1936)》③、姜涛《近代广东旅游的兴起与开发(1930—1927)》④、潘研《俄日殖民统治大连时期的旅游业》⑤、包振山《近代青岛旅游客源研究》⑥、胡孝林《苏州旅游近代化研究(1912—1937)》⑦、吴常燕《近代山东旅游研究(1840—1937)》⑧等文,分别研究了上海、广东、大连、青岛、苏州、山东等地的近代旅游。

有关近代杭州旅游的研究一直很薄弱,几乎接近空白,至今仅有几篇论文涉及。在周峰主编的杭州历史丛编之五《元明清名城杭州》中,如《元明清杭州的饮食业》、《元明清杭州的西湖园林》、《明清西湖画舫》、《元明清杭州的旅游》等⑨,杭州历史丛编之六《民国时期杭州》中,如《杭州最早的市内公共汽车》、《杭州民间娱乐事业》、《杭州西湖园林》等⑩,或多或少有叙述近代杭州旅游的内容,但并不是严格意义上的学术论文。《民国时期城市政府行为与杭州旅游城市特色的显现》一文认为:1927年正式设市是杭州城市发展历史上的重要关节点之一;截至抗战爆发前的十年时间内,杭州市政府依据城市特色,确定杭州旅游城市的发展方向,并以西湖风景区开发为重点带动市政建设和经济文化发展,从而使杭州城市功能优势得到充分发挥,旅游城市的特色显著增强;杭州独特的城市发展道路,从一个侧面说明了民国时期作为城市管理和城

①　陈蕴茜:《论清末民国旅游娱乐空间的变化——以公园为中心的考察》,《史林》2004年第5期。
②　张进:《近代商人与民国旅游事业的发展》,《南通纺织职业技术学院学报》2007年第1期。
③　李艳纯:《近代上海都市旅游研究(1912—1936)》,湘潭大学硕士论文,2003年。
④　姜涛:《近代广东旅游的兴起与开发(1930—1927)》,华南师范大学硕士论文,2007年。
⑤　潘研:《俄日殖民统治大连时期的旅游业》,《大连近代史研究》2007年。
⑥　包振山:《近代青岛旅游客源研究》,中国海洋大学硕士论文,2011年。
⑦　胡孝林:《苏州旅游近代化研究(1912—1937)》,苏州科技学院硕士论文,2011年。
⑧　吴常燕:《近代山东旅游研究(1840—1937)》,山东师范大学硕士论文,2013年。
⑨　周峰主编:《元明清名城杭州》,杭州:浙江人民出版社1990年版。
⑩　周峰主编:《民国时期杭州》,杭州:浙江人民出版社1992年版。

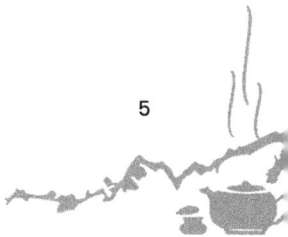

市建设主体的城市政府,已初步显现推动城市发展的主导性作用。①《杭州旅游业和城市空间变迁(1911—1927)》一文,考察了 1911—1927 年间杭州城市从"闹市区"到"新市场"的空间变化,以揭示杭州和周围农村、杭州和大上海之间,在社会和文化关系上的重大变迁,认为变迁影响了杭州对自己城市的重新定位,以提供新的服务并替代正迅速转移到其他地方的产业,而最终导致新的旅游业的出现。"像现代杭州这样的城市之所以存在,是因为有了上海这样的城市"②。《民国时期杭州近代旅游业研究》一文依据相关档案文献史料,从民国时期杭州旅游景观的改旧增新入手,重点研究了民国时期杭州的三大旅游支柱产业:以"中国旅行社杭州分社"为代表的旅行社企业,以中西式旅馆为代表的旅游住宿业,以铁路、公路为主的新式交通客运业。特别关注这三大行业中具有近代旅游特征的经营活动和营销策略,力图探求杭州近代旅游业的发展轨迹,进而探讨新兴的旅游产业给近代杭州城市和社会带来的种种影响。③

对中国旅游近代化也包括近代杭州旅游研究的简单回顾,表明虽经过多年的辛勤耕耘,相关学术成果并不丰硕,研究的广度与深度更显不够。正因如此,加强对近代杭州旅游的研究,无疑是一个富有意义、充满挑战的课题。而学术研究的基本任务和可贵之处在于面对困难,勇于探索,不断创新。以下是选择对近代杭州旅游进行研究的缘由:

第一,如上所述,多年以来对中国旅游的研究,主要集中在对中国古代或传统旅游的考察上,而缺少对旅游近代化的具体解读,有关近代杭州旅游的研究也相应地很薄弱,几乎就是一片空白,至今仅有寥寥数种论著。因此选择某个地区某个时期的旅游进行具体研究,探索其盛衰变迁的历史及特定历史条件下旅游活动的本质、规律和特点,可以为研究中国旅游发展的进程提供一个典型的案例,弥补过去重中国古代旅游轻中国近代旅游的研究缺憾。

第二,工业革命确立了资本主义制度的体系,"资产阶级,由于一切生产工具的迅速改进,由于交通的极其便利,把一切民族甚至最野蛮的民族都卷到文明中来了。它的商品的低廉价格,是它用来摧毁一切万里长城、征服野蛮人最

---

① 赵可:《民国时期城市政府行为与杭州旅游城市特色的显现》,《中共杭州市委党校学报》2004年第 2 期。

② 汪利平:《杭州旅游业和城市空间变迁(1911—1927)》,《史林》2005 年第 3 期。

③ 雷利娟:《民国时期杭州近代旅游业研究》,杭州师范大学硕士论文,2011 年。

顽强的仇外心理的重炮"①。在整个 19 世纪,工业化的浪潮席卷全球,铁路、公路、轮船等近代交通工具的诞生,改变了旅行速度,催生了旅游近代化的发端。与此同时,随着经济发展与生活水平的提高、西俗东渐与价值观念的衍变,市政建设有序展开,城市功能开始显现,中国旅游业已开始近代化的进程。而要深入了解中国旅游近代化的基本状况、发展水平,以及对当时经济社会、历史文化的深刻影响,必须解剖某一个案,通过还原当时交通工具、基础设施、服务设施、资源开发、旅游活动、客源市场、旅游文化的面貌和情景,以具体地区、具体时期为研究的切入点,为进一步深入研究中国旅游近代化的进程提供实证支持。

第三,社会发展是一种历史的现象,表现在发展的前后连续,今天的发展必定以昨天的存在为基础。近代是中国历史也是中国旅游发展的重要阶段,是考察旅游近代化如何经过艰难曲折,逐步地、缓慢地向前迈进的不可回避的历史环节。杭州自宋室南渡定都后,渐成东南地区繁华之地,同时也是著名风景名胜城市。改革开放以来,旅游业作为杭州第三产业的支柱产业获得了迅速发展,2015 年实现旅游总收入 2200.67 亿元。其中,旅游外汇收入 29.31 亿美元,接待入境游客 342 万人次,接待国内游客 1.2 亿人次;拥有各类旅行社 685 家;星级酒店 186 家,其中,五星级酒店 24 家,四星级酒店 46 家;A 类景区 54 个,其中,5A 级景区 3 个,4A 级景区 34 个。②《杭州市旅游业发展总体规划(2006—2020 年)》确定的未来杭州旅游发展的目标是:东方休闲之都,品质生活之城。并构建"一心一轴七区五翼"的旅游空间格局。所谓"一心",是"旅游增长与创新中心",即,杭州的中心都市区,特别是以西湖为核心的城市建成区;"一轴",是以"三江一湖"(钱塘江—富春江—新安江—千岛湖)为旅游发展轴;"七区",是七大"优先发展区",包括西湖风景旅游区、西溪国家湿地公园、京杭运河杭州旅游带、湘湖旅游度假区、钱江观潮旅游区、千岛湖风景旅游度假区、天目山自然旅游区;"五翼",是杭沪、杭宁、杭甬、杭徽和杭金衢旅游合作翼。因此进行近代杭州旅游研究具有特殊的历史和现实意义,将从某一侧面展示时代的特征和社会的风貌,揭示杭州从传统旅游迈向近代旅游的轨迹,从中获得可以借鉴的经验教训。

---

① 马克思、恩格斯:《共产党宣言》,载《马克思恩格斯选集》(第一卷),北京:人民出版社 1972 年版,第 255 页。

② 杭州市统计局等编:《杭州市国民经济和社会发展 2015 统计公报》,2016 年。

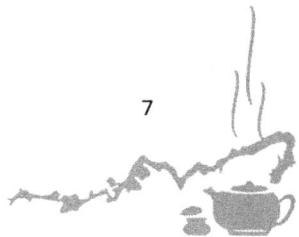

可以预期的是,首次梳理近代杭州旅游的盛衰变迁,揭示杭州旅游近代化的进程,有利于唤起人们对杭州以致人类所有历史文化遗产更多的珍惜和呵护,为共建共享历史文化名城、创新活力之城、东方品质之城,朝着建设世界名城目标大步迈进的杭州提供历史的注脚和说明。

二、基本命题、方法与资料

(一)基本命题

本书先对"近代"、"杭州"、"旅游"三个概念进行界定。

1. 近代

中国历史习惯上被分为古代、近代和现代三大段,而学术界对其中近代部分上限与下限的划分一直存在分歧。之所以如此,除由于理论体系不同所造成的阶段划分标准差异外,更主要的原因还在于历史盛衰变迁的进程中,社会结构如政治、经济、文化等各个层面的演进并非同步进行,而往往是彼此先后。就本书所讨论的旅游近代化而言,其最初动力来自前文所述的席卷全球的工业化浪潮,使中国被船坚炮利强行拖入资本主义体系,即,由五口通商所带来的诸多外来因素的渗入和整个社会环境的变化对中国传统旅游的冲击,所以一般把 1840 年第一次鸦片战争的发生视为研究的上限,如,《近代中国旅游发展的经济透视》提出的命题是,鸦片战争以后,中国有"旅游"和"旅游经济活动"①,因为鸦片战争导致了包括上海、宁波在内的五口通商,意味着近代城市在中国开始出现,而旅游通常是围绕城市以及在城市之间、城乡之间的人口移动产生和发展起来的。不过,该上限的界定只是理论上的标志而已,除个别方面如容闳游学西方、"公费观光团体"斌椿出访欧洲②,直至 19 世纪后期,人口移动才对传统旅游产生直接的影响,刺激和催化向近代转型,或曰迈向近代化的进程。而且,这一进程一直持续到目前还远未完成。其中,从 1840 年鸦片战争至 1949 年中华人民共和国成立可视为第一阶段。在该阶段尤其是 1911

---

① 张俐俐:《近代中国旅游发展的经济透视》,天津:天津大学出版社 1998 年版,前言。

② 费正清、刘广京编:《剑桥中国晚清史》(下卷),北京:中国社会科学出版社 1985 年版,第 88 页。

年以后,旅游活动、旅游方式、旅游市场、旅游基础设施、旅游服务设施、旅游资源开发等均呈现出新的面貌。在 20 世纪 50 年代以来的半个多世纪里,旅游已经成为一种休闲和生活的方式受到重视,而且在旅游消费大众化的同时,出现许多与第一阶段不同的新特点,并充满各种各样的不确定性:"个人自由旅游的梦想和世界和平的梦想能否实现?人们会在旅游中小心地寻找自己家园并审慎地思考自己的过去和未来,还是会在商业动机的刺激下,在旅游中坠入不能自拔的物欲的'丰饶羊角'"①。因此,本书的研究首先限于 1840—1949 年旅游盛衰变迁的第一阶段,这恰与中国学术界习惯界定的近代时期相吻合。在该阶段,旅游近代化推进最快速的时期是 20 世纪最初的二三十年代,因此完全有理由把本书研究的重点时限确定在 1911—1937 年。

确定研究时限的另一层含义,还在于该时期中国先后经历了两场空前的战争灾难:1851—1864 年的太平天国运动,1937—1945 年的全面抗日战争。战争使神州大地遭到了严重破坏,陷入巨大的颠簸之中,进而在很大程度上影响了中国旅游近代化的进程。大致地说,当太平天国战争风起云涌时,中国旅游近代化的进程尚未真正起步;而日本侵华战争及随后进行的解放战争均波及全国许多地区,中国旅游近代化的进程受挫。因此,本书将研究的下限基本确定在 1937 年。当然,历史学区别于其他学科的主要特色在于其研究对象的时间性,而时间是线性的,难以绝对地割裂,"各时代的统一性是如此紧密,古今之间的关系是双向的"②。因此,本书在叙述、解读近代杭州旅游时,或许会极其少量地引用 1937 年以后的资料作为佐证。

2. 杭州

历史上,杭州的地域空间多有变化,总体上呈逐步扩大之势。隋时始筑城,东划胥山(今吴山)于城外,西侧包括云居山、万松岭,周围"三十六里九十步"。③ 唐代,杭州刺史李泌开阴窦、凿六井,白居易筑堤围湖,使市区与西湖结为一体,由江干一带向北延伸至今武林门一带。吴越国时筑牙城和罗城,牙城亦称里城,大致在凤凰山一带;罗城亦称外城,南起秦望山、六和塔一带,北

---

① 王永忠:《西方旅游史》,南京:东南大学出版社 2004 年版,第 283 页。"丰饶羊角"(Cornucopia)一词来自希腊神话,是一只具有神奇能力的羊角,曾经培育了宙斯神,人们想要什么,它就能给什么,使人们在欢娱中忘记了时空的存在,而在世俗生活中犯下罪过。

② 马克·布洛赫著:《为历史学辩护》,张和声、程郁译,北京:中国人民大学出版社 2006 年版,第 37 页。

③ (宋)施谔:《淳祐临安志》卷一《城社》。

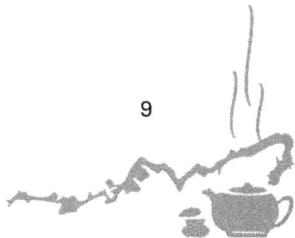

至武林门外,西濒西湖达宝石山,东以菜市河(今东河)为界,由隋时的"三十六里九十步"扩大至 70 里(1 里约 0.5 公里)①,形成南北修长、东西狭窄的"腰鼓型"城市空间形态。南宋定都临安(今杭州),迎来杭州经济社会和城市发展的极盛时期,杭州成为南跨吴山,北至武林门,左依钱塘江,右近西湖,颇具气势的大城。元末,张士诚将杭州自艮山门至清泰门向东扩展 3 里,围原菜市河为城内,南面自候潮门以西缩入 2 里,将凤凰山截于城外,奠定了明清杭州城市的地域空间。② 辛亥革命后罢府、州、厅、县制而为府县制,设杭州府,下辖仁和、钱塘两县。③ 1912 年 1 月 22 日废杭州府,并钱塘、仁和为杭县。1914 年设钱塘道,下辖杭县、海宁、富阳、余杭、临安、於潜、新登、昌化等 20 县。④ 1927 年 4 月 28 日,国民党中央政治会议浙江省分会第三次会议通过筹办杭州市市政厅案,划杭县所属城区及西湖全部设杭州市,即,东南沿海塘至钱塘江闸口一带,西至天竺、云栖,北至笕桥及湖墅拱宸桥,东、西相距 26 公里,南、北相距 30 公里,东北与西南相距 36 公里,西北与东南相距 23 公里,全城包括城区、西湖、湖墅、皋塘、会堡、江干 6 区。⑤ 7 月,省务会议议决杭州市下辖江干、会堡、皋塘、乔司、湖墅、西湖、调露区及钦履区留下镇。10 月,浙江省政府委员会第 39 次会议通过《杭州市暂行条例》修正案,根据修正案第三条规定,划杭州为城区、西湖、江干、会堡、皋塘、湖墅 6 区,划乔司、调露两区以及钦履区留下镇归杭县。⑥ 1930 年将杭州市划为 13 区,原有城区划为 6 区即第一至第六区,西湖区改为第七区,江干区改为第八区,会堡区改为第九区,皋塘区划为第十、第十一两个区,湖墅区划为第十二、第十三两区。⑦ 1934 年又调整行政区划,将原 13 区归并为 8 区,即第一、二区并为第一区,第三、四区并为第二区,第五、六区并为第三区,第七区改为第四区,第八、九区并为第五区,第十区改为第六区,第十一区改为第七区,第十二、十三区并为第八区。此后,行政区划仍有较频繁的更迭。

某种程度上,以上所述的杭州只是狭义的杭州,即,杭州城区地域空间的

---

① (宋)吴自牧:《梦梁录》卷七《杭州》。
② 杭州市地方志编纂委员会编:《杭州市志》(第四卷),北京:中华书局 1999 年版,第 136 页。
③ 国民政府内政部编纂:《中华民国行政区域简表·浙江省》,上海商务印书馆 1947 年版,第 16 页。
④ 干人俊等编纂:《民国杭州新志稿》,载杭州图书馆编《杭州史地丛书》(第一辑),1983 年。
⑤ 傅荣恩:《江浙市政考察记》,新大陆印刷公司 1931 年版,第 61—62 页。
⑥ 杭州市档案馆:《民国时期杭州市政府档案史料汇编》,1990 年,第 1—2 页。
⑦ 杭州市档案馆编:《民国时期杭州市政府档案史料汇编》,1990 年,第 23 页。

变化。事实上,相对于广义的杭州,即,行政建置上的杭州,其地域空间要小得多,如后者清时即下辖钱塘、仁和、海宁、富阳、余杭、临安、於潜、昌化8县。因此,本书所研究的杭州,只是一个较笼统、模糊的概念,并不完全限于上述地域空间,反映的是整个区域的面貌。

3. 旅游

在中国古代,"旅游"一词最早出现于南北朝时期,梁朝沈约的《悲哉行》写道:"旅游媚年春,年春媚游人。"及唐,"旅游"一词开始大量使用,其中,《全唐诗》中以"旅游"为题的诗即有6首,"旅游"在诗句中出现的次数达25次之多,如贾岛的《旅游》。① 但是,古汉语强调字、词、句"三落实","旅"与"游"有各自的含义,不能轻易视为一个单词。所谓"旅",《说文解字注》曰"凡言羁旅,义取乎庐;庐,寄也"②,有"行走"、"寄居"等意义;所谓"游",即浮行水上,有"游玩"、"游冶"等意义。换言之,两者的主要区别在于:前者侧重于出行者离开自己的居住地,所处的空间发生了变化,如,旅客、旅居、旅馆、旅次等;后者强调出行者的动态活动,如,游玩、游学、游艺、游说等。正因如此,有学者认为,"旅游"一词系外来语,因为中国在晚清以前没有旅游可言。那么,西方又怎样界定旅游呢?

在西方,学术界几乎都是基于社会学和经济学的意义来界定旅游的,一类属理论性的定义,另一类因统计需要而定义。前者包括:1942年,瑞士汉泽克尔(Hunziker)和克拉普夫(Krapf)提出,旅游是非定居者的旅行和暂时居留而引起的现象和关系的总和,这些人不会导致长期定居,并且不从事任何赚钱的活动。③ 此前,日本修雷纶曾提出类似的定义,旅游是指进入一定的地区、州或国家旅居而外出旅行的外宾入境、旅居和出境一切形式的现象以及与此现象直接有联系的现象,而且特别是作为经济的现象。世界旅游组织(UNWTO)在1980年马尼拉会议后,拟用"人员流动"一词替代"旅游"一词,其定义指人们出于非移民及和平的目的或者出于导致实现经济、社会、文化及精神等方面的个人发展及促进人与人之间的了解与合作等目的而作的旅行。仑德伯格(Lundberg)则认为旅游(tourism)与旅行(travel)是同义词,"旅行可以是由于除上下班工作通勤以外的任何目的,人们离开他们的长住地社区前

---

① 彭勇:《中国旅游史》,郑州:郑州大学出版社2006年版,第3页。
② (东汉)许慎著,(清)段玉裁注:《说文解字注》,上海:上海古籍出版社1988年版,第312页。
③ 王德刚主编:《旅游学概论》,济南:山东大学出版社2004年版,第37页。

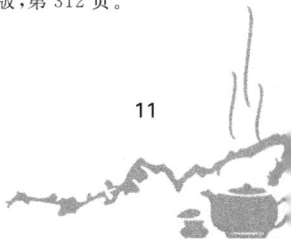

往异地所进行的行动和活动"①。1981 年,旅游科学专家国际联合会(AIEST)根据汉泽克尔和克拉普夫的定义,提出旅游是"由人们向非永久居住地或非工作地旅行并在此处逗留所引起的相互关系和现象的总和",就是所谓的"艾斯特"定义。② 后者源于旅游统计,其中,最早的文献是意大利包立欧(L. Bodio)于 1899 年发表的题为《旅意外国人之移动及其消费金额》的论文,其多把旅游作为一组活动看待,它包括的内容十分广泛。麦金托什(McIntosh)和格德纳(Goeldner)提出的定义:"旅游可以被定义为旅游者、产业供应商、目的地政府和目的地社区在吸引和接待旅游者和其他参观者过程中相互作用的现象和关系的总和。"③仑德伯格则组合旅行和旅游,将旅游包括的部门归纳如图 1-1 所示。

基于西方和非西方对旅游的认知,本书在研究近代杭州旅游时,首先有以下两点前提:一是本书所指旅游是旅游活动的通称,除人类自身的旅游活动外,还包括围绕旅游活动展开的交通工具、基础设施、服务设施、资源开发、客源市场、旅游文化,以及对当时及以后经济社会、历史文化的影响;二是在有关中国旅游近代化的资料中,多使用"旅行"一词,如,中国旅行社的刊物即取名《旅行杂志》。而旅行显然不能等同于旅游,前者强调"行",通过"行"进行各项活动;后者侧重"游","游"是活动的主要目的。但两者又有密不可分的关系,即,旅游必须具备旅行的过程,即使是以各项活动为目的的旅行,也难免在旅行过程中借机游山玩水、娱乐休闲。④ 因此,仑德伯格认为旅行就是旅游,两者是同义词,可以替换使用。本书较多使用"旅游"一词,以符合人们对于旅游的一般认知。

(二)学科方法

由于旅游活动的复杂性,借鉴法国年鉴学派的主导性理念,"首先,是以问题导向的分析史学,取代传统的历史叙述。其次,是以人类活动整体的历史,取代以政治为主体的历史。再次,为达成上述两个目标,与其他学科进行合

---

① Lundberg D E. *The Tourist Business*. Van Nostrand Reinhold Company Inc,1985:6.

② 肖洪根:《对旅游社会学理论体系研究的认识——兼评国外旅游社会学研究动态(上)》,《旅游学刊》2001 年第 6 期。

③ McIntosh R W, Goeldner C R. *Tourism:Principles,Practices and Philosophies*. New York:Wiley, 1995:10.

④ 郑焱:《中国旅游发展史》,长沙:湖南教育出版社 2000 年版,第 2—3 页。

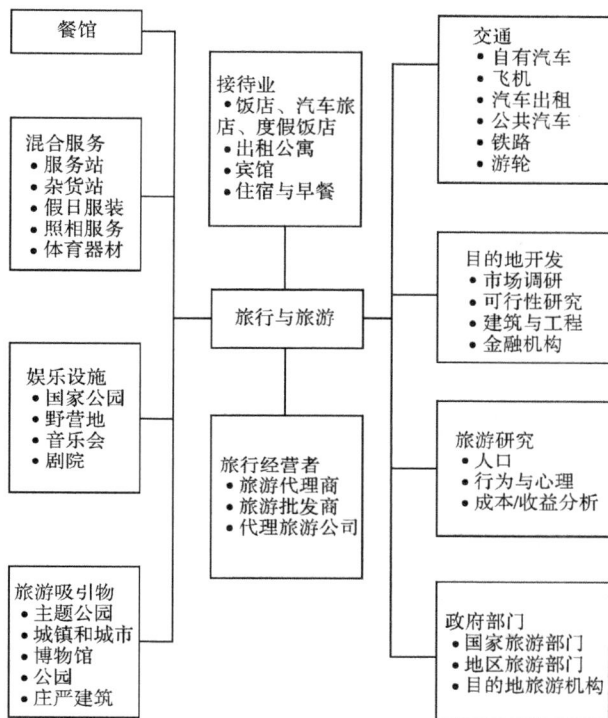

图 1-1　旅行和旅游组合

作:与地理学、社会学、心理学、经济学、语言学、社会人类学等等合作"①。对其研究自然将涉及地理学、人类学、历史学、旅游学、社会学、经济学等不同的学科,如对地理学科,阿·德芒戎(Albert Demangeon)写道:

> 从远古时候起,许多作家、好学的和善于观察的人已经看到地表上人类习俗的差异。自希罗多德以来,许多旅行者描述了这些差异;自修昔的底斯以来,许多历史学家和伦理学家把它们作为哲学思考的基础。但是,把它们建成一门科学,即对它们寻求解释的想法,直至很晚近的时候才有,差不多到 18 世纪末才开始出现。在那时以前,对那些被我们现在归入人文地理学名下的事实,即,地球表面上

---

① 彼得·伯克著:《法国史学革命:年鉴学派(1929—1989)》,刘永华译,北京:北京大学出版社 2006 年版,第 2 页。

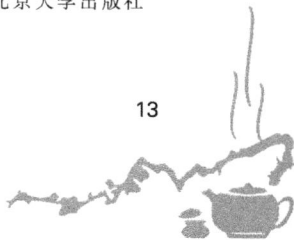

人类生活方式和聚居方式的研究,只是一种单纯的描述。这种描述主要被当作一种具有实用性质的知识,或是人类的习俗及不同存在方式的一种生动别致的写照。它们是一些为旅行者导游的资料汇编,一些常常穿插许多使读者心旷神怡的惊奇故事的报道,一些充满历史回忆的地理和距离的罗列。①

在本书研究中,似乎有三个学科特别引人注目,即,历史学、旅游学和社会学。

1. 历史学

在古希腊文中,"历史"一词的最初含义是询问或调查,后来延伸为"作为询问结果而获取的知识"。诚如法国史学家马鲁(Henri-Irenee Marrou)的定义:"历史是人类的过去的知识。"②历史学的研究"是对发生的事件进行的研究和描述",并探寻其内在规律。③ 本书即将进行的近代杭州旅游的研究,无疑是对近代发生在杭州的人类的旅游活动进行探究,并根据对旅游活动的实践描述,考察其历史背景、地位影响和发展规律。本书作为旅游的专门史,虽然在时间顺序上和空间范围内作了一定规定,时间上定位近代,空间内定位杭州,既是旅游断代史的研究,也是旅游区域史的研究,但必须在通史的背景下,就近代发生在杭州的人类的旅游活动做出真实的记录和合理的解释,因专史"所述者,仅一种连续抽象之描写而已。而在所有此种抽象现象中本有其具体之连锁,此种现象或皆产生于同一人群之中;或皆为同一人群之产品,而此种人群又往往有其某种共通之伟业(如迁徙、战争、革命等),为各种现象特殊之共通原因。……吾人于此可知所有专史之编著虽完备异常,而在吾人之历史知识中,始终留有不可或缺之部分。此不可或缺之部分非他,即吾人所谓通史者是也。其特殊性在于描写具体之真相,叙述社会人群之行为与伟业。所以通史之为物,无异一切专史之连锁;通史之事实,无异专史中事实之配景"④。

---

① 阿·德芒戎著:《人文地理学问题》,葛以德译,北京:商务印书馆1993年版,第3页。

② 田汝康、金重远选编:《现代西方史学流派文选》,上海:上海人民出版社1982年版,第72—73页。

③ 张广智、张广勇:《史学:文化中的文化——文化视野中的西方史学》,杭州:浙江人民出版社1990年版,第13页。

④ 朱谦之:《历史科学论》,载于沛《历史学——史学理论卷》,兰州:兰州大学出版社2000年版,第124—125页。

因此,研究首先必须对该阶段经济社会、历史文化等的背景作较为深入的考察,以比较准确地把握各种旅游活动的发生和发展规律;同时以某些自然和人文要素为指标,针对杭州地域空间内及与其相关地域空间的各种旅游活动进行整体性的探讨,在比较中,凸显近代杭州旅游的特殊性。

2. 旅游学

应该说,直到今天,旅游学的学科地位和研究方法仍是学术界争论不休的棘手难题。按照库恩(Kuhn)科学哲学理论,旅游学似乎处于"前科学"或"前范式"阶段,其特点是"对于基础理论没有形成一致,并不断的争论。……理论的数量几乎与在这一领域进行研究的人一样多,并且每一个研究者都必须从头开始建构他的理论并证明自己理论方法的正确性"[1]。更有其者,如,特里伯(Tribe)提出"旅游研究是否能现实地描述为一门学科"这一具有挑战性的问题,并且认为与旅游相关的问题如此复杂,含义如此繁多,以致任何一位只有一门学科背景的专家都将无法承担研究的重任,从而否认旅游是一门独立的学科。[2]

但是,莱佩尔(Leiper)认为旅游学正在成为一门独立的学科。如同一个人的成长,一门学科在发展的不同阶段,将展示不同的特点。他在对旅游进行定义时运用系统的观点,提出旅游是一个系统,内部包括旅游者、客源地、运输(交通)线路、目的地及旅游产业 5 个要素,并在一个包括物质、文化、社会、经济、政策、技术相互作用的广阔环境下运作。瓦诺(Vann)提出切入旅游研究的 4 个方面,即游客、中介组织、资源供给、社会环境。米尔(Mill)等在《旅游系统》一书中,提出旅游系统的构成成分,包括市场、旅行、目的地和促销。促销将目的地推向市场,而出游则使游客(市场)到达目的地。[3]

旅游学学科地位和研究方法之所以成为学术界争论不休的热点,主要在于该学科具有非常强的学科交叉性和前沿性,研究旅游很难就事论事,相反将涉及地理学、人类学、社会学、经济学等多门学科。本书所研究的近代杭州旅游,就是试图在时空上,运用不同学科的理论体系和研究方法,解释与旅游活动有关的现象,解决在旅游活动中所遇到的问题,并尝试构建旅游史研究的基

---

① Echtner C M. The Disciplinary Dilemma of Tourism Studies. Annals of Tourism Research,1997,24(4):868—883.

② Tribe J. The Indiscipline of Tourism. Annals of Tourism Research,1997,24(3):638—657.

③ 钟韵、彭华:《旅游研究中的系统思维方法:概念与应用》,《旅游学刊》2001 年第 3 期。

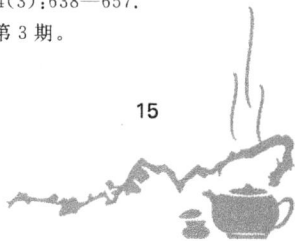

本范式和一般方法。

3. 社会学

如上所述,在西方,社会学首先对旅游活动进行研究,强调从社会整体的视角,通过社会关系和社会行为研究旅游活动及其发生、发展的规律。同样,本书在研究中,试图借鉴社会学的理论体系和研究方法,解决三大难题。一是宏大叙事下的社会史研究很难把握历史的整体性,整体历史只能在一定空间范围内落实。社会史研究多采取区域社会史的研究视角。本书以近代杭州为研究对象,从较小的角度切入,利于描述一定时间顺序上和空间范围内旅游活动的面貌。二是近代杭州正处在传统旅游向近代化迈进的社会转型阶段,“社会转型”意味着现代性的生长与传统型的隐退及两者的融合,内容涉及近代杭州社会生活的各个方面,如生活方式、社会习俗。本书以旅游近代化为主题,分析杭州传统旅游转型过程中衣食住行的变化及特点,某种程度上与社会学“生活方式”概念所包含的许多研究层面相契合,研究一定离不开社会学理论体系和研究方法的帮助。三是传统史学通常以重要历史人物和重大历史事件为主线。本书尝试改变以往研究对象的政治史范式,采用自下而上的视角,入手点是微观的基层社会和社会群体,探寻彼此的旅游活动。也就是说,通过查寻资料,多做一些大众旅游活动的研究,而不是仅限于官宦、商贾、士人等社会群体。

几乎人类所有的旅游活动都是基于自身的经济和文化交流而展开的,对其研究自然涉及多门不同的学科。本书试图将对近代杭州旅游的研究设计成多学科交叉、综合的课题,借助不同学科交叉、综合的优势还原当时旅游的真实图景。但是,多学科的交叉、综合研究,在具体操作过程中有一些很难回避的难题,如概念界定方法、价值评估标准、资料取舍处理甚至包括注释规范这样的细小问题,更重要的则在于各个不同学科怎样互相影响、互相吸取长处,这些都是知易行难。本书的原则是:因叙述的是近代杭州旅游的盛衰变迁,总体上应属于历史学的范畴,基本概念、理论体系必须基于历史学的基础,至于研究的方法、手段提倡自由发挥,借鉴不同学科的长处,使研究更加充实。

(三)资料来源

从事学术研究尤其是历史学研究,资料的收集和鉴别永远是项基础工作,如,20世纪20年代的“史料学派”曾提倡“史学即史料学”,傅斯年在《历史语言研究所集刊·创刊号》上说:“我们反对疏通,我们只是要把材料整理好,则事实自然显明了。一分材料出一分货,十分材料出十分货,没有材料便不出货。两件事实之间,隔着一大段,把它们联络起来的一切设想,自然有些也是多多少少可以容许的;但推论是危险的事,以假设可能为当然,是不诚信的事。所以我们存而不补,这是我们对于材料的态度;我们证而不疏,这是我们处置材料的手段。材料之内使他发见无遗,材料之外我们一点也不越过去说。"①看来,对资料的重视,不仅是学术研究的根基,也是传统治学方法留给后人的一份珍贵遗产。同样是本书研究应该遵循的基本原则。

有关近代杭州旅游研究的资料,大致上分成 4 个部分,即档案资料、书刊资料、口传资料和研究资料。下文略作介绍。

1. 档案资料

档案资料因其原始性素来受到学术界的深度重视。之所以如此,主要在于大陆档案管理工作的特点,以及档案整理工作的相对薄弱,使得利用档案不仅有许多禁区而且要求投入较多的精力,当然,在多数情况下,由于得到了第一手资料,这种投入往往能得到相应的回报。现存的大部分档案资料都是来自民国时期的政府档案,包括法规、文件、报告、报表、计划书、调查表等,如《杭州市取缔西湖建筑法规》、《杭州市取缔开采山石规则》等法规、法则,展示了当时杭州市政府保护西湖的认识和举措。这些档案资料,一些未经整理,藏于浙江省档案馆、杭州市档案馆等处,少数已经整理,汇编成册,如《民国时期杭州市政府档案史料汇编(1927—1949)》等,所记资料十分珍贵,对本书的研究帮助很大。

2. 报刊资料

报纸、杂志和书籍这些出版物,是本书研究重点收集的资料之一。

具体而言,一是报纸,数量繁多,如在 1931 年仅杭州本地出版和发行的,即有日报 8 种,日销售量 22600 份(详见表 1-1)。② 这些当时出版的报纸,虽为吸引读者眼球,多数内容故弄玄虚,大摆噱头,但能直接反映旅游活动各个方面的情况,极为重要。本书在研究过程中,注意查阅诸如《申报》之类的权威性报纸,从中收集社会名流游记、旅游活动信息、名胜古迹整治等方面的资料。二是杂志,数量同样繁多,如在 1931 年仅杭州本地出版和发行的,即有 63 种,

---

① 傅斯年:《历史语言研究所工作之旨趣》,载《史料论略及其他》,沈阳:辽宁教育出版社 1997 年版,第 47 页。

② 建设委员会调查浙江经济所编:《杭州市经济调查》(上编),1932 年,第 79 页。

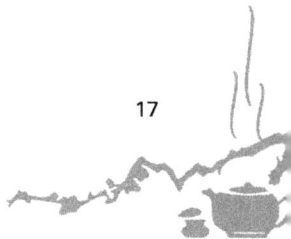

其中,日刊 7 种,3 日刊 1 种,6 日刊 1 种,周刊 7 种,旬刊 6 种,半月刊 18 种,月刊 19 种,双月刊 1 种,季刊 3 种。① 本书以《旅行杂志》为主要资料,从中收集旅游活动、旅游随笔、风景名胜、旅馆饭店等方面的内容。三是书籍,包括研究论著、调查报告、旅游指南、名人游记等。需要说明的是,书刊资料数量大,内容多,难以面面俱到,在研究过程中,只收集与当时杭州旅游相关且影响力大、知名度高的资料。

表 1-1　1931 年杭州 8 种日报日销售量

名　称	售价(元)	日销量(份)
杭州民国时报	0.028	12000
杭县日报	0.014	900
杭州国民新闻	0.024	2000
之江日报	0.024	2000
浙江商报	0.024	1600
浙民日报	0.024	2500
杭州市报	0.024	1000
杭州日报	0.013	600

值得一提的是,在此期间还有境外游客所做的游记。其中,在欧美影响最大的数托马斯·阿洛姆(Thomas Asloum)和赖特(G. N. Wright)于 1843 年在伦敦出版的《中国:这个古老王国的风景和社会习俗》,该游记以 130 多幅精美的蚀刻铜版画和生动的文字描述,将一幅幅中国风情画展现在西方人面前,包括对杭州的介绍。清末民初又有一些境外游客的游记,真实地记录了杭州的古迹遗存、生活方式等,如,毕晓普(Bishop)夫人于 1897 年来中国时,最先到达的城市就是杭州,在她两年后出版的《长江流域见闻录》一书中,对杭州做了直观而生动的描述,且刊登了梅藤根医院、司徒尔教堂、灵隐大雄宝殿、京杭大运河两旁的江南民居等照片。美国传教士费佩罗(Feipeiluo)出生于中国,1898 年从美国大学毕业后回到了中国,著有《杭州游记》一书,留下的杭州老照片数量惊人,包括城隍庙里的求签者、大运河边的船民、石屋洞里的菩萨以

---

① 建设委员会调查浙江经济所编:《杭州市经济调查》(上编),1932 年,第 75 页。

及玉皇山上的七星缸等。另一位英国传教士的后代慕阿德（Moule，Arthur Christopher）从小在西湖边长大，说得一口地道的杭州话，后来应聘剑桥大学中国语言及历史学教授，一生写下了许多有关中国的论著，在去世前出版的最后一本书《行在所（杭州）考》，是专门考证杭州古都风情、西湖山水的。20 世纪初，美国著名旅行家、英国皇家地理学会会员盖洛（W. E. Gallo）曾数次到中国考察，并于 1911 年出版了《中国十八个省会》一书，杭州赫然列于中国各省会之首，内有凤山门、太平桥、商业街等今天罕见的场景。①

　　3. 口述资料

　　本书使用了一些口述资料尤其是文史资料。长期以来，学术界对口述资料持一定的保留态度，原因主要在于当事人多数年逾古稀，回忆仅凭印象估计，不可能提供准确数据，于年月、事实有一定的差错，描述性的内容多，归纳性的评判少，加上当事人在回忆时带有一定的感情色彩，与事实有距离。但是，这些文史资料因具有亲历、亲见、亲闻"三亲"的特点，一说就清楚了，如唐德刚所说，民国时期有许多的事情，自己本来懵里懵懂，经当事人叙述，就恍然大悟，把自己这个学历史的读得如醉如痴。又说，读千百种胡适的传记，还不如读一部《胡适口述历史》，因为亲身经历者所述说的环境、所讲出的细节、所体验的感情、所刻画的心理往往是别人不易领会到的，比从许多间接材料搜集拼凑的传说更加真实、具体、生动。②　本书使用的口述资料主要是各地政协所编的文史资料，如，杭州市政协所编《杭州文史资料》，熊恩生、王其煌主编的《杭州文史丛编》等，后者分《政治军事》（上、下）、《经济》（上、下）、《文化艺术》、《教育医卫社会》4 卷共 6 册，反映的是近代杭州社会生活各个方面的重大历史事件和重要历史人物③，在某种程度上弥补了研究资料的不足。

　　4. 研究资料

　　学术研究的每一点进步，都与前人的积累和成果密不可分。本书也即如此。尽管对近代杭州旅游的研究成果不多，仅有寥寥几篇论文，但前人对近代杭州尤其是中国旅游近代化的研究，不论在理论、方法还是思路、资料上，都为近代杭州旅游的研究提供了帮助。正是前人开创性的工作，为本书提供了极大便利。如果没有这些研究资料，本书的面貌将逊色得多。

---

　　①　林之、张磊：《杭州影像》，杭州：浙江摄影出版社 2005 年版，第 4—5 页。

　　②　胡适著：《胡适口述自传》，唐德刚注译，合肥：安徽教育出版社 1999 年版。

　　③　熊恩生、王其煌主编：《杭州文史丛编》，杭州：杭州出版社 2002 年版。

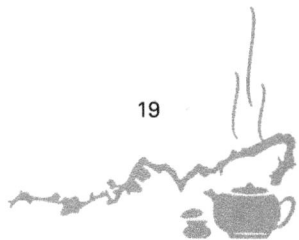

对近代杭州旅游研究资料的挖掘恐怕难以一蹴而就，相反是一项长期的工作，需要学术界的共同努力，本书的挖掘以及即将开始的研究只是抛砖引玉，而期待学术界有更多的学术成果。

三、各章节涉及的基本问题

本书研究的主要目标，是阐述"近代杭州旅游的盛衰变迁"这一主题。回答这一问题，从不同视角可以有不同的表述，如经济发展、社会进步尤其是基础设施改建和服务设施改进，对近代杭州旅游产生了什么影响？在中国传统旅游迈向近代化的总体进程中，近代杭州旅游呈现怎样的一种新面貌？发展的状况和水平如何？对当时及以后杭州经济社会、历史文化的影响又如何？等等。一言以蔽之，就是在近代，传统杭州旅游的转型达到了怎样的一种发展水平？如前所述，旅游近代化是一种全方位的社会现象，包括交通工具、基础设施、服务设施、资源开发、旅游活动、客源市场、旅游文化等。换言之，回答上述问题，理应求详求全，覆盖与旅游活动相关的各个层面。但理论设想与实际研究之间肯定存在一定的差距。在研究中，有两个方面的因素比较突出，将影响本书的定位。

第一，旅游近代化首先是围绕城市展开的。五口通商以前，出于"杜民夷之争论，立中外之大防"的需要①，中外交往几乎完全限于广州一处口岸。清道光二十二年(1842)，按照中英《南京条约》第二条规定，清廷被迫开放广州、福州、厦门、宁波、上海作为五口通商口岸。次年，广州、厦门、上海开埠。道光二十四年(1844)，宁波、福州开埠。尤其在19世纪70年代以后，因中外交往日渐频繁，一个以东南沿海、内陆沿江和北方边境地区各个通商口岸为主体，辐射东南亚周边国家和欧美发达国家的旅游客源市场随之形成，中外游客主要往来于我国的上海、广州、天津、牛庄、大连、秦皇岛、青岛、烟台、汕头、厦门、福州、香港、澳门、台湾、琼州、北海、梧州、三水、江门等地，以及日本、朝鲜、俄国、新加坡、菲律宾、泰国、越南、印尼、美国、英国、澳大利亚、南非等国。② 杭

---

① (清)梁廷枏:《粤海关志》卷三三。
② 张俐俐:《近代中国旅游发展的经济透视》，第53页。

州固然风光秀丽,"毕竟西湖久擅名胜,游人恒留连不忍去,杭州繁盛半赖此湖"①,历来是游山玩水、娱乐休闲最优胜的目的地。民国初年拆除城墙,"西湖搬进了城"②,1927 年 5 月杭州组建市政府以后,在发展城市的 8 项措施中,就有疏浚西湖、改进旅游景区两项。③ 市长周象贤曾明确指出:"欲繁荣杭市,首当整理西湖,吸引游客"④。但与杭州的区位条件、开放程度密切相关,杭州始终未成中外游客光顾最多、最为频繁的旅游目的地,在境外游客的旅游目的地中,排名前列者依次是上海、天津、汉口,客流量占总数的 80% 左右,其余分散在厦门、汕头、镇江、宁波、苏州、杭州、大连、烟台、牛庄、哈尔滨、安东、芜湖、宜昌、温州等;⑤在国内游客的旅游目的地中,排名前列者依次是上海、汉口、天津、苏州、镇江、汕头,其余分散在烟台、牛庄、大连、长沙、杭州、温州等。⑥两项排名顺序表明,在大多数时候,来杭中外游客所占的份额并不高,杭州不是境内外主要旅游目的地。受此影响,杭州旅游近代化的进程不仅相对于落后上海等通商口岸二三十年,而且发展水平也低得多。基于这一认识,应实事求是描述近代杭州旅游的盛衰变迁,不能人为拔高。

第二,学术研究的开展,一定受到现存资料的限制。从总体看,现存有关近代杭州旅游的资料虽称汗牛充栋,但这些资料不仅分散,而且多围于描述性的记载,至于反映当时旅游经济状况如游客人数、旅游收支等的资料则更少。资料的制约导致本书研究重旅游活动的具体描述而少经济状况的量化分析。

限于上述两点,呈现在广大读者面前的这本书,除第一章"绪论"外,大致分成三部分:一是阐述传统杭州旅游的基本格局及其迈向近代化进程的背景;二是具体描述近代杭州旅游交通工具、基础设施、服务设施、资源开发、旅游活动、客源市场、旅游文化的基本面貌;三是客观评价近代杭州旅游的发展水平以及对当时和以后经济社会、历史文化的深刻影响,评估近代杭州旅游在近代化进程中的地位。具体而言,分为 7 章,各章节的内容如下:

近代以前,传统杭州旅游是怎样的基本格局? 第一章"近代化前夜杭州旅游的盛衰变迁"首先把传统杭州旅游划分为起源、发展、繁盛 3 个阶段,以梳理

① 《三个月之杭州市政》(《杭州市政》周刊特刊),1927 年,第 71 页。

② 钟毓龙:《说杭州》,杭州:浙江人民出版社 1983 年版,第 191 页。

③ 国民政府实业部国际贸易局编:《中国实业志·浙江卷》丙 9,1933 年。

④ 杭州市政府秘书处编:《杭州市政府十周年纪念特刊》,1937 年,序。

⑤ 张俐俐:《近代中国旅游发展的经济透视》,天津:天津大学出版社 1998 年版,第 128 页。

⑥ 张俐俐:《近代中国旅游发展的经济透视》,天津:天津大学出版社 1998 年版,第 154 页。

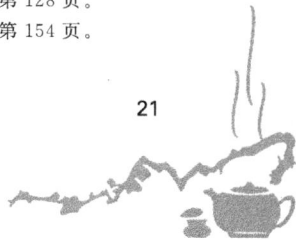

其发展线索,并分析每个阶段的不同特点、发展水平,认为景点景区、游览线路、旅游产品、娱乐休闲、导游图书、旅游形象构成了传统杭州旅游的基本格局,奠定了近代杭州旅游的发展基础。在旅游史上,1841年托马斯·库克组织的团队旅游,开启了全球旅游近代化的进程,体现了现代旅游的雏形和基本特点,基于旅游近代化的背景及其主要特点,传统杭州旅游的发展水平大致包括以观光、娱乐、朝圣为旅游目的,以分散、自发、随意为旅游方式,旅游范围浅游,旅游经营薄弱等特点。

旅游近代化的推进,并非凭空或偶然出现,而是技术、经济、社会、文化诸因素共同作用的结果,是一个国家或地区综合实力逐步提升的产物。第二章"社会进步对近代杭州旅游的影响",从经济增长与生活水平提高的角度,描述近代以来中国传统经济包括杭州经济增长的总体趋势,以及农村、市镇、城市三个层次居民的收入水平、消费水平,认为杭州旅游近代化的推进,在某种程度上是由近代中国经济持续发展所引起的居民收入水平、消费水平不断提高为前提的;以国门洞开、西俗东渐为背景,从欧美旅游风气、新式节日制度、旅游代理机构三个方面,叙述西俗东渐所引起的变化,就旅游涉及的对象而言,最初是政府倡导,然后影响工商及一般的居民,表现为自上而下的过程。

旅游基础设施的改建尤其是近代交通工具的变革与发展,是人类文明的重要标志之一。它的引进,对近代杭州旅游的影响如何?是否以及在多大程度上促进了杭州旅游的近代化?第三章"基础设施改建与近代杭州旅游"第一部分分旅游目的地外部交通和旅游目的地内部交通两部分。前者叙述铁路、公路、轮船等近代交通工具在杭州引进和发展的水平,以及对近代杭州旅游的影响;后者首先介绍在传统社会,杭州的交通工具十分单一,陆路是轿子与马匹,游湖乘船,近代以来已有人力车、三轮车、自行车、公共汽车、西湖游船等,不仅有轻便、快捷、低廉等优点,更重要的在于因杭州道路的改变,这些近代交通工具被广泛使用在杭州旅游当中,让人耳目一新,游兴大增。第二部分把拆毁城墙、铲除旗营、"西湖搬进了城"作为"杭州市政建设"的开端,讲述旗营旧址开辟为新市场,以及杭州市政建设中道路、桥梁、建筑物等"硬件",电力、通信、自来水等"软件",从城市的工作、居住、游憩、交通四大功能,分析杭州的城市化进程,认为城市化进程以及由此产生的人口流动量是旅游需求产生与发展的原动力。旅游的近代化首先是围绕城市以及由此产生的人口流动产生和发展的。

第四章"服务设施改进与近代杭州旅游"首先研究杭州旅行社的发展状

况,认为尽管它不是一个完全独立的经营实体,至少在业务上与上海总社存在千丝万缕的联系,但在业务拓展、自身发展上具有"以市场需求为导向,开发旅游产品"、"以形象塑造为目的,编印宣传材料"、"以旅游经营为主线,兼营其他业务"三大特色。然后简单介绍近代杭州的旅游管理接待机构。旅游服务设施属旅游供给的范畴,是旅游目的地吃、住、行、娱、游、购六要素与游客活动相关的实物、设施甚至劳务的总和。本章接着对近代杭州的旅馆、餐饮、娱乐、购物等进行追溯,以凸显不断发展和完善的旅游服务设施对杭州旅游近代化的影响。其中,旅馆是研究的重点,既介绍数量与布局、硬件与软件,又研究规模与水平,结论是杭州近代意义上的旅馆的起步时间和发展水平相对落后于上海、北平、西安、苏州、温州、开封、长沙等重要通商口岸以及交通枢纽城市,但量和质都有了明显的进步。

旅游资源是旅游活动的重要基础、前提条件,分为自然旅游资源和人文旅游资源两大类,据此,第五章"近代杭州旅游资源保护与开发"分"古迹遗存保护"、"旅游资源开发"两部分。前者首先叙述近代尤其是民国各届各级政府对古迹遗存保护的重视,以及国家层面颁布的一系列保护、利用的条例;接着以灵隐寺、岳王庙、钱王祠、于谦祠、保俶塔、六和塔为典型案例,叙述近代杭州维护修缮古迹遗存的概况。后者分开辟公园、添建景点、疏浚西湖、整治环境 4 部分,介绍近代杭州旅游资源开发;其中,开辟湖滨、孤山等近代意义上的公园,以及添建北伐阵亡将士纪念塔、淞沪战役国军第八十八师阵亡将士纪念碑等富有时代气息的建筑群,是旅游资源开发的特色。

第六章"近代杭州客源市场分析"聚焦旅游活动的主体——游客,分"旅游活动"、"客源市场"两部分,描述近代杭州旅游客源市场。前者从观光旅游、宗教旅游、会展旅游、修学旅游 4 方面,利用游记、回忆录、报导等文献资料,描述中外游客在杭州的旅游活动。对人员大规模、高频率的流动,站在国家或地区的层面进行剖析。第二部分"客源市场"首先把近代杭州旅游客源市场界定为境内旅游、出境旅游和入境旅游三部分,然后分析各客源市场的特点。所谓"境内旅游",指当地居民在杭州的旅游活动,仍以观光、朝圣、娱乐居多,吃喝玩乐是杭州当地居民旅游的主要目的,而且越演越烈,本节简单指出其中的三个原因;所谓"出境旅游",指当地居民包括离地农村居民、失业城市居民、接受教育者、外出商贸者离开杭州,赴其他城市甚至国外的旅游活动;所谓"入境旅游",指其他城市包括外国游客在杭州的旅游活动,从境外游客旅游目的地、境内游客旅游目的地排名顺序看,杭州排名偏后,不是境内外主要旅游目的地。

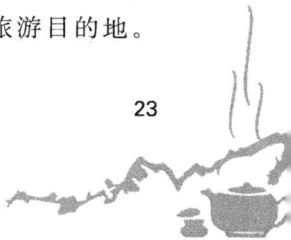

遗憾的是,因缺少相应的统计数据,未对近代杭州境内旅游、出境旅游和入境旅游的客流量、旅游收入进行详细描述,这是今后亟待加强的资料收集和重点研究领域。

中国传统旅游思想的核心理念是重安居、畏客居,以儒家自然审美观和保守内敛旅游观及庄子的"逍遥游"为基础。在近代中国,这一"浅游"的观念依然根深蒂固,积极入世、富于实践不时受到干扰。第七章"近代杭州旅游文化概述"认为近代旅游思想虽是中国传统旅游思想的延续,但发生了变化,具有"旅游是一种心理的需求"、"旅游有助于国家的自强"、"旅游有助于公德的培养"三大特点。把商品意识的增强作为本章内容加以研究,是想说明:就旅游供给者而言,必须持续开发,满足旅游需求者多元化且不断变化的需求;就旅游需求者而言,在旅游过程中购买满意的商品,是其最大的愿望。本章通过描述导游指南、旅游商品,反映近代杭州正不断增强的商品意识。前者概括了近代杭州导游指南多种类、较应时、用照片、重细节的 4 个特点;后者在简述几例旅游商品后,认为西湖龙井茶、王星记扇子、张小泉剪刀、杭州丝绸是近代杭州四大特色旅游商品。

结语分"基本特点"、"总体水平"两部分。前者首先归纳近代以来杭州旅游"以旅游作为城市定位"、"旅游六要素初步具备"、"旅游目的地地位提升"三大特点,接着从市政建设、地方经济、发展方向、西湖风貌四个方面,分析近代杭州旅游对当时及今后杭州经济社会、历史文化尤其是旅游发展的深刻影响,其正面影响和负面影响同时存在。后者在简单对比杭州、上海两个旅游目的地旅游发展总体水平的基础上,评估了近代杭州旅游的发展水平,认为近代杭州旅游的总体水平并不高,旅游目的、旅游方式、旅游产品、旅游服务仍较传统,旅游竞争力相对有限,相对落后于上海、北平等重要通商口岸以及交通枢纽城市。杭州虽未成为主要旅游目的地,但因明确城市发展方向,初步具备旅游产业,基本形成客源市场。清末民初不足 50 年的时间是杭州传统旅游走向近代旅游承上启下的时期,在杭州甚至中国旅游发展史上具有不可替代的重要地位。

第一章

近代化前夜杭州旅游的盛衰变迁

如果从经济发展的角度审视,所谓标准的旅游或旅游的近代化①,具有强烈的价值一元论取向,充满着以西方文化为中心的思想,强调欧洲从 18 世纪兴起的"大旅游"(grand tour)、19 世纪早期的温泉和海滨度假地、托马斯·库克(Thomas Cook)旅行社的建立和赢利性、商业化旅游的开展。② 其标志是 1841 年托马斯·库克首次通过广告宣传的形式,在英国组织了全球第一个旅游代理商——铁路包价旅行团,从此,旅游需求在全球范围内迅速增长,成为全社会各群体普遍需求,旅游消费数量和普及程度大幅度提高,社会化、商品化旅游服务业在欧美发达国家发轫并获发展。③ 但事实上,旅游活动作为人类文明的产物,其出现的历史则要早得多,几乎与人类的文明同样源远流长,并客观存在于经济社会生活之中,而且也不完全以西方文化为中心,非西方国家未被边缘化,共同构成人类旅游活动全部图景,"穿过不同的地域,跨越人际的和文化的边界,探险者、传教士、殖民地官员、军事人员、移民者、流放者、家庭仆人、人类学家和旅游者,都有他们各自的旅行历史"④。

在即将开始的近代杭州旅游盛衰变迁的阐述中,这显然是一个十分重要

---

① Modernization 一词可译成"近代化"或"现代化",两者常常互用,强调的是人类社会从工业革命以来的急剧变革。而据中国历史的习惯划分法,在时间上,近代社会的开端往往与现代化的启动相提并论,故在描述中国近代社会的种种变迁时,将坚持"近代化"一词,而没有直接使用"现代化"概念。

② Towner John. What is Tourism's History. Tourism Management,1995,16(5):339—343.

③ 张俐俐:《近代中国旅游发展的经济透视》,天津:天津大学出版社 1998 年版,前言。

④ Galani-Moutafi V. The Self and the Other: Traveler, Ethnographer, Tourist. Annals of Tourism Research, 2000,27(1):203—224.

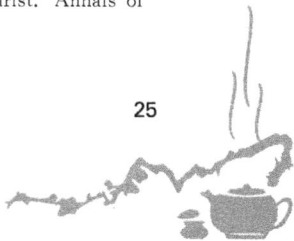

而首先必须详细考察的问题。就整体看,近代杭州的旅游,是否就是传统旅游的简单渐进?是否可能具有多元含义,即,在传统旅游的基本格局中是否蕴含某些近代化的因素,并由此促使传统旅游的近代化进程?而从旅游近代化的视角考察传统旅游,传统旅游又处在怎样的地位?这些都是相当复杂的问题,也是进行近代杭州旅游研究的背景。

本章试图从旅游近代化的视角,根据历史资料,对传统杭州旅游的基本格局作一综合性的叙述。

一、传统杭州旅游基本格局

近代杭州旅游并非突然或凭空出现的,而是与传统旅游一脉相承的。因此,在具体研究近代杭州旅游以前,有必要梳理传统杭州旅游的发展线索,了解其盛衰变迁及不同时期的特点,以明确旅游近代化启动之际,传统杭州旅游的基本格局和发展水平。

(一)传统旅游的起源

旅游活动作为人类文明的产物,具有悠久的历史。翻阅浩如烟海的典籍史书,有关传统杭州旅游的记载数不胜数。秦汉时期,杭州尚称钱唐,只不过是明圣湖(今西湖)周围的山中小县,对外交通依赖几条崎岖的小山路,十分僻陋。但秦始皇下江南时,已到了杭州,故《史记·秦始皇本纪》称:"过丹阳,至钱唐"。且留下了秦望山、缆船石等传说中的古迹遗存,给今天的旅游平添了许多话趣。

隋初改钱唐为杭州,并移治至钱塘江畔、凤凰山麓,又开凿京杭大运河,使水居江海之会、陆介江浙之间的杭州成为水上交通运输的起讫点,迅速发展起来,"川泽沃衍,有海陆之饶,珍异所聚,故商贾并辏"[1],一跃而为江南名郡。其间,白居易来杭为守,"始筑堤捍钱塘湖,钟泄其水,溉田千顷;复浚李泌六井,民赖其汲"[2]。西湖实现了从自然湖泊向人工湖泊的转型,初步形成"城东湖西"的基本格局。而西湖是旅游的中心区块,因其周边高岸低山间有颇高的

---

① 《隋书》卷三一《地理下》。
② 《新唐书》卷一一九《列传》第四四。

植被覆盖率,多为青松、垂柳、绿草、野花,一路走来,满目翠色,游客喜欢沿堤岸作陆路游览,或步行,或骑马。这一游览带自东折北,依序先后有白公堤、白沙堤、孤山寺等。白公堤,约略从今宝石山东麓向东北延伸到钱塘门外至武林门一带,堤水深处时见水村、酒家,原是白居易为捍湖蓄水司筑的一处水利设施,很快发展成为一条人来人往、繁荣热闹的交通要道。白沙堤,因堤上铺沙色白如银而得名,从断桥通往湖中央的孤山寺、贾公亭、西泠桥畔的苏小小墓,春来草绿时,远望如美人裙腰,胜过画境。孤山寺,掩映在山形秀美、平湖围抱的孤山怀中,楼殿参差,花木簇锦,湖水浩渺,烟波摇荡,从城区望过来,宛似海上仙岛。除西湖外,游客还把游览线路延伸到湖区近侧的其他空间,如西北的灵隐寺、东南的万松岭以及钱塘江畔等。其中,灵隐寺自东晋慧理始建以来,周围又陆续兴建了许多寺庙,号称有寺360座。此外,郡守袁仁敬种九里松,又有虚白亭、候仙亭、观风亭、见山亭、冷泉亭,而成重要的寻胜去处。李白《与从侄杭州刺史游天竺寺》描写了灵竺叠嶂清溪、幽林松风的美丽景色,喻其为"蓬莱仙景"。至于钱塘江畔远眺,但见水天一色,江潮壮观,白帆似鸟,往来如梭,令人陡生泛江悠游之兴,"浙江悠悠海西绿,惊涛日夜两翻覆。钱塘郭里看潮人,直至白头看不足"[①]。

五代,吴越国建都于杭州。钱镠父子三代五王以"生态与文化同构"的方式建设杭州,为今天发展旅游保留了大量的历史文化资源。一是平息了"填西湖建府治"的争论,强调广治不填湖,留以待真主,巩固了西湖作为"天下名胜"的风景湖泊地位。二是热心扶植佛教,致使寺院林立,宝塔遍布,梵音不绝,"九厢四壁,诸县境中,一王所建,已盈八十八所,合一十四州悉数之,且不能举其目矣"[②],成为"东南佛国"。著名的有四塔(六和塔、保俶塔、雷峰塔、白塔)、四石窟造像(烟霞洞、慈云洞、天龙寺、飞来峰),至于寺院,有确切年代可考者,即75座。

(二)传统旅游的发展

两宋时期是杭州旅游发展的重要时期。为什么这么说?原因主要有二:一是西湖整治。宋建国后,西湖因未经常疏浚,逐渐干涸,野草丛生。熙宁四年(1071)苏东坡第一次来杭州担任通判时,淤塞面积占了十分之二三,第二次

---

① 《全唐诗》卷四七四徐凝《观浙江涛》。
② 《五代诗话》卷一《吴越王钱镠》。

来杭州出任知州时,"湮塞其半",遂向朝廷上了《杭州乞度牒开西湖状》,强调"杭州之有西湖,如人之有眉目","使杭州而无西湖,如人去其眉目,岂复为人乎?"①遂集资 3.4 万贯,动用民夫 20 万工,整治西湖,在施工中,考虑西湖南北距离 30 里,如把淤泥堆到岸上,既费工又费时,就积泥于湖中,堆为长堤,并在堤上建造九亭以及映波、锁澜、望山、压堤、东浦、跨虹六桥,种植玉兰、木樨、芙蓉、杨柳。春天,柳丝浅绿鹅黄,轻拂着半隐半现的长堤,人在堤上行,犹如画中游。这就是闻名遐迩的苏堤,"我在钱塘拓湖渌,大堤士女争昌丰。六桥横绝天汉上,北山始于南屏通"②。这一次整治贯通了西湖南北,缩短了游览线路,而对西湖旅游基本走向、湖体内外格局形成都有深刻影响。二是城市发展。钱俶归宋、兵不血刃,西湖整治、环境改善,杭州城市人口大量集聚,"参差十万人家",农业、商业、手工业等获得发展,为"东南第一州"。宋室定都临安后,杭州又成为全国政治、经济、文化中心,外国使臣、各地商贾、八方士人、苏杭香客涌向杭城,而南渡的皇室、贵族、官宦、富商又带来了皇家尤其是都城的游览旧习,"山外青山楼外楼,西湖歌舞几时休。暖风熏得游人醉,直把杭州作汴州"③。各社会群体对旅游情有独钟,亦无时不游,而春游特甚焉,"日糜金钱,靡有纪极。杭谚有'销金锅儿'之号"④。

1.天堂品牌形成

北宋仁宗年间,梅挚任杭州知州,临行前仁宗帝作诗送行,开门见山地称赞杭州"地有湖山美,东南第一州"⑤。翰林学士陶穀历仕五代后晋、后汉、后周至宋,著《清异录》,采集唐、五代时流行的词汇,誉杭州"百事繁庶,地上天宫"⑥。从此,杭州便有了"天堂"的称号。南宋范成大著《吴郡志》一书,记录了已定型的"上有天堂,下有苏杭"民谚。同时,"西湖十景"名目业已形成,据祝穆《方舆胜览》卷一载:"西湖,在州西,周回三十里。其洞出诸涧泉,山川秀发。四时画舫遨游,歌鼓之声不绝。好事者尝命十题,有曰:平湖秋月、苏堤春晓、断桥残雪、雷峰夕照、南屏晚钟、曲院风荷、花港观鱼、柳浪闻莺、三潭印月、

---

① 《东坡全集》卷五七《杭州乞度牒开西湖状》。
② 《东坡全集》卷二〇《轼在颖州与赵德麟同治西湖未成改扬州三月十六日湖成德麟有诗见怀次韵》。
③ 《宋诗纪事》卷五六林昇《题临安邸》。
④ 《增补武林旧事》卷三《西湖游幸》。
⑤ (明)田汝成:《西湖游览志》卷七《南山胜迹》。
⑥ (宋)陶穀:《清异录》卷上《天文》。

两峰插云。"天堂品牌初步形成,将吸引更多的游客。

2.游览空间拓展

西湖依然是主要的旅游区块。环湖一圈由白公堤至武林门自不必说,南到净慈、南屏,西至苏堤,北及昭庆寺、孤山、葛岭,也是景点成群,仅从南山路自丰乐楼南,至暗门、钱塘门外,到赤山、烟霞、石屋止,即有景点169处。湖面在天清景明时,游船如云,富商大贾携带美姬艳妓,歌吹弹拉,逍遥自得。同时,游客还将探胜访幽的游览线路延伸向更远的空间,如灵隐、天竺、龙井、虎跑、九溪十八涧甚至留下、西溪。这些景点,千姿百态,内涵丰富,有溶洞石屋、清泉山涧、楼堂亭台、祠观墓冢、名人胜迹等。其中,最多的是私家花园、寺院庵堂,像《卖油郎独占花魁》故事中花魁娘子所住之地,即"齐衙内的花园",是临时借给妓家住的,这类私家花园,可考者100多处,著名的有南园、德寿宫(北内)、聚景园、集芳园、迎祥园、屏山园、玉壶园、玉津园、景富园、五柳园、隐秀园、水月园、挹秀园等。《梦粱录》载:"西林桥即里湖内,俱是贵官园圃,凉堂画阁,高堂危榭,花木奇秀,灿然可观。"又云:"湖边园圃,如钱塘玉壶、丰豫渔庄、清波聚景、长桥庆乐……皆台榭亭阁,花木奇石,影映湖山。兼之贵宅宦舍,列亭馆于水堤;梵刹琳宫,布殿阁于湖山,周围胜景,言之难尽。"①其中,凡属皇家所建,一般不对外开放,而其他私家花园,管理并不严格,多数允许游客出入。至于寺院庵堂,不仅欢迎游客随喜进香,而且供应素食,有的还能借住留宿。

此外,素有"天下第一奇观"之誉的钱塘江潮,也是颇具地方特色的旅游活动,"八月十八潮,壮观天下无"②。八月十八日是潮神生日,杭城内外,车水马龙,男女老幼,倾城而出,前往观潮;沿江一带,百戏杂呈,应有尽有,并夹杂着冷热叫卖的饮食摊、珠翠罗绮的百货铺,五光十色,琳琅满目。

3.驿馆旅舍遍布

根据《都城纪胜》等估算,当时每年杭城的流动人口,通常在四五万人次左右。为接待纷至沓来的游客,驿馆旅舍应运而生,遍及全城,尤其集中在城市中心的府城一带(今中山中路周围)。驿馆旅舍大致分为三类:一是国家驿馆,主要接待外国使臣、来京官员,如都亭驿(在今候潮门外)、怀远驿(在今武林门

---

① (宋)吴自牧:《梦粱录》卷一二《西湖》。
② 《东坡全集》卷三《催试官考较戏作》。

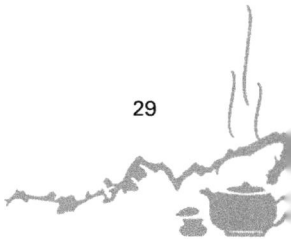

外)、樟亭驿(在今江干跨浦桥)等;二是社会旅邸,主要接待滞京官员、往来商贾、应试举子、文人墨客,分布广泛,街市坊巷,随处可见,因服务的客源对象相对固定,所处区位、内部陈设、服务内容等各有自己的特色;三是寺院客房,主要接待烧香老客,因平时较清静,顺便供应素食,也有部分举子借住留宿,复习应试,知名的有仙林寺、昭庆寺、报恩寺、明庆寺。

4. 旅游图籍出现

两宋尤其是宋室南渡后,杭州出现了具有导游性质的早期旅游图籍。一类是专门介绍景点的书,如西湖老人的《繁胜录》、耐得翁的《都城纪胜》、吴自牧的《梦粱录》、周密的《武林旧事》等。另一类是类似于导游图性质的《朝京里程图》,该图以都城临安为中心,标明通向临安的线路、里程、凉亭、旅舍,图上长亭短驿分明,游客可以按图索骥寻景游胜。

(三)传统旅游的繁盛

1. 元代

元代是杭州旅游进入繁盛时期之前的过渡阶段。南宋亡于元蒙铁骑,但杭州属受降之地,除"民间失火,飞烬及其宫室,焚毁殆尽"外[①],其他地区未遭兵燹之灾,古城免于玉焚,旅游获得继续发展。

(1)杭州走向世界

意大利人马可·波罗(Marco Polo)来到杭州旅游观光。在杭期间,采风问俗,记下了这里的许多事情,并通过闻名全球的《马可·波罗游记》,把"世界上最美丽华贵"的城市介绍给了世界,他如此描述这一个"水的世界":

> 这座城市方圆约有一百英里,它的街道和运河都十分宽敞……城内除了陆上交通外,还有各种水上通道,可以到达城市各处。所有的运河与街道都很宽敞,所以运载居民必需品的船只与车辆,都能方便地来往穿梭。
>
> 据说,该城中各种大小桥梁的数目达一万二千座。那些架在大运河上,用来连接各大街道的桥梁的桥拱都建得很高,建筑精巧,竖着桅杆的船可以在桥拱下顺利通过。同时,马车可以在桥上畅通无阻。

---

① (明)徐一夔:《始丰类稿》卷一〇《杂述》。

有这么多的桥梁,没有一个人不为之惊奇。

整个城市简直就好像竖立在水中,城的四周都是水。

杭州从此为欧洲各国及世界其他国家所知晓,并陆续迎来了不少的境外游客。

（2）游览空间扩大

随着城市的进一步扩张,杭州的游览空间从西湖延伸至城郊。六桥烟柳、九里云松、灵石樵歌、孤山霁雪、葛岭朝暾、北关夜市、冷泉猿啸、浙江秋涛、两峰白云、西湖夜月等"钱塘十景"的出现,意味着杭州旅游的区块除了西湖,还有灵隐、运河、钱塘江等。

（3）休闲之风兴起

西湖四周的园林别业、寺院庵堂,湖心岛上的亭台楼阁、精室巧舍,成了市民休闲的场所,"这地方的居民,颇有闲情逸致。在他们一天工作之余或是一次商业交易了结之后",就"希望带上自己的妻子或情人,租一条画舫或是雇一辆街车,借以消磨闲暇的时光","所有喜欢泛舟行乐的人,或是携带自己的家眷,或是呼朋唤友,雇一条画舫,荡漾水面","街车就在这种街道上往来驰骋。这种车子是长方形的,顶上有盖,四周挂有绸缦,并且配有绸制的坐垫。那些喜欢游乐的男女常常雇它代步。因此,时常有大批的车子在街道上经过"。

（4）娱乐行业兴盛

杭州是元杂剧后期创作演出的全国中心,城中出现了大量瓦舍勾栏,"百戏杂陈",日夜上演,丰富了市民的业余生活。但同时有"红灯区"和大量以卖笑为生的妓女,"在其他街上有许多红灯区。妓女的人数,简直令人不便启齿。不仅靠近方形市场的地方为她们的麇集之所,而且在城中各处都有她们的寄住之地。她们的住宅布置得十分华丽,她们打扮得花枝招展,香气袭人,并有许多女仆随侍左右"①。

2. 明清

（1）空间扩展,景点增多

明清两代,浙江、杭州地方政府整治西湖,其中,影响较大的有明正德三年（1508）知府杨孟瑛治湖、清雍正年间浙江总督李卫数次治湖。在治湖的同时,时人修缮古迹遗存,建设景点景区,杭州的游览空间不断向周边扩展,延伸至天竺、云栖、西溪等。景点不断添设增多,据明田汝成《西湖游览志》所载资料

---

① 以上引文均见马可·波罗:《马可·波罗游记》,福州:福建人民出版社1981年版。

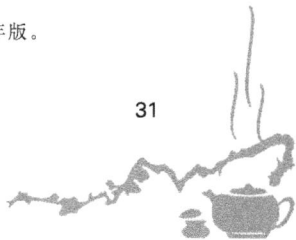

统计，景点达 450 多处。而据清翟灏、翟瀚《湖山便览》统计，景点已增至 1016 处，而且内涵更加丰富充实，例如，"吴山大观"景点，景目之下又有金地笙歌、瑶台万玉、紫阳秋月、三茅观潮、鹿过曲水、鹤步寒山、峨眉月照、梧岗飞瀑、枫岭红叶、云居听松"吴山十景"；而远在留下郊野的"西溪探梅"景点，景目之下又有仙岛荡、幔芦港、秋雪滩、莲花幢、杨柳城、苍葡篱、护生堤、弹子楼"秋雪八景"，法华秋霁、佛慧晚钟、北峰起云、西溪梅墅、蒹葭泛月、河渚渔歌、竹林问渡、生池饲鱼"曲水八景"共计 16 处景点。许多景点并非单一的景点，而是以点带面，已扩充为空间相对宽阔的旅游区块。

（2）景点品牌化，产品特色化

"西湖十景"之名渊源于南宋画院西湖山水画题名。到了清代，康熙、乾隆两帝南巡，多次来到杭州，遍游西湖胜景，并用御制诗的形式钦定了"西湖十景"，即：苏堤春晓、花港观鱼、柳浪闻莺、曲院风荷、雷峰夕照、平湖秋月、三潭印月、断桥残雪、南屏晚钟和双峰插云。而李卫任巡抚时，又有"西湖十八景"之称，即：功德崇坊、海霞西爽、鱼沼秋蓉、莲池松舍、亭湾骑射、吴山大观、湖心平眺、湖山春社、梅林归鹤、玉泉鱼跃、玉带晴虹、宝石凤亭、天竺香市、云栖梵径、蕉石鸣琴、凤岭松涛、韬光观海、西溪探梅。这些景目完整定型，是全社会对西湖景点精华的认可、提炼，标志着旅游产品进入了有意识打造品牌的时代。

与之相对应，经过长期的发展积累，杭州旅游逐步形成了自己的产品，特色十分明显，主要有西湖湖泊游、天竺香市游、钱江观潮游、城市观光游、龙舟竞渡游等。

（3）游览线路定型，导游书籍问世

明清以来，在总结前人游览经验和现实景点发展的基础上，开始推出多条游览线路，其中，游湖依然是杭州旅游的重点，常走的精品游览线路是"出钱塘，泊南屏，一入里湖而返，以为观止"；若岸游陆行，则"往灵隐，由六桥、三潭而返"，不过如此步行，让人疲惫不堪。① 此外，尚有田汝成标出的 5 条游览线路：孤山路（从断桥出发，至今白堤、孤山、湖心、苏公堤、赵公堤，到杨公堤，景点 15 处），南山路（从涌金门出发，往南至南屏山、净慈寺、烟霞洞、南高峰、太子湾、三台山、花家山、龙井、虎跑、凤凰山、万松岭、包家山，景点 150 处），北山路（从涌金门出发，往北至钱塘门、昭庆寺、宝石山、葛岭、岳王庙、法华山、九里

---

① （明）刘遇：《湖山叙游》。

松、北高峰、灵隐寺,直至留下西溪,景点 200 处),吴山路(包括石佛山、七宝山、瑞石山、宝月山等,景点 50 处),浙江路(今江干一带,包括月轮山、六和塔、秦望山、五云山、风水洞等,景点 15 处)。这些自觉或不自觉形成的游览线路,是时人对唐宋以来杭州游览线路的系统整理和总结定型,并将深刻影响杭州以后游览线路的总体布局。从此,杭州的游览线路基本定局,尚未出现大的变化。

导游书籍首推田汝成的《西湖游览志》,该书以游览为名,记湖山之胜,导游功能十分突出。此后又有类似的读物不下数十种,较著名的如翟灏、翟瀚的《湖山便览》,首卷总叙,二至三卷叙孤山路,四至六卷叙北山路,七至十卷叙南山路,十一卷叙江干路,十二卷叙吴山路,把杭州的游览线路分叙为五,先后串述各线之风景与名胜,删去与之关系不大的城内官廨、坊巷以及其他杂说,眉目清晰,适合旅游需求,颇受坊间欢迎。

综上,在传统杭州旅游的盛衰变迁中,从最初的发轫,经过两宋时期的发展,最终到明清时期的繁盛,形成了传统旅游的基本格局。这一基本格局涉及景点景区、游览线路、旅游产品、娱乐休闲、导游书籍、旅游形象,与近代杭州旅游的盛衰变迁存在直接关系。也就是说,如果没有传统杭州旅游的基本格局,也就没有近代杭州旅游的盛衰变迁。而由国门洞开带来的经济发展、社会进步尤其是基础设施改建和服务设施改建,不断推动传统旅游的近代化进程,使之逐渐呈现新的气象。因此,从旅游近代化视角考察传统杭州旅游,有助于研究近代杭州旅游的盛衰变迁。

二、传统旅游的近代化考察

在严格意义上,托马斯·库克并非最早进行有组织旅游的人。在他以前,就出现了一些有组织的旅游,1838 年,欧洲有了第一次大规模、有组织的团队旅游,一些英国人被组织起来乘火车去法场看绞刑。1839 年,德国威斯巴登矿泉疗养吸引了大批游客:散步,静卧,跳舞,晒太阳,喝泉水,听泉水音乐,呷泉水沏茶。罗兰·德希尔(Roland Derhill)爵士任布赖顿火车公司主席期间,在 1840 年组织了几次火车包车的旅游服务。但是,托马斯·库克无疑是最成功的。1841 年 7 月 5 日,他采用包租火车的方式,成功地组织了一次从英国莱切斯特前往 35 公里以外的朗格伯勒的团队旅游。这次旅游共有 570 人参

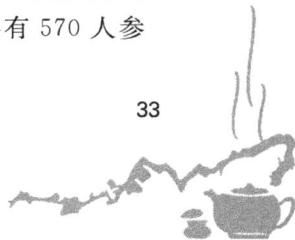

加,每人交一个先令,由导游陪同,目的是参加在朗格伯勒举行的禁酒大会。一个先令除支付交通费之外,还包括乐队演奏赞歌和一次带火腿的野外午餐以及午后茶点。在旅游史上,这次旅游被普遍认为是旅游近代化的起点。之所以被公认为旅游近代化的开端,关键在于托马斯·库克组织的禁酒团队旅游在全球范围内首次创造了与传统旅游迥异的新型旅游方式,体现了现代旅游的雏形和基本特点。具体地说,表现在以下几个方面:一是参加人数较多,规模空前;二是客源来自不同社会群体,具有广泛的公众性,影响较大;三是事先筹备活动,安排日程,有组织、有计划;四是首次包租火车,延伸了旅游的距离,且在当天全程往返;五是这次旅游固然非商业赢利性,目的也非观光消遣,却为托马斯·库克正式创办专门旅游代理机构——旅行社,为组织商业性旅游经营活动积累了经验、指明了方向。

这次意外成功激励了托马斯·库克,他组织了更多的类似的旅游活动,并根据客源市场观光消遣旅游需求迅速扩大的趋势,在1845年夏天组织了第一个以观光消遣为旅游目的的团队,350人参加,由莱切斯特前往利物浦,全程往返总共需要一周,以旅行社的形式,开了组织商业性旅游经营活动的先河。同时,托马斯·库克又利用伦敦举办世界第一届万国博览会的机会,通过代办交通和食宿的方式,前后组织16.6万名游客前往参观,"以安排郊游活动起家的库克,更利用1851年的机会发展出庞大的旅游业,此后25年,他的名字就成了有组织旅游团的代名词。此后万国博览会一场一场举办,每次博览会都将大批参观者带到各主办国首都,使各国首都获得重建,焕然一新。各省省会受此启发,纷起效法,期望创造类似奇迹"①。托马斯·库克对旅游近代化的推动功不可没,他还创造了许多的世界第一:1845年编写出版了世界上第一本旅游指南《利物浦之行手册》;1855年组织了世界上第一次国际包价旅游团队,《曼彻斯特日报》称其为"铁路旅游史上的创举"②;1865年在伦敦开设了世界上第一个以赢利为目的,向普通民众提供专门化旅游服务的机构——旅游办事处;1872年组织了世界上第一个周游世界的环球旅游团,10人参加,历时222天之久;1891年第一次正式发售与现代使用方式相同的旅行支票。多少年过去,托马斯·库克的名字依然在欧美发达国家家喻户晓,他被称为"旅

---

① 艾瑞克·霍布斯鲍姆著:《资本的年代(1848—1875)》,张晓华等译,南京:江苏人民出版社1999年版,第274—275页。

② 李天元、王连义编著:《旅游学概论》,天津:南开大学出版社1991年版,第20页。

行社之父",成为旅行社的象征和旅游近代化的代名词。他的公司同样长盛不衰,迄今仍然驰名于世,在各国设有 625 家分支机构,拥有 1 万多名员工,是全球规模最大、经营最广、历史最久、信誉最佳的国际化旅游集团公司之一。

托马斯·库克的作用和影响无疑是非常巨大的。此后的几十年间,在欧美各国以及世界其他国家中类似的旅游服务组织和代理机构如雨后春笋般涌现出来。以此作为标志,传统旅游结束,近代旅游开始,人类社会迈向旅游近代化的新时代,并呈现以下的特点:一是就旅游目的看,实现了从观光旅游向观光、休闲、度假、疗养、娱乐、健身旅游的转变,风景名胜、疗养胜地、度假中心、娱乐场所、休闲设施迅速发展起来;二是就旅游方式看,实现了从个体、分散、无组织旅游活动向团体、规模、有组织旅游活动的转变;三是就旅游范围看,由于先进的交通工具、科学的组织计划,出行变得十分方便,实现了从近距离旅游向远距离旅游的转变,游览空间延伸到全球范围;四是就旅游经营看,实现了从非商业赢利向组织商业性旅游经营活动的转变,赢利是旅游经营者和旅游供给市场的主要目的,旅游服务业成为欧美发达国家的新兴行业,在国民经济中所占比重不断增大。

基于上述旅游近代化的背景及其主要特点,从旅游目的、旅游方式、旅游范围、旅游经营四个维度观照传统杭州旅游的发展水平,大致呈现如下特点。

(一)旅游目的:观光、娱乐、朝圣

杭州自宋室南渡定都后,一跃成为东南地区至为繁华之地,一些后来被认为是权威性的描述如"湖山映带"、"山川秀丽"、"地有湖山美,东南第一州"等基本始于此时。而且,随着时代的递进,诸如此类的美妙描述不断传世,像"四山凉翠滴杯底,看敛斜阳雉堞边"等。① 对此,清人还总结道:"杭州素称繁华之地,吴山既多胜景,西湖属名区,俗语故有'上数天堂、下数苏杭'之说。"②可以从中概见人们对于杭州的总体认知和感觉,其中,"西湖十景"是最主要的旅游吸引物。③ 通过下文对在杭旅游较集中的几大社会群体如官宦、商贾、士人、香客、市民等的分析,观光、娱乐、朝圣似乎是其旅游主要目的。

---

① (清)厉鹗:《樊榭山房集》卷八《诗辛》。
② 范祖述:《杭俗遗风》,同治三年手抄本,序。
③ 万历《杭州府志》卷一八《形胜》,万历七年刻本。

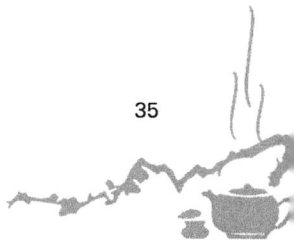

1. 官宦

在中国古代行政权力结构中,主要有中央和地方两大层面,前者是宰辅官、政务官,后者包括地方官、基层组织。其中,地方官员受制于朝廷的"回避"制度,如"北人南官,南人北官"、"东西互换"等,而且迁调频繁,加上秦汉以来大一统的疆域幅员辽阔,地方官员莅职在几百上千里之外乃为常事,故有"宦游四方"一说。隋唐以来实行科举入仕制度,地方官员除少数捐纳为官者和军功保举者,多系经历县试、府试、院试、乡试、会试、殿试层层台阶而科举为官者。"之乎者也"不离口,是中国古代掌握丰富文化知识的精英群体,他们是最活跃的旅游群体之一。莅职途中、公事余暇,正是纵情山水的好时光。西湖风光秀丽,赢得了众多擅长诗文地方官员的登山临水、朝歌夜弦。白居易酷爱美丽的杭州,足迹遍布西湖的山水,甚至有 12 次到过较偏僻的灵隐、天竺,与名僧韬光汲水煮茗,结为诗友。美丽的西湖,激发着白居易的美感和诗情,在他的笔下,西湖气象万千,美轮美奂,《钱塘湖春行》是其中较有名的一首:

孤山寺北贾亭西,水面初平云脚低。
几处早莺争暖树,谁家新燕啄春泥。
乱花渐欲迷人眼,浅草才能没马蹄。
最爱湖东行不足,绿杨阴里白沙堤。①

苏东坡曾两度为官杭州,前后 5 年,其间,游遍杭州山水,享尽西湖美景,他说:

西湖天下景,游者无愚贤。
深浅随所得,谁能识其全。
嗟我本狂直,早为世所捐。
独专山水乐,付与宁非天。
三百六十寺,幽寻遂穷年。
所至得其妙,心知口难传。
至今清夜梦,耳目余芳鲜。
君持使者节,风采烁云烟。
清流与碧巘,安肯为君妍。
胡不屏骑从,暂借僧榻眠。

---

① 《全唐诗》,上海:上海古籍出版社 1986 年版,第 1106 页。

　　读我壁间诗,清凉洗烦煎。

　　策杖无道路,直造意所便。

　　应逢古渔父,苇间自羹缘。

　　问道若有得,买鱼勿论钱!①

杭州的美也因此得到了扬名,所谓"杭州巨美,得白、苏而益章"。②

　　2.商贾

　　中国传统社会历来重本抑末,商贾被毫不留情地列于"士、农、工、商"四民之末,地位低下。尽管如此,受物质利益的驱使,商贾依然活跃,"闽商海贾,风帆浪舶,出入于江涛浩渺、烟云杳霭之间,可谓盛矣"③。尤其至明中叶,因商品经济的蓬勃发展,从事商业的利润已明显高于农业,不少人改变了过去对商贾贱业的传统看法,转而从事商业,甚至"士大夫之家,皆以商贾游于四方"④。商品的流通特征、商贾的逐利本能,使从商者必须迈出户牖,游历四方。其出游的目的有二:一是在异地他乡从商;二是居家日久欲散心。前者多数低调行事,途中只是顺道观光娱乐;后者往往大肆铺张,极尽奢华,"载宝而行,倾财结客,舟车丝竹,不移而具"⑤。"贾人之游"在很大程度上引领了整个社会的消费潮流,导致许多城市各类娱乐休闲活动及服务业甚至青楼都极兴隆。且不说宋时的杭州,因是南宋都城,各色休闲活动如杂剧、蹴球、讲史、相扑等可供娱乐,富者穷奢极欲,纸醉金迷,"至于贫者,亦解质借兑,带妻挟子,竟日嬉游,不醉不归"⑥。至明中后期,更是有增无减,具体表现在:一是茶肆兴盛。"杭州先年有酒馆而无茶坊,然富家燕会,犹有专供茶事之人,谓之茶博士。……嘉靖二十六年三月,有李氏者,忽开茶坊,饮客云集,获利甚厚,远近仿之,旬日之间,开茶坊者五十余所,然特以茶为名耳,沉湎醑歌,无殊酒馆也。"⑦茶肆既是交流信息、洽谈生意的社交中心,更是"燕会"、"醑歌"的休闲场所。茶肆选

---

　　① (宋)苏轼:《怀西湖寄晁美叔同年》,载冯应榴辑注《苏轼诗集合注》,上海:上海古籍出版社2001年版,第618—619页。

　　② (明)田汝成:《西湖游览志余》卷一〇《才情雅致》。

　　③ (宋)欧阳修:《欧阳文粹》卷一四《有美堂》。

　　④ (明)归有光:《新刊震川先生集》卷一三《白庵程翁八十寿序》,《丛书集成三编》第50册,台北:台北新文丰出版公司1997年版。

　　⑤ (明)归庄:《归庄集》,北京:中华书局1962年版,第268页。

　　⑥ (宋)吴自牧:《梦粱录》卷一《八日祠山圣诞》。

　　⑦ (明)田汝成:《西湖游览志余》卷二〇《熙朝乐事》。

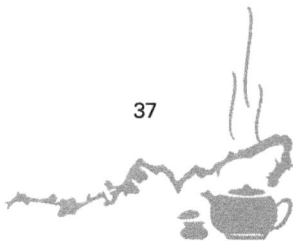

址讲究,要求便于休憩赏景,"由昭庆缘湖而西,为餐香阁,今名片石居。阆阁精庐,皆韵人别墅。其临湖一带,则酒楼、茶馆,轩爽面湖,非惟心胸开涤,亦觉日月清朗"①。二是青楼如林。自古以来,出入青楼者各阶层都有,不独商贾,但因从商,商贾奔走四方,远离家乡,有妻者多不能挈妻随行,无妻者又不愿异乡娶妻,于是就有性饥渴的矛盾。西湖白天是商贾游山玩水的好地方,夜晚则成为莺歌燕舞的温柔乡,张凯元《西湖即事》即透露这样一种味道:

> 十里长堤柳色新,六桥凝碧水粼粼。
>
> 桃花似妒青楼女,杨柳如思白舍人。
>
> 莺语风前犹自涩,山容雨后尚含颦。
>
> 武陵旧日通来往,不向渔郎数问津。②

田汝成说得更直接,西湖"湖山诸奇,名胜之燕集,殆无虚日,鲸吞海吸,青楼红粉,争相承迎"③。商贾一掷千金,竭尽物质上的奢侈享受,以致家族衰败,"世远者吾不知已,余所闻先达高风如沈亚卿省斋、钱都宪江楼,皆身殁未几,故庐已属他姓。至如近者一二巨姓,虽位臻崇秩,后人踵事奢华,增构室宇园亭,穷极壮丽;今其第宅,皆新主矣。此余所目睹,安有如江楼、省斋者"④。

3. 士人

在中国传统社会群体结构中,士为"四民之首",享有政治、经济、社会诸多特权,但直到明中前期,因旅游尚未登上大雅之堂,士人不屑一顾,不以此作为正经事看待。其中,湛若水可谓是看不起旅游的典型代表,认为,游有三等,即形游、神游与天游,游山水之形游为下等,神游为上等,以道学的天游为上上等。⑤ 明中后期开始,随着城乡生活的日渐奢化,作为一种"炫耀性消费"(conspicuous consumption),士人已反对"古人游迹传诸后世者多羁旅寄寓之人,而仕宦者恒无闻焉"的说法⑥,把旅游作为显示自己、区隔别人的象征。⑦

---

① (明)张岱:《西湖梦寻》卷三《西湖中路》。

② (明)张凯元:《西湖即事》,载《浙江通志》卷二七六《艺文十八》。

③ (明)田汝成:《西湖游览志余》卷一三《才情雅致》。

④ (明)张瀚:《松窗梦语》卷七《风俗纪》。

⑤ (明)湛若水:《湛甘泉先生文集》卷一七《送谢子振卿游南岳序》。

⑥ 《崇渚文集》卷九〇《答王参政论游览山水书》。

⑦ 巫仁恕:《晚明的旅游风气与士大夫心态——以江南为讨论中心》,载《明清以来江南社会与文化论集》,上海:上海社会科学出版社 2004 年版。

在杭州旅游的士人，自视清高，为表现与普通市民不同，凸现地位、身份，往往刻意寻找游览时间。或选择季节，"苏堤度六桥，堤两旁尽种桃柳，萧萧摇落。想二三月柳叶桃花，游人阗塞，不若此时之为清胜"①。李日华曾与友人在冬季游湖，气温极低，"时河冰片段蚀舟，夕阳射之如碎玉。岸柳千树，寒条刺天，游者绝迹"，他却自鸣得意："余以为清虚洞朗，无逾此时者，胜春江夜月多矣。"②或选择时辰，"杭人游湖，止午未申三时，其实湖光染翠之工，山岚设色之妙，皆在朝日始出，夕春未下，始极其浓媚。月景尤不可言，花态柳情，山容水意，别是一种趣味。此乐留与山僧游客受用，安可为俗士道哉"！③ 张岱嫌与普通市民同游过于喧闹，满眼尽是"看七月半之人"，包括"名为看月而实不见月者""身在月下而实不看月者""亦在月下，亦看月而欲人看其看月者""月亦看，看月者亦看，不看月者亦看，而实无一看者""或匿影树下，或逃嚣里湖，看月而人不见其看月之态，亦不作意看月者"，"以故二鼓以前，人声鼓吹，如沸如撼，如魇如呓，如聋如哑，大船小船一齐凑岸，一无所见，止见篙击篙、舟触舟、肩摩肩、面看面而已"，而需要一种完全属于自己的意境，"岸上人亦逐队赶门，渐稀渐薄，顷刻散尽矣。吾辈始舣舟近岸，断桥石磴始凉，席其上，呼客纵饮"④。 当然，夜游更为士人独钟，吴山、孤山、西湖留下了他们的足迹，查人渶如此记述自己的西湖夜游："即携茗碗藕果之属上小艇，任风吹去，近岸则棹转。""往往命舟人卸蓬露坐，水气与露气融成一碧，此身疑在云际。""突有火光十数团浮动纵横，倏忽不见，湖面如墨，岂东坡所谓非鬼非仙者耶？"此为月黑之游；"既坐把盏，放乎中流。俄有数百荷灯随波而进，沿堤树林如含霞彩。"此为浮灯之游；"遂于月夜被酒往。舟傍塔，耸身以临之，其中若有怪物槎枒，然醉眼不能辨，乃坐看水底月，风来波动，散若星光万点。"此为玩月之游。⑤

　　士人旅游追求自得其乐，既选择与众不同的游览时间，也自创标新立异的交通工具，黄汝亨发明了一种新式游船，"尝夏游黄山白岳，见竹筏行溪林间，好事者载酒从之，甚适。因想吾家西湖上，湖水清且广，雅宜此具。归而与吴

①　（明）张京元：《湖上小记·苏堤》，《古今游记丛抄》（第 4 册），卷一八《浙江省》。
②　（明）李日华：《味水轩日记》卷五。
③　（明）袁宏道著，钱伯城点校：《袁宏道集笺校》卷一〇《西湖二》，上海：上海古籍出版社 1981 年版，第 423—424 页。
④　（明）张岱：《陶庵梦忆》卷七《西湖七月半》。
⑤　（清）查人渶：《夜游西湖》，载欧明俊主编《明清名家小品精华》，合肥：安徽文艺出版社 1996 年版，第 911—912 页。

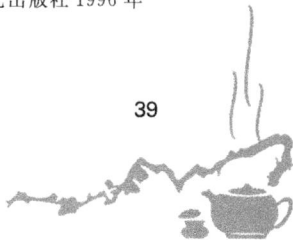

德聚某制之,朱栏青幕四披之,竟与烟水云霞通为一席,泠泠如也"。他称为
"浮梅槛",带到西湖,一时流行,于是自鸣得意地说:"每花月夜,乃雪澄山净,
予时与韵人、禅衲尚羊六桥,观者如堵,俱叹西湖千载以来未有。当时苏、白风
流,亦想不及此人情喜新之谈。"①其实所谓的"浮梅槛",无非一叶竹筏而已。
黄汝亨发明"浮梅槛",并非为自己游湖所用,而是通过创造这种新的游具的方
式,吸引大众眼球,实现愉悦身心的愿望。

4. 香客

每年春季,来杭州的香客多达 10 万人次,其中,大部分来自浙北即杭州、
嘉兴和湖州三府,少部分来自苏南苏州、松江和常熟三府,里面包括广大农村
妇女。香客乘船循京杭大运河来杭州,船上装饰特制黄旗,上书"朝山进香",
船只一般停泊在松木场、拱宸桥一带。上岸以后,成群结队,或西行至灵隐、天
竺,或步行到城隍山上。香客之所以把杭州作为朝圣的目的地,主要的原因在
于"东南佛国"在其宗教信仰上的特殊地位。明代以来,蚕丝业已成为太湖流
域尤其是浙北三府、苏南三府农户家庭经济不可分割的组成部分,也就是家庭
收入的主要来源,"湖人尤以为先务,其生计所资,视田几过之"②。为乞求神
灵庇佑保佑农业尤其是养蚕丰收,香客纷至沓来,成为很特殊的旅游群体。

5. 市民

市民的旅游需求似乎与宗教信仰、社会习俗密切相关。在生产力欠发达
的古代,人们因无力抗衡或无法解释自然界和人类社会的许多现象,而把自己
的种种愿望寄托于虚无缥缈的神灵世界。江南民间充满浓厚的泛神论色彩表
现为寺院遍布,祠祀兴盛。为了实现消灾避难、祈祷丰年、大吉大利的乌托邦,
民间不惜举办各种庙会(香市),通过以演戏、杂耍为主要形式的娱乐、节庆活
动,将对神灵的敬畏之情发挥得淋漓尽致,有时简直近于狂欢。无锡人钱泳
曰:"大江南北迎神赛会之戏,向来有之,而近时为尤盛。"③杭州每逢庙会,多
由富家子弟出钱凑会,"妆饰各样台阁及诸社伙,备极华丽",并且"次第排列,
导以鼓乐,绕衢迎展"。古时生活艰辛,娱乐活动更少,庙会对广大市民来说是

---

① (明)黄汝亨:《浮梅槛记》,载陆云龙等选评,蒋金德点校《明人小品十六家》,杭州:浙江古籍
出版社 1995 年版,第 423 页。
② 乾隆《湖州府志》卷四〇一物产引谢肇淛《西吴枝乘》。
③ (清)钱泳:《履园丛话》卷二一。

一个难得的欢乐和所必需的心理调节,于是"倾城内外,居民闻风往观"①。田汝成则对市民利用朝圣尽情游玩的现象作了许多描述,例如:

> (二月)十九日,上天竺建观音会,倾城士女皆往。其时,马塍园丁,竞以名花荷担叫鬻,音中律吕。……三月三日,俗传为北极佑圣真君生辰。佑圣观中,修崇醮事,士女拈香,亦有就家启醮,酌水献花者。是日,观中有雀竿之戏。其法,树长竿于庭,高可三丈,一人攀缘而上,舞蹈其颠,盘旋上下,有鹞子翻身、金鸡独立、钟馗抹额、玉兔捣药之类,变态多方。观者目瞪神惊,汗流浃背,而为此技者,如蝶拍鸦翻,蘧蘧然自若也。是日,男女皆戴荠花,谚云:"三春戴荠花,桃李羞繁华。"②

(二)旅游方式:分散、自发、随意

从上述旅游目的看,不同的社会群体参与旅游的目的千差万别,但以观光、娱乐、朝圣为主,而就旅游方式分析,却呈现分散、自发、随意的特点。如,苏州人黄省曾,"风流儒雅,卓越罕群",嘉靖十七年(1538)进京应科考时,正巧友人田汝成过吴门,与谈西湖之胜,他便激动地辍装往游,盘桓累日而不应考,"癖耽山水,不顾功名"③。此例虽为个案,亦可说明旅游相当随心所欲。

王士性曾谈及:

> 杭俗儇巧繁华,恶拘检而乐游旷,大都渐染南渡盘游余习,而山川又足以鼓舞之,然皆勤动自食,出其余以乐残日。男女自五岁以上无活计者,即缙绅家亦然。城中米珠取于湖,薪桂取于严,本地止以商贾为业,人无担石之储,然亦不以储蓄为意。即舆夫仆隶奔劳终日,夜则归市肴酒,夫妇团醉而后已,明日又别为计。故一日不可有病,不可有饥,不可有兵,有则无自存之策。

> 古者妇人用安车,其后以舆轿代之,男子虽将相不过乘车骑马而已,无轿制也。……人轿自宋南渡即。故今俗惟杭最多最善,岂其遗耶?

> 游观虽非朴俗,然西湖业已为游地,则细民所藉为利,日不止千

---

① 嘉靖《仁和县志》卷一三。
② (明)田汝成:《西湖游览志余》卷二〇《熙朝乐事》。
③ (明)朱国祯:《涌幢小品》卷一七《山游》。

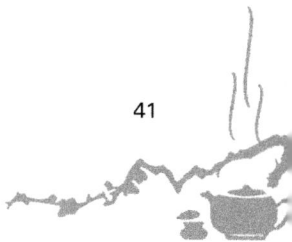

金,有司时禁之,固以易俗,但渔者、舟者、戏者、市者、酤者咸失其本业,反不便于此辈也。

　　杭城北湖州市,南浙江驿,咸延袤十里,井屋鳞次,烟火数十万家,非独城中居民也。①

　　上述四段文字,其本意是说明杭州社会风俗及其与下层民众谋生之间的关系。但从旅游近代化的角度审视,至少提供了以下的信息:一是杭州旅游风气十分兴盛,即"恶拘检""乐游旷",之所以如此,源于两大原因:宋室南渡之习,西湖山水之美;二是西湖是"游地",带动了相关服务业发展,"渔者、舟者、戏者、市者、酤者"借以谋生,养家糊口,因此轻易不可禁止高消费的"游观",否则会引起整个社会的动荡不安,作者出于经济、社会的考虑反对禁革娱乐业,按当时的观念,确属超前;三是娱乐、休闲已渗入各社会群体日常生活的各个层面,即使终日为生计劳累奔波的"舆夫仆隶",夜也"归市肴酒",一醉方休,尽情享受,城市及附近区块的夜生活绚丽多彩,"非独城中居民也"。

(三)旅游范围:浅游

　　在铁路、公路、轮船等近代交通工具诞生以前,船楫、车轿是出行的必备载体。因商品交换的需要,首先对交通工具感兴趣的是商贾,明隆庆、万历间,安徽休宁商人黄汴利用各种路程图引,编就《一统路程图记》,亦称《天下水陆路程》,全书共8卷:卷一北京至十三省水陆路,卷二南京至十三省水陆路,卷三两京、各省至所属府水陆路,卷四各边路,卷五江北水路,卷六江北陆路,卷七江南水路,卷八江南陆路,列举了当时全国水陆路程共144条。其中,卷一"北京至南京、浙江、福建陆路"、卷二之十六条"南京至浙江、福建二省水路"、卷三之二十八条"浙江布政司至所属府水陆"、卷七之四条"江西城由广信府过玉山至浙江水"、卷七之五条"杭州府官塘至镇江府水"、卷七之六条"杭州逾路烂溪至常州府水"、卷七之十七条"江西由休宁县至浙江水"、卷七之二十四条"杭州府至补陀山水"、卷七之二十五条"扬州府跳船至杭州府"、卷七之二十六条"杭州跳船至镇江府"、卷七之三十条"北新关至缸窑瓶窑水"、卷七之三十五条"杭州府至上海县水"、卷七之三十七条"休宁县至杭州府水"、卷七之三十八条"浙江至天台山雁荡山水陆"、卷八之二条"杭州府至休宁县齐云山路"、卷八之九条"杭州府由东阳县至处州府

---

① (明)王士性:《广志绎》卷四《江南诸省》。

路"等,涉及杭州与外界沟通的线路及里程。① 杭州在以船为车、以楫为马的江南地区,借四通八达的水运网络联系全国各地,在上述 13 条线路中,涉及水路 12 条,占 92.3%,王士性概括说:"东南泽广,舟行而鲜车马。"②故明末徐霞客在江南游历时,就是通过水路,坐船由无锡经青浦、嘉善、桐乡等地,前往杭州,所经之地,在他看来,大多仍属泽国胜地,但许多水网交织的市镇十分繁华。③

受交通工具的限制,短时间、远距离的旅游即所谓的"壮游"几乎是奢望,人们多数时候只能在居住点附近旅游,如,杨循吉所云:"今吴人之所恒游者,特其至近人迹者耳,至于幽僻奇绝之境,固莫至也。然远方之客,虽至近可到之山,亦鲜有能及游者焉。"④有学者曾以"博物君子"李日华《味水轩日记》为案例,将日记所载的旅游天数与长程旅游地点略作统计(详见表 2-1)。⑤

表 2-1　《味水轩日记》所载旅游天数与长程旅游地点

年代	时间(月/日)	天数	地点
万历三十七年(1609)	2/11;4/26-5/20;9/27-29;10/5;12/10-15	35	杭州
万历三十八年(1610)	2/3;3/2;闰 3/15;闰 3/21;4/2-2;4/11-16;8/16;9/8-24	29	苏州、齐云
万历三十九年(1611)	3/2-6;3/19;4/15-23;5/7-9;5/16;5/20;6/2;6/5;7/25;8/6;9/23;10/7;10/19;10/24;12/6	29	苏州、杭州
万历四十年(1612)	2/15-27;4/19-23;7/6;7/18;8/11;9/6;10/26	23	杭州、苏州
万历四十一年(1613)	1/11;2/7;2/24-3/3;4/3;6/3-9;6/16-17;8/4;8/13;10/4;11/11;11/18-26	34	华阳、杭州(2 次)
万历四十二年(1614)	1/14;2/9;3/5;3/12;3/16;3/23-26;3/27;4/4-5/5;5/15;7/20;8/14;8/24;8/29-9/9;9/19	56	苏州、徽州、杭州
万历四十三年(1615)	4/7-13;5/29;6/8;6/1;6/12;6/17-21;7/6-21;闰 8/2-7;9/2;9/12;9/14	41	苏州(2 次)、杭州(2 次)
万历四十四年(1616)	1/29;2/15;3/9;3/13;3/17-21;3/22;3/26-4/18;4/18-24;5/5;6/16;6/28-7/8;7/13;7/15-16;11/16-21	61	苏州、杭州(3 次)

---

①　参见(明)黄汴:《天下水陆路程》,太原:山西人民出版社 1992 年版。

②　(明)王士性:《广志绎》卷一《方舆崖略》。

③　(明)徐弘祖,朱惠荣校注:《徐霞客游记校注》"游浙日记",昆明:云南人民出版社 1985 年版,第 114—119 页。

④　(明)杨循吉:《灯窗末艺·西山游别诗后序》。

⑤　巫仁恕:《晚明的旅游风气与士大夫心态——以江南为讨论中心》,载《明清以来江南社会与文化论集》,上海:上海社会科学出版社 2004 年版。

由表 2-1 看,旅游有短途与远距离之分,前者一般是天气晴朗适游或友朋相邀赴约,后者目的并非单一,得视具体情况。旅游期间,或访友、吊唁、讲会、购物,或是看庙会。李日华旅游频率相对较高,几乎每年有 2~4 次的远距离旅游,1~2 天行程的短途旅游,每月有一两次。但就旅游范围而言,距离都比较近,短途多在住处附近,地点不一,常见的是乘船游湖,他称之为“浅游”,如,万历四十年(1612)八月十一日,饭罢与儿子步游湖边宝叔塔院与景观楼,“坐见全湖,远望江海,南北诸峰俱在枕席间。晴峦湿霭,顷刻百变。余为湖面浅游,当以宝叔塔为第一”①。所谓远距离旅游,最常去的目的地是苏州与杭州,时间在 5~10 天,表明限于交通工具,鲜有远距离行程的“壮游”,而他所居嘉兴正介于苏、杭间,走水路至苏州,只要一天左右时间,即可达虎丘或盘门、胥门等地,至杭州需 1~2 天时间。

（四）旅游经营:缺乏

当人们出于各种目的需要,在地区间发生位移时,将遇到食宿、交通等约束或障碍,需要专人或服务机构帮助解决困难,提供便利条件。从旅游经营供需关系看,游客若要获得专人或服务机构的帮助、便利,必须支付一定费用,而专人或服务机构则通过劳动获取报酬或赢得利润。事实上,在人类开始旅游近代化之前,这种供需关系一直存在,如,经营性的社会食宿服务机构早在公元前 11 世纪的西周已初露端倪②,养活了各色以此为业者,如,因杭民喜好歌舞游乐,“富贵家出金帛,制服饰器具,列笙歌鼓吹,招至十余人为队,搬演传奇;好事者竞为淫丽之词,转相唱和;一郡城之内,衣食于此者,不知几千人矣”③。古代旅游业虽已像现代旅游那样细化,被分为若干个要素,但旅游的经营意识、服务意识却十分薄弱,供需关系若即若离,彼此的依存度并不高。

1. 食宿

无论古代还是近代,居于旅游六要素之首的吃,在很多时候往往与住联系起来,是外出旅游尤其是远距离旅游必不可少的保障条件。如前所述,杭州的食宿服务机构大致分国家驿馆、社会旅邸、寺院客房三类,若按经营性质定位,分别属于公务性、商业性和慈善性服务机构。国家驿馆作为驿传制度中为往

---

① （明）李日华:《味水轩日记》卷四。

② 韩克华主编:《当代中国的旅游业》,北京:当代中国出版社 1994 年版,第 18 页。

③ （明）张瀚:《松窗梦语》卷七《风俗纪》。

来人员提供食宿等出行生活必需品的国家机构,滥觞于殷商时期①,但称谓、职能等与现代有差异,"读孙樵《书襃城驿壁》,乃知其有沼、有鱼、有舟;读杜子美《秦州杂诗》,又知驿之有池,有林,有竹。今之驿舍殆于隶人之垣矣。予见天下州之为唐旧治者,其城郭必皆宽广,街道必皆正直;廨舍之为唐旧创者,其基址必皆宏敞。宋以下所置,时弥近者,制弥陋……今日所以百事皆废者,正缘国家取州县之财,纤毫尽归于上,而吏与民交困,遂无以为修举之资……汉制,官寺乡亭漏败,墙垣圮坏不治者,不胜任,先自劾。古人所以百废具举者以此"②。但既然作为公务消费的接待机构,代表的是政府行为,接待意识、服务水平均受规章制度约束,普遍不高,不少官宦为此宁弃国家驿馆而选社会旅邸食宿。社会旅邸,通常称为"逆旅",出现的时间则溯及尧时,"《语》曰:'许由辞帝尧之命,而舍于逆旅'……然则自尧到今,未有不得客舍之法"③。作为主要存在于民间、以家庭为单位的服务机构,赢利是其目的。因此,就档次看,既有奢华的宴饮,也有朴素的食宿,还有很简陋的鸡毛小店;就内容看,五花八门,甚至可以成为妓女和赌徒聚居的地方,常发生谋财杀人的命案;就管理看,申饬整治,严格有秩,如《马可·波罗游记》描述道:杭州城里,所有经营客栈的人,要将寄宿客人的姓名登记在一个簿子上,注明他来去的日期与日刻,每天还要多备一份,送交当地政府。寺院客房的客源有云游僧人、官宦士人、普通民众三类,因其信奉"广结善缘,普度众生,方便为怀"的教义和"积善缘,行方便"的宗旨,属于慈善性服务机构,一般不收取任何费用,相反还免费向游客提供食宿,袁宏道曾浪迹浙江四月有余,其间,过西湖凡三次,"湖上住昭庆五宿,法相、天竺各一宿"④。

世界旅馆业(食宿)的发展过程可概括为客栈、大旅馆、商业旅馆和现代联号旅馆4个阶段,其中,后三者是对客栈的不断背离,在选址、设计、建造、投资、经营、管理、服务等各个方面摆脱了以家庭为单位的客栈模式,进入所谓"饭店"时代。⑤ 以此反观杭州的食宿服务机构,尚处在客栈阶段。之所以如此,或许因基于一家一户的个体生产,特点是自给自足,"都是直接生产自己的

---

① 于省吾:《殷代的交通工具和驿传制度》,《东北人民大学人文科学学报》1995年第2期。
② (清)顾炎武:《日知录》卷一二《馆舍》。
③ 《晋书》卷五五《潘岳传》。
④ 袁宏道:《袁宏道集笺校》卷一〇《湖上杂叙》,第438页。
⑤ 1760年,英国贵族在伦敦兴建了一座月牙形的饭店建筑,使用"hotel"加以命名,从此,hotel成为饭店的国际标准写法。

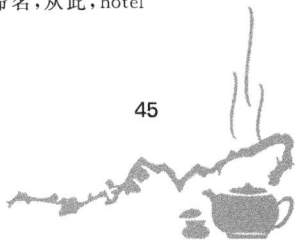

大部分消费品,因而他们取得生活资料多半是靠与自然交换,而不是靠与社会交往。一小块土地,一个农民和一个家庭;旁边是另一小块土地,另一个农民和另一个家庭。一批这样的单位就形成一个村子;一批这样的村子就形成一个省"①。对大多数社会群体而言,很少需要出行尤其是远距离出行,即使偶尔为之,对食宿并不在意,也没有多少可供选择,随遇而安,如,白居易"自长安抵江西三四千里,凡乡校、佛寺、逆旅、行舟之中,往往有题仆诗者"②。甚至自备食宿用具:

> 幸生胜地,鞋靸间饶有山川;喜作闲人,酒席间只谈风月。野航恰受,不逾两三;便榼随行,各携一二。僧上兔下,筋止茗生。谈笑杂以诙谐,陶写赖此丝竹。兴来即出,可趁樵风;日暮辄归,不因剡雪。愿邀同志,用续前游。凡游以一人司会,备小船、坐毡、茶点、盏箸、香炉、薪米之属,每人携一篮一壶二小菜。游无定所,出无常期,客无限数。过六人则分坐二舟,有大量则自携多酿。约日游舟次右启。某老先生有道。司会某具。③

所携用具考究复杂,应有尽有,但以粮食、书籍为主。

2.交通

前已述及,船楫、车轿是出行的必备载体,杭州风光秀丽,区位上恰好在"左江右湖"④,游客来杭或在西湖娱乐休闲,一般都是乘船。载客的船称夜航船,因多开远距离,且在夜间航行,夕发朝至,故称此。航船至迟出现在宋代,普遍航行于江南尤其是浙江水网密布地带⑤,甚至有人认为,航船就是俗称的"轻舠"⑥,元人陶宗仪解释道,"凡篙师于城埠市镇人烟凑集去处,招聚客旅装载夜行者,谓之'夜航船'",进而指出,夜航船最盛于太平时期,到处都有。⑦士人对夜航船颇有兴趣,认为出城游玩的第七件乐事就是听到"航船歌",所谓

---

① 马克思:《路易·波拿巴的雾月十八日》,载:《马克思恩格斯选集》(第一卷),北京:人民出版社 1972 年版,第 693 页。
② 《旧唐书》卷一六六《白居易传》。
③ (明)张岱:《琅嬛文集》卷二《启·游山小启》。
④ (宋)吴自牧:《梦粱录》卷一二《湖船》。
⑤ (宋)赵彦卫:《云麓漫钞》卷六。
⑥ (宋)周辉:《清波杂志》卷九。
⑦ (元)陶宗仪:《南村辍耕录》卷六。

"欸乃亦可听"①。张岱以为"天下学问,惟夜航船最难对付",故而留下了一部《夜航船》,收录了 4000 多个准备对付夜航船中"村夫俗子"的粗浅"学问",包括从三教九流到神仙鬼怪、从政治人事到典章沿革计二十大类 125 个小类,从侧面体现江南水乡寂寞苦旅的景象,也给乡村社会带来了许多新奇故事和希冀。② 而西湖之中则有大小船只不下数百舫,大者可容百人,小者能容 20～50 人不等,船只刻造精巧,在水面上行如平地,且有多种名目,如百花、河船、罗船、金胜、黄船、董船、刘船、十样锦、金狮子、劣马儿等,③还有"水月楼"、"烟水浮居"、"湖山浪迹"等诗情画意的美名。王叔承写西湖游船有湖船、游敖、画舫或舴艋。④ 还有所谓"楼船",分为大小三号,头号置歌筵、储歌童,次号载书画,小号藏美人,每有客至,则让歌童演戏,据虞淳熙形容:"湖舟具有楼名,而实无楼。春水登之,宛如天上作也。……于是实为楼,闭户开筵,却宛如闺中坐矣。启牖而榜人窥我闺人,牖因不时启,不知有西湖也。"⑤在形制上较小的游船,称"小艇",装饰却更华丽。

乘船或雇船均需付费,有时价格不菲,尤其在旅游旺季,船家则会乘机哄抬价格,如,田艺蘅曾于春天二月与友人游杭州西湖,"而欲买舟,则舟价腾踊而名舟且尽发,其所留者率衣袈敝舫耳"⑥。因此,在旅游过程中也会碰到旅费告罄的尴尬事,"余之驾一扁舟,越四百余里,来观西湖荷花,岂非所谓独往者乎?不意羁旅穷途,至不能归,所谓游西湖未有如今日之穷者也。余固不作游客,地主寡情,亦无所恨。武林士人,问其微名,颇蒙结纳。至于笔耕诸长技,平日所以自给者,到此邦乃一无可恃。余因赁屋雇舟舆之费未足以偿,以书画求售,亦竟不应,遂不得脱身归。适绍兴友人夏卤均欲归,问余欲渡江否?余念吏于江东者,亦有同社之友,而行迹颇疏,假使复为杭州守,则如之何?且今旅资馨竭,亦不能复游,须复夏子之舟,乃能渡江"。无组织、无计划,自得其乐式的旅游,竟使一代名士归庄陷于窘迫之境,他不得不仰天长叹:"嗟乎!进退维谷,行止难定,游至此,方可悲矣。"⑦

---

① (元)方回:《桐江续集》卷一四《留杭近三年得去赋·不可不出城》。
② (明)张岱:《夜航船》,成都:四川出版集团、四川文艺出版社 2002 年版。
③ (宋)吴自牧:《梦粱录》卷一二《湖船》。
④ (明)王叔承:《武林富春游记》,《古今游记丛抄》(第 4 册),卷一八《浙江省》。
⑤ (明)虞淳熙:《浮梅槛诗序》,载陆云龙等评选,蒋金德点校:《明人小品十六家》,第 208 页。
⑥ (明)田艺蘅:《香宇续集》卷一三《重游宝石山记》。
⑦ (明)归庄:《归庄集》卷六《记》。

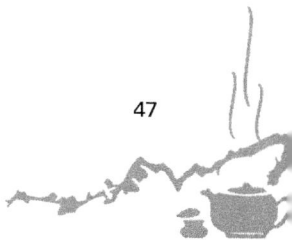

在西湖娱乐休闲,如果租不到船,仅靠步行,一定很疲劳。[①] 但乐趣在其中,徐霞客记述了自己的西湖一日游:

> 十月初一日,晴爽殊甚,而西北风颇厉。余同静闻登宝石山巅。巨石堆架者,为落星石。西峰突石尤屼嵝,南望湖光江影,北眺皋亭、德清诸山,东瞰杭城万灶,靡不历历。下山五里,过岳王坟。十里至飞来峰,饭于市,即入峰下诸洞。大约其峰自枫木岭东来,屏列灵隐之前,至此峰尽骨露;石皆嵌空玲珑,骈列三洞;洞俱透漏穿错,不作深杳之状。昔黥于杨髡之刊凿,今苦于游丐之喧污;而是时独诸丐寂然,山间石爽,毫无声闻之涴,若山洗其骨,而天洗其容者。余遍历其下,复各扪其巅。洞顶灵石攒空,怪树搏影,跨坐其上,不减群玉山头也。下山涉涧,即为灵隐。有一老僧,拥衲默坐中台,仰受日精,久不一瞬。已入法轮殿,殿东新构罗汉殿,止得五百之半,其半尚待西构也。是日,独此寺丽姝两三群,接踵而至,流香转艳,与老僧之坐日忘空,同一奇遇矣。为徘徊久之。下午,由包园西登枫树岭,下至上天竺,出中、下二天竺。复循下天竺后,西循后山,得三生石,不特骨态嶙峋,而肤色亦清润。度其处,正灵隐面屏之南麓也,自此东尽飞来,独擅灵秀矣。自下天竺五里,出毛家步渡湖,日色已落西山,抵昭庆昏黑矣。[②]

因几乎赖步行,所历风景独绝,"靡不历历"、"遍历其下"、"奇遇"、"独擅灵秀",不夸张,不渲染,却似一部真实的风光纪录片。

3.娱游

工业革命以前,在某种程度上,西方与非西方的生活方式是何等的相似:用同样的材料建造房子,用同样的牲畜驮运人和行李,用同样的帆和桨推动船,用同样的纺织品制作衣服,用同样的蜡烛和火炬照明。[③] 限于生活方式,在人们旅游活动的内涵中,更多的是注重身心"愉悦",具体表现在或游山玩水,或出入高消费的娱乐休闲场所,享乐、舒适被视为是旅游活动的主流。在西欧,甚至因享乐风气之盛出现了所谓的"消费社会"(consumer's society),

---

① (清)周星誉:《鸥堂日记》卷一"咸丰五年三月初二日"条。
② 欧明俊:《明清名家小品精华》,合肥:安徽文艺出版社1996年版,第551—552页。
③ 王永忠:《西方旅游史》,南京:东南大学出版社2004年版,第207页。

如，人们在住宿上追求豪华、高档、大规模、新服务的饭店，因为在此可以充分炫耀自己的身份、地位、权力、财产。这一点区别于16—18世纪英国的国内旅游(domestic travel)着重的是所谓知识的收集。其出发点明显受功利主义驱使，或直接担负经济和政治的任务。① 在中国，最值得"游"的景点无非是名山、大湖与园林三大类，李流芳于西湖情有独钟，曾称："往时至湖上，从断桥一望，便魂消欲死。还谓所知，湖之潋滟熹微，大约如晨光之着树、明月之入庐。盖山水相映发，他处即有澄波巨浸，不及也。"②同时追求高消费的快活：

第一种快活，目极世间之色，耳极世间之声，身极世间之鲜，口极世间之谈。

第二种快活，堂前列鼎，堂后度曲，宾客满席，男女交舄，烛气熏天，珠翠委地，金钱不足，继以土田。

第三种快活，簏中藏书万卷，书皆珍异版本；宅畔别置一馆，馆中再约真正同心朋友十余人，人中立一识见极高，如司马迁、罗贯中、关汉卿者一人，作为主人，分曹别署，各成一书，远文唐宋酸儒之陋，近完一代未竟之篇。

第四种快活，千金买一舟，舟中置鼓吹一部，妓妾数人，游闲数人，泛家浮宅，不知老之将至。

第五种快活，人生受用至此，不及十年，家资田地荡尽，然后一生狼狈，朝不谋夕，托钵歌楼妓院，分餐孤老之盘，往来乡亲，恬不知耻。③

至于携妓冶游或者出入青楼，人们早已对此司空见惯，其中，最有名的莫过于谭元春《再游乌龙潭记》对"姬"的描述：

至中流，风妒之，不得至河荡，旋近钓矶，系筏垂下。雨霏霏湿幔，独无上岸意。已而雨注下，客七人，姬六人，各持盖立幔中，湿透衣表。风雨一时至，潭不能往。姬惶恐求上，罗袜无所措。客乃移席

① Hartmu Berghoff, Barbara Korte, Ralf Schneider and Christopher Harvie eds. *The Making of Modern Tourism：The Cultural History of the British Experience.* Basingstoke：Palgrave，2001. 1600－2000.

② （明）李流芳：《雄断桥春望图题词》，载张岱：《西湖梦寻》卷三《西湖中路》"十锦塘"条引。

③ （明）袁宏道：《袁宏道集笺校》卷五《锦帆集之三·尺牍》，第205—206页。

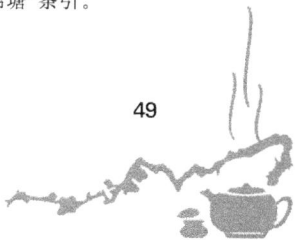

新轩,坐未定,雨飞自林端,盘旋不去,声落水上,不尽入潭,而如与潭击。雷忽震,姬人皆掩耳欲匿至深处。……而客之有至者,反以为极畅,乃张灯行酒,稍敌风雨雷电之气。忽一姬昏黑来赴,始知苍茫历乱,已尽为潭所有,亦或即为潭所生。而问之女郎来路,曰不尽然,不亦异乎?①

记中花费较多笔墨描述随行妓女遇雨时的窘迫,对于作者而言,似旅游中的一大乐事。前所述及的李日华出游或应邀娱乐,也会携带歌妓或"姬",乐人乐己,一次坐酒舫游湖时,"呼广陵摘阮技二人,丝肉竟发,颇有凉州风调。酒酣月出,登烟雨楼清啸。二季更为吴歈新声,殊柔曼揽人也"②。简言之,在当时人们的眼里,所谓"旅游"无非是偶尔为之的游山玩水、出入高消费的娱乐休闲场所,讲的是视觉旅游、生理休闲。

工业革命以来,传统的生活方式遭破坏。久居都市,长期从事工业化生产劳动的人们已感觉到生活节奏加快、工作紧张繁重、环境质量下降的压力,表现出追求秀丽、恬静、轻松、纯朴自然环境的强烈愿望,而把自己的日常生活分为工作和闲暇两个不同的概念。从 1871 年英国在国家立法中第一次出现带薪休假的规定开始,旅游、度假、娱乐、休闲悄然走进大众生活,矿泉、海滨、山地、城堡、田园成为人们向往的旅游目的地,尤其是那些具有文化意义的旅游景点更受普遍欢迎:

> 在诺曼底的吉维尔尼,画家莫奈生前的住宅和花园吸引着旅游者,他们中的许多人也将那个地方与他的绘画联系起来,比如与莲花有关的作品。……到 1890 年代,已经有马车旅游,前往位于索福克的斯杜尔山谷的"古堡乡村",旅游者被诸如黑文这样的风景画吸引,而这幅风景画被认为是"英格兰的精华"的象征。③

此后,随着旅游近代化的纵深推进,风景名胜、疗养胜地、度假中心、娱乐场所、休闲设施更欣欣向荣地发展起来,登上大雅之堂,继而转向大众消费,逐渐汇集成近代旅游产业的重要组成部分。同时,中国"有关旅游的论述已纷然

---

① (明)谭元春:《谭友夏合集》卷一一《再游乌龙潭记》。

② (明)李日华:《味水轩日记》卷四。

③ Herbert D T. Artistic and literary places in France as tourist attractions. Tourism Management, 1996,17(2):78.

而出,而且不少争论也持续到 18 世纪。即此而言,中国消费社会的出现时间,恐怕并不会晚于西欧"①。即使如此,杭州可供旅游、度假、娱乐、休闲的活动仍停留在游山玩水、出入高消费场所的层面,直至清末民初才有一定发展。

4. 购物

在旅游过程中,游客购买商品自己使用、留作纪念、转送他人,乃是人之常情。游客所喜爱的传统杭州旅游商品大致分成三类:一是朝圣中所需宗教商品,如香、蜡烛、锡箔,因庙会集中在春季,故对于经营者来说,"冬季三个月不如春季一个月"②。二是所谓杭线、杭剪、杭扇、杭粉、杭烟"五杭",顾德昌、胡宏昌、胡日昌、冯仁昌"四昌",在一份香客典型的购物清单上可见一斑:脂粉、剪刀、丝绸、丝线,以及扇子是最有名的杭产商品。③ 三是小孩玩具,《捏泥人》云:

> 西湖每当春桃秋菊之时,游人接踵,有售泥孩者,买之以娱童稚。《西湖志》曰:嬉游湖上者,买泥孩、花湖船等物回家,分送邻里,谓之湖上土宜。张遂辰《春游词》曰:"柳荫舟子笑相呼,手抱泥孩出酒炉。"形容如绘。④

商家店铺十分关注游客尤其是香客的朝圣动向,针对春季庙会香客纷至沓来的情景,在寺院庵堂周围遍设经营场所,"然进香之人市于三天竺,市于岳王坟,市于湖心亭,市于陆宣公祠,无不市,而独凑集于昭庆寺,昭庆两廊,故无日不市者。三代八朝之骨董,蛮夷闽貊之珍异,皆集焉。至香市,则殿中边甬道上下,池左右,山门内外,有屋则摊,无屋则厂,厂外又栅,栅外又摊,节节寸寸。凡胭脂簪珥、牙尺剪刀,以至经典木鱼、伢儿嬉具之类,无不集"。商家店铺鳞次栉比,各类商品琳琅满目,云集成市"如逃如逐,如奔如追,撩扑不开,牵挽不住,数百十万男男女女,老老少少,日簇拥于寺之前后左右者,凡四月阅方罢。恐大江以东,断无此二地矣"⑤。

应该说,在物质财富欠丰盈的古代社会,除少数官宦、商贾、士人的高消费

---

① 巫仁恕:《晚明的旅游风气与士大夫心态——以江南为讨论中心》,载《明清以来江南社会与文化论集》,上海:上海社会科学出版社 2004 年版。

② 钟毓龙:《说杭州》,杭州:浙江人民出版社 1983 年版,第 317 页。

③ 汪利平:《杭州旅游业和城市空间变迁(1911—1927)》,《史林》2005 年第 5 期。

④ 王振忠:《〈太平欢乐图〉:盛清画家笔下的日常生活图景(下)》,《读书》2006 年第 12 期。

⑤ (明)张岱:《陶庵梦忆》卷七《西湖香市》。

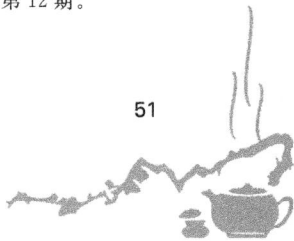

外,对于多数人来说,"田园精足,丘壑可怡;水侣鱼虾,山友麋鹿;耕云钓雪,诵月吟花;同调之友,两两相命;食牛之儿,戏着膝间;或兀坐一室,习静无营;或命驾扶藜,流连忘返。此之为乐不减真仙,何寻常富贵足道乎"固然曼妙至极①,但只是可望而不可即的愉悦境界②,唯有温饱才是终日忙碌的首要目标,所谓努力耕作,以供赋税,到老死不知有兵争、战斗、死亡、危阽之忧患。③因此,在偶尔为之的旅游活动中,除少数生产、生活的必需品及朝圣活动必不可少的宗教物品外,人们的购买能力其实十分有限。与其说西湖庙会"有屋则摊,无屋则厂,厂外又栅,栅外又摊"的场景是交易频繁、商业繁盛的表现,还不如说是游客凑热闹的成分更多些。对此,田汝成早就有评论:"外方人嘲杭人,则曰杭州风,盖杭俗浮诞,轻誉而苟毁,道听途说,无复裁量。如某所有异物,某家有怪事,某人有丑行,一人倡之,百人和之,身质其疑,皎若目睹,譬之风焉,起无头而过无影,不可踪迹。故谚云:'杭州风,会撮空,好和歹,立一宗。'"④遗憾的是,至今为止,因缺乏相应统计资料,几乎不太可能描述游客购物方式、购物种类、购物消费等内容。

① (明)谢肇淛:《五杂俎》卷一三《事部一》。
② (明)黄省曾:《吴风录》(一卷)。
③ (明)沈煷:《石联遗稿》卷四《别郡公唐岩先生叙》。
④ (明)田汝成:《西湖游览志余》卷二五《委巷丛谈》。

第二章

社会进步对近代杭州旅游的影响

旅游近代化的推进,并非凭空或偶然出现,而是技术、经济、社会、文化诸因素共同作用的结果,是某一国家或地区综合实力逐步提升的产物。其中,属技术层面的基础设施、服务设施尤其是铁路、公路、轮船等近代交通工具的影响将在以下的章节专门分析,此不赘述。而经济增长与生活水平的提高、西俗东渐与价值观念的转变等,是传统杭州旅游向近代杭州旅游转型重要的背景。

一、进步一:经济增长与生活水平提高

(一)近代经济增长的总趋势

近代以来,中国传统经济越来越多地被卷入对外贸易、市场经济的格局之中,时刻受到市场的挑战和刺激。对外贸易、市场经济对经济发展的影响贯穿于整个近代,在时间上经历了 19 世纪中期的最初萌发、19 世纪后期的逐步展开和 20 世纪初期的不断深化 3 个阶段,在空间上则表现为由通商口岸到沿海城市,由沿海城市到市镇、乡村的扩展,其间有先后的差异。① 但在总体上,经济呈增长趋势(详见表 3-1)。②

① 陈国灿:《略论晚清时期浙江城市经济的演变》,《浙江社会科学》2007 年第 5 期。
② 刘佛丁等:《近代中国的经济发展》,济南:山东人民出版社 1997 年版,第 71 页。

表 3-1　中国人均国民收入

（1936 年币值）

年份	1850	1887	1914	1936	1949
国民收入（亿元）	181.64	143.43	187.64	257.98	189.48
人口（千人）	414699	377636 （400000）	455243	500789	541670
人均收入（元）	43.80	38.00 （35.90）	41.22	51.51	34.98
时期	1850—1887	1887—1914	1914—1936	1936—1949	
年均增长（%）	−0.38 （−0.54）	0.30 （0.51）	1.02	−3.02	

　　表 3-1 将 1850—1949 年的 100 年分为 4 个阶段：1850—1887 年、1887—1914 年、1914—1936 年、1936—1949 年。其中，第 3 阶段的 22 年，即民国初年，是近代中国经济发展史上的"黄金时代"。主要原因如下：第一，清末积累。仅从民族资本的投资规模、投资范围看，1872—1900 年资本万元以上的企业有 156 个，总资本 4974.1 万元；1901—1910 年达 326 个，总资本 9956.2 万元。工矿、交通、棉纺、缫丝、面粉、肥皂、烟草、电灯、锅炉、铅笔是重点投资的行业。① 第二，政府推动。创设机构，"南京临时政府初立时，特建实业部，及临时政府移北京，分为农林及工商之两部，正式政府成立，复并为农商部，是为商业行政之最高机关。至于国外商业，各有驻外公使及领事，用资管理，而同董其成于外交部"；颁行商法，"营业自由，载明约法；三年复颁行《商人通例》，使商家有所遵循"；界定商人概念，"指为商业主体之人而言（实质上商人）"，并把商业分为买卖业，赁贷业，制造业或加工业，供给电气煤气或自来水业，出版业，印刷业，银行业、兑换金钱业或贷金业，担承信托业，作业或劳务之承揽业，设场屋以集客之业，堆栈业，保险业，运送业，承揽运送业，牙行业，居间业，代理业 17 类，"此外凡有商业上之规模布置，自经呈报该管官厅注册后，亦一律作为商人（形式上之商人）"②。第三，民间助力。或普遍认为"今兹共和政体成立，喁喁望治之民，可供此运会，建设我新社会，以竞胜争存，而所谓产业革

----

① 严中平编：《中国近代经济史统计资料选辑》，北京：科学出版社 1955 年版，第 95 页。
② 王孝通：《中国商业史》，北京：商务印书馆 1998 年版，第 238 页。

命者,今也其时矣"①;或成立团体,鼓吹发展实业;或竞相投资,兴办近代企业;或抵制外货,支持实业救国。第四,外力影响。1914—1918 年间,欧洲各国忙于第一次世界大战,不仅减少了对华输出的资本和商品,还从中国进口大量的面粉和其他货物。这些因素叠加,推进了中国经济的发展,迎来了所谓的近代"黄金时代"。表 3-2 系清末民初部分工商业发展状况,短短 8 年间,无论是厂家数量、生产能力还是资本规模都有长足进步。②

表 3-2　清末民初部分工商业发展状况

	棉织业	面粉业	火柴业	机械采煤业	轮船航运业	银行业
1911 年	纱厂 20 家,纱锭 50 万枚,资本 1700 万元	面粉厂和机器磨坊 40 家,资本 600 万元	火柴厂 30 家,资本 180 万元	年产量 80 万吨	轮船 900 只,运输能力 9 万吨	银行 15 家
1919 年	纱厂 35 家,纱锭 65 万枚,资本 6000 万元	面粉厂和机器磨坊 120 家,资本 4500 万元	火柴厂 90 家,资本 700 万元	年产量 330 万吨	轮船 1500 只,运输能力 15 万吨	银行 60 家,资产 5 亿元以上

进一步地,开埠通商,国门洞开。因外来诸多因素的渗入,上海借优越的区位条件和理想的经营环境,后来者居上,在替代广州成为中国最大的通商口岸以后,迅速越过苏州、杭州而跃居为江南的中心城市。不过,与近代中国经济发展的兴衰起落一致,近代杭州的经济依然缓慢地向前发展,是东南地区农产品的集散地、工业品的中转地。表 3-3 系民国初年杭州农、工、商三大产业的行业分类,从其不同类型、所占份额,可以反映杭州经济发展的状况。

"农业"3 种,行业不多,仅占全部行业的 6.98%,却因有耕地、林场、草地、池塘等可利用之土地 18.9497 万亩,占当时杭州土地面积的 55%。其中,适合粮食生产的耕地又占 99%,"每年农产收获丰稔,除供本市消费,且可运销外埠……种种出产,量虽不多,质则精纯,足供市场之需求……其所发生之经

---

① 汪敬虞编:《中国近代工业史资料》(第二辑下册),北京:科学出版社 1957 年版,第 862 页。
② 参见吴雁南主编:《中国近代史纲》(下册),福州:福建人民出版社 1982 年版,第 201—203 页。

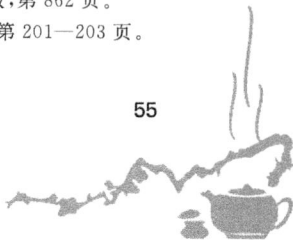

表 3-3　民国初年杭州农、工、商之行业分类

产业类别	行业数量	行 业 名 称
农业	3	农（水稻、大麦、小麦、大豆、油菜、棉花），副（龙井茶、莼菜、莲藕、水果、花卉），渔
工业	25①	机器、翻砂、棉织、丝织、缫丝、针织、火柴、烛皂、玻璃、制革、染炼印花、制药、电镀、碾米、制面、榨油、牛乳、制冰、豆汁、制糖、制伞、草帽、煤球、营造、建筑材料、印刷
商业	9②	服饰、饮食、住用、燃料、医药卫生、文化娱乐、婚丧祀用、日用杂货、居间
	金融业6③	钱庄、典当、银行、证券公司、信托公司、保险公司

济关系，与杭市全部经济形势甚巨"④。在 1931 年，农户计有 6.422 万人，占该年杭州人口总数的 12.35%，比商业人口多 1.07 个百分点（该年商业人口 5.867 万人，占 11.28%）。⑤ 在经济结构中，农业占据重要地位，是经济的基础。

"工业"25 种，多从传统手工业作坊发展而来，"机器工业家庭手工业参半"⑥，"工业分散落后，设备简陋得可怜"，"只能从事一些修配业务"⑦。且以纺织工业规模最大、地位最重，如在 1931 年，纺织业有 3479 家，占工业总数的 61.3%；工人有 2.6 万人，占企业工人总数的 30.3%；资本额有 565.1 万元，

----

　　① 杭州市政府社会科编：《杭州市二十一年份社会经济统计概要》，杭州图书馆藏，1933 年，第 12、14、17 页。又据建设委员会调查浙江经济所编《杭州市经济调查》（下编）第 79 页记载，1931 年杭州工业企业 5655 家，分 8 类 58 业：纺织（8 业）、建筑（5 业）、化学（11 业）、机器（5 业）、迷信（3 业）、食品（8 业）、日用（16 业）、印刷（2 业）。

　　② 建设委员会调查浙江经济所编：《杭州市经济调查》（下编），杭州商业分为 9 类 96 业：服饰（16 业）、饮食（20 业）、住用（18 业）、燃料（3 业）、医药卫生（6 业）、文化娱乐（13 业）、婚丧祀用（4 业）、日用杂货（13 业）、居间（3 业），第 210 页。又据李修真《杭州市商业行名录》记载，1935 年杭州商业分 19 类 209 业共计 14600 户，浙江省档案馆藏，1935 年。

　　③ 当时金融业属商业，为研究需要，特单独列出。

　　④ 建设委员会调查浙江经济所编：《杭州市经济调查》（上编），第 240 页。

　　⑤ 建设委员会调查浙江经济所编：《杭州市经济调查》（下编），第 646 页。

　　⑥ 建设委员会调查浙江经济所编：《杭州市经济调查》（下编），第 97 页。

　　⑦ 闵子：《民国时期的杭州民族工商业概况》，载杭州市政协文史资料研究委员会编《杭州工商史料选》，杭州：浙江人民出版社 1988 年版，第 7 页。

占企业总资本额的 49.6%；营业额占企业总营业额 56.2%。① 其中，丝织业又"为纺织业中最为悠久历史之最大工业，资本营业数量，不仅常居纺织类第一位，并为全市各种工业之冠，其经济能力亦常左右杭市商场，关系全浙民生甚巨"②。

"商业"9 种，杭州是典型的消费城市，商业素来繁盛，所谓"非生产的杭州，而为消费的杭州，其经济亦可称为消费的经济"③。20 世纪 30 年代初期，商店开办一度达到顶峰，如在 1931 年，计有大小商店 1.1 万家，资本额 919.93 万元，营业额 9794.27 万元，从业人员 4.87 万人。④

"金融业"6 种，其中，20 年代末 30 年代初是杭州银行业发展最盛时期，1931 年有银行 16 家（详见表 3-4）。⑤ 1935 年后，杭州"市况异常繁荣，尤以金融一业为最。是时钱江大桥行将落成，开辟东方大港之说，甚嚣尘上，沪地大规模之商业银行均来杭设立分支行，并谋于闸口购置地产，建筑仓库及办事处"⑥，以致 1936 年银行达 28 家，其重要性自然不容低估。

表 3-4　1931 年杭州各大银行

行名	每股金额（元）	股本定额（万元）	股本年息	备　注
中央银行杭州分行	100	2000		国家银行不计利息
中国银行杭州分行	100	2500	七厘	
交通银行杭州分行	100	1000	六厘	
浙江地方银行杭州分行		100	六厘	股金由财政厅拨给
大陆银行杭州分行	1000	500	六厘	总行
中南银行杭州分行	100	2000	四厘	总行拨给
浙江兴业银行杭州分行	100	400	六厘	总行拨给

---

① 建设委员会调查浙江经济所编：《杭州市经济调查》（下编），第 80 页。
② 建设委员会调查浙江经济所编：《杭州市经济调查》（下编），第 82 页。
③ 建设委员会调查浙江经济所编：《杭州市经济调查》（下编），第 608 页。
④ 建设委员会调查浙江经济所编：《杭州市经济调查》（下编），第 209 页。
⑤ 建设委员会调查浙江经济所编：《杭州市经济调查》（下编），第 525—526 页。
⑥ 杭州市档案馆编：《民国时期杭州市政府档案史料汇编》，第 290 页。

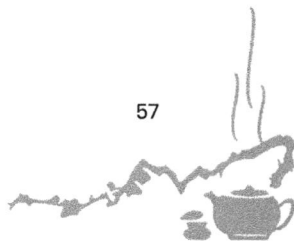

续表

行名	每股金额(元)	股本定额(万元)	股本年息	备 注
中国农工银行杭州分行	50	1000	六厘	总行拨给
中国实业银行杭州分行	100	500	七厘	总行拨给
浙江实业银行杭州分行	100	200	不定	总行拨给
浙江典业银行	100	100	七厘	
盐业银行杭州分行	100	1000	五厘	总行拨给
杭州惠迪银行	100	20	七厘	
道一银行杭州分行	100	50	六厘	
浙江储丰银行	100	30	六厘	
浙江商业储蓄银行	100	50	八厘	

经济增长或下降是晴雨表,其发展水平不仅影响某一国家或地区旅游发展的市场前景,而且决定旅游发展的硬件基础和软件基础。近代中国包括杭州在内经济的持续增长态势尤其是清末民初的较快发展,扩大了工商业在经济结构中的比重,提高了劳动生产率,从而改变了整个社会的经济面貌。以此为条件和背景,杭州旅游的近代化获得了相应的物质基础和广阔的发展空间。

(二)收入和消费水平的提高

旅游需求的产生和发展与居民的收入水平、消费水平存在一定的依存关系,旅游需求的强弱程度和客源市场的规模大小更与居民的收入水平、消费水平直接相关。刘佛丁、张东刚两位学者曾对近代中国居民的收入分配、消费需求做过专门研究,认为随着近代中国经济的发展,居民的收入水平呈不断上升趋势。① 当然,不同区域、不同职业的不同居民,其收入水平、消费水平不尽相同。美国学者施坚雅(G. William Skineer)在对四川集市田野考察、科学研究的基础上,根据中心地理论,提出了关于中国 19 世纪晚期"标准市镇"、"中间市镇""中心市镇"、"地方城市"、"较大城市"、"地区城市"、"地区都会"、"中心都会"8 个层次的中心地模式,并试图通过这一模式的架构,对明清时期中国

① 张俐俐:《近代中国旅游发展的经济透视》,天津:天津大学出版社 1998 年版,第 157 页。

的区域经济进行解读。① 但若笼统概括,似乎可划分为农村、市镇、城市三个层次,其居民的收入水平也存在许多的差异。

1. 农村

农村居民约占中国总人口的80%以上,迄今为止,农业、农村、农民"三农"问题依然是亟待解决的头号难题,也是中国的基本国情之一。农村居民收入水平相对偏低,表3-5系1934年浙江各县农村雇工收入水平。②

表3-5　1934年浙江各县农村长工、短工年收入　　　　（单位:元）

县　份	最高年收入 （长工）	最高年收入 （短工）	最高日收入 （长工）	最高日收入 （短工）
杭属各县	90	30	0.8	0.2
湖属各县	80	40	0.5	0.2
绍属各县	80	20	1.0	0.2
嘉属各县	80	36	0.5	0.2
宁属各县	120	30	1.0	0.2
平　均	90	31.2	0.76	0.2

浙江尤其是杭、嘉、湖、宁、绍属鱼米之乡,在农业经济占主导地位的传统时期,相对国内其他地区,号称富庶,农村居民有相对稳定的收入,但互相间并不平衡,杭州当在中上水平。

2. 市镇

市镇作为商品交换的场所,亦即"市",古已有之,所谓"有商贾贸易者谓之市,设官将禁防者谓之镇"③。明清时期获得较大发展,"市镇"一词日渐成为它们的通称,大多兼具行政中心与经济中心的双重功能。因其居民构成复杂,从事职业不同,收入水平高低相异。表3-6系1932年南浔各业商人收入状况,其中,经理、管账属管理层,各业间虽不平衡,但收入普遍较高;伙计(基本

①　(美)施坚雅著:《中国农村的市场和社会结构》,史建云、徐秀丽译,北京:中国社会科学出版社1998年版。

②　冯和法编:《中国农村经济资料》(续编),黎明书局1935年版,第741页。

③　乾隆《吴江县志》卷四《镇市》。

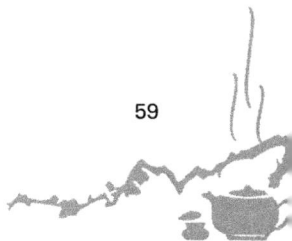

为男性)年均收入 106 元,高于上述农村雇工年均收入 16 元。①

表 3-6 1932 年吴兴南浔各业商人收入　　　　　　　　(单位:元)

		经理	管账	伙计	学徒	堂倌	劳务	跑街
粮食类	年均	468	334	210	32			
	最高	640	560	360	60			
	最低	200	160	40	10			
闲食消遣类	年均		290	89	8	56		
	最高		900	112	12	100		
	最低		112	72	5	28		
杂货类	年均	220	115	79	24			
	最高	360	170	120	60			
	最低	92	60	30	2			
南货糖果水果类	年均	313	174	97	13		74	
	最高	400	240	150	24		144	
	最低	200	120	84	6		48	
金融类	年均	681	450	196	58		207	
	最高	1050	900	500	120		440	
	最低	480	240	72	36		40	
衣布棉绸庄丝行类	年均	360	214	165	28			400
	最高	500	300	260	72			400
	最低	120	96	74	4			400
各类人员年均		408.4	262.8	106	27.2	56	140.5	400

此外,20 世纪二三十年代,南浔中学教师的一般月收入 60 元,合计年收入 720 元②,高于金融业经理的收入水平。而西塘镇"民国二十年前,镇上工资一般职员每月八元,中等先生十二元,老大先生三十元。但也依行业有不同,如糟坊老大先生每月二十元。我(柯大墉)当管家,每月工资是两石七斗白

---

①　佚名:《南浔研究》,各业商人生活收入调查表,湖州市档案馆藏,1932 年。

②　包伟民主编:《江南市镇及其近代命运(1840—1949)》,北京:知识出版社 1998 年版,第 234 页。

米,每年照十四个月计,故共计一年三十七石八斗。当时大米每石六元"①,这位管家的年收入折合货币约 226 多元。其他市镇一般居民的收入大致如此,如,1930 年余姚所属市镇各业工人的年均收入,罐头食品业 118 元、机器碾米业 155 元、花席业 60 元、棉织业 72 元。② 这些记载反映了市镇居民与农村居民的收入水平的差异,前者往往超过后者,后者即使是最高年收入者,也不过 90 元,低于前者居民的普遍水平。

3. 城市

近代以来,随着工业主义的进一步渗入,因集聚于城市的金融业、制造业等新行业成为近代中国最具吸引力的行业,其居民收入水平明显高于市镇、农村。当时,城市居民依职业、财产、社会地位、教育程度等因素形成上、中、下三个不同的社会层次。社会上层包括官宦、富商等;社会中层包括职员、自由职业者、近代知识分子等;处于社会下层的是产业工人、无业游民等。社会上层人员有工资、佣金、回扣、红利、股息、利润等多渠道的收入,收入水平之高自当别论;中层人员由于文化素质较高、职业相对稳定,收入水平稳中有升,如,在抗战前,上海中央银行、中国银行、交通银行、中国农民银行"四行"和中央信托局、邮政储金汇业局"二局"一般职员月收入在 100 元以上,外资企业职员 200~400 元,报社主笔 200~400 元、编辑主任 100~200 元、编辑 40~100 元、一般职员 60~100 元,中学教员 70~160 元,小学教师 20~50 元。③ 处于社会下层的产业工人则收入略低,据杨西孟调查,1930 年上海四个行业工人的收入详见表 3-7。④

表 3-7　上海四行业工人的收入　　　　　　　　　　(单位:元)

行业	男工月均收入	女工月均收入	童工月均收入
纺织工业	17.18	14.09	9.43
棉纺业	15.17	13.59	8.58
机器建筑	28.79	18.47	11.62
食品	19.22	13.42	6.15
月总平均	21.89	13.99	9.31
年总平均	262.68	167.88	111.72

① 包伟民主编:《江南市镇及其近代命运(1840—1949)》,北京:知识出版社 1998 年版,第 234 页。
② 建设委员会调查浙江经济所编:《浙江余姚经济调查》,1931 年,第 6 页。
③ 张仲礼主编:《近代上海城市研究》,上海:上海人民出版社 1992 年版,第 746—747 页。
④ 杨西孟:《上海工人生活程度的一个研究》,北平社会调查所,1930 年,第 9 页。

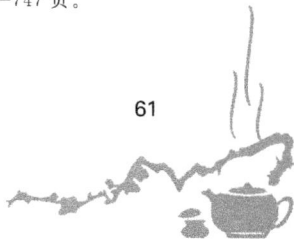

上海作为近代中国经济中心,收入水平相对较高,杭州则略低,据浙江省建设厅合作事业室"纯然任意调查",1930 年杭州丝织、棉织、印刷、钟表、箔等 28 个行业工人月均收入 13.83 元[①],年均收入 166 元,低于上海。其中,杭州缫丝厂女工月均收入 11.11 元,加上工厂提供的膳宿、工衣、医药及补助教育等费 9.13 元,共计 20.14 元[②],年均收入 242 元。以杭州工人的年均收入 166 元,对照表 3-6 所列南浔伙计年均收入 106 元,高出 60 元,至于杭州缫丝厂女工则高出南浔伙计一倍有余,几乎接近管账。

农村、市镇、城市收入水平的阶梯结构,不仅导致彼此间消费水平的差异,同样形成农村、市镇、城市消费水平的阶梯结构,而且产生城市对市镇、市镇对农村的吸引,导致人口由农村向市镇、市镇向城市的流动,推动了城镇化的出现和发展。

农村居民向以节俭著称。节俭不仅是中华民族的传统美德,更主要的是出于实际生活环境所迫。农村生活一直清苦,即使在号称富庶的江南地区也是如此。明清以来,人口剧增,农业生产边际效益递减,加上沉重的赋税负担等因素,农村居民的消费水平受诸多制约,实已接近最低水平,其生活无非是养家糊口而已,即基本饮食在消费结构中占最大比例,一般都在 60% 上下,吃饭之外,其他各类开支仅占极小比例,表 3-8 系 20 世纪 30 年代中期吴兴各区农户各项生活开支比例(详见表 3-8)。[③]

表 3-8　吴兴各区农户全年生活费及其百分比　　　　　(单位:元)

区别	户均人口	户均年总收入	平均每户一年支出生活费百分比					
			食品	衣着	房租	燃料灯火	杂项	总计
南浔	5.35	219.36	65.91	4.61	3.17	7.42	18.89	100.00
菱湖	5.23	246.06	69.61	4.63	5.20	8.91	11.65	100.00
双林	4.90	331.31	65.75	6.33	2.10	7.73	18.09	100.00
袁家汇	4.40	173.06	76.75	3.36	2.24	10.20	7.79	100.00
总平均	4.97	255.56	68.21	5.13	3.05	8.27	15.34	100.00

---

①　浙江省建设厅第六科:《杭州市工人生活状况》,《浙江省建设月刊》1930 年第 4 期。

②　浙江省建设厅第六科:《杭州缫丝厂女工之生活状况之一斑》,《浙江省建设月刊》1930 年第 4 期。

③　刘大钧:《吴兴农村经济》,中国经济统计研究所,1928 年,第 56 页。

平均计算,四区农户食品消费约占全年支出费用的 68% 有余。同一时期,平湖也是"农民之饮食费用,占总生活费百分之五九·〇三,由此可见饮食费用一项,占全部生活费用五分之三,换言之,农民除食物外,其他衣服用具及一切生活改进费用其少,此足证农民生活程度之低减"①。即使如此,仍无法保证必需的营养成分,"普通农家日食三餐,早餐食稀粥,午晚两餐食米饭或杂粮,但于农忙时亦有日食四餐者。至于粥料为麦粉或玉蜀黍粉,米饭则为粗粝之糙米。然此犹为上等食料。贫苦农家在青黄不接之时,一日三餐均系稀粥或杂粮,于粥内拌以蚕豆或于饭内杂以玉蜀黍,甚至有终日以玉蜀黍瓜果或芋头果腹者。一般农民所食之蔬菜,大都系自己种植之青菜或咸菜萝卜瓜豆类等。除过年节或款待宾客外,平时其少吃荤菜,有时由小孩往河边捕捉小鱼虾螺蛳等以佐食"②。

市镇居民收入水平高于农村,相对应的,消费水平也高,"具体主要表现在:居民穿洋布早,而农民一般穿土布,使用土毛巾,衣服破烂一些,桌上的菜差一些,肉很少。开店的活比种田的活来得舒服,收入也高一些,因此居民生活好一些"③,如嘉兴王店姚氏船场家中一般每周可吃到一次肉食,④以致"街上人与乡下人一眼就能看出来,衣着、举止都不同"⑤。但总体上,市镇居民也处在以食品开支占最大比例的消费水平,这一点与农村居民相似。

城市居民收入水平高于市镇,消费水平随之提高。1933 年,中国城市居民的恩格尔系数为 29.5%,其中,社会上层的恩格尔系数仅 15%,衣着支出在消费结构中占总生活费用的 28%,远远超出食品支出,吃饭之外,其他各类开支几乎占全部生活费用的一半以上。据联合国粮农组织根据恩格尔系数对各国生活水平划分标准,恩格尔系数在 59% 以上属绝对贫困状况,50%～59% 勉强度日状况,40%～50% 小康状况,20%～40% 富裕状况,20% 以下为最富裕状况,根据这一标准,1933 年中国城市居民的生活水平似乎达到当代意义上的小康状况。⑥ 这一推论,似乎有些不合国情,但事实上,吃穿以外,上述城市居民中的社会中层的确有了较多其他消费,包括参与旅游活动,某种程度上

---

① 中央政治学校地政学院、国民平湖县政府编:《平湖之土地经济》,1937 年,第 199 页。
② 中央政治学校地政学院、国民平湖县政府编:《平湖之土地经济》,1937 年,第 193 页。
③ 包伟民主编:《江南市镇及其近代命运》,北京:知识出版社 1998 年版,第 236 页。
④ 包伟民主编:《江南市镇及其近代命运》,北京:知识出版社 1998 年版,第 236 页。
⑤ 包伟民主编:《江南市镇及其近代命运》,北京:知识出版社 1998 年版,第 234 页。
⑥ 张俐俐:《近代中国旅游发展的经济透视》,天津:天津大学出版社,1998 年版,第 157 页。

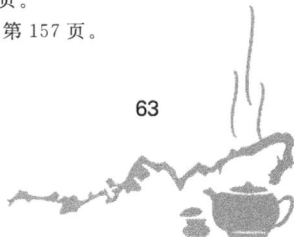

城市居民成为旅游的主体，"医生的例规，每年腊月初八九后生意便进入淡季，要到次年正月半之后，方能恢复旧状，所以我一到阳历十二月，就利用这个机会到各地去旅行，苏州无锡、镇江南京以及杭州西湖，是我常去的"①。

冯紫岗说："研究生活程度，除了计算每位成年男子单位生活费用的多少以外，还该把这笔生活费用如何支配一事加以考察。因为按照一般的定律，饮食费用在整个生活费用中所占的百分比愈低，则愈是表示其文化程度之高。即是说，他们消费于教育、交际、卫生、嗜好等等所谓文化支出者愈多。"②旅游需求与居民收入水平、消费水平向来存在着正相关的依存关系。也就是说，居民收入水平越高，旅游消费需求越强。因此，杭州旅游近代化的推进，在某种程度上是以近代中国经济持续发展所引起的居民收入水平、消费水平不断提高为前提条件的。

传统观念认为，旅游活动是"有钱有闲"的专利，在收入水平逐步提高的同时，宽裕的闲暇时间也是旅游活动必不可缺的条件。农村居民"日出而作，日入而息"，除农忙外，一年中有许多农闲时间，他们并非近代旅游的主体，但对每年定期举办的各种庙会（香市）情有独钟，争相参与，是其闲暇时最具生活特色的旅游活动。市镇居民生活节奏比较缓慢，也有较多闲暇时间，如吴兴双林镇"四乡及镇市人口凡七万六千余，壮年男妇数逾三万，而织绸绫绢及缫桑蚕丝工作者不过数千余，则耕田育蚕外，无所事事。男子徜徉廛市，出入茶酒各肆，女亦闲暇时多"③。即使是从事商贸者，因服务对象主要是农民，早市以后也可收市打烊，"市井之人午前开肆，午后闭肆，余时击鼓吹箫为乐"④。但活动空间基本局限在镇上，勉强与近代旅游搭得上边的活动，除了像农村居民那样热衷各种定期的庙会（香市）外，就是"孵茶馆"，以致茶馆遍布各地市镇，如，安昌镇由一河二街构成，全盛时占地面积1万多平方米，人口规模或5万多，或一两万，镇上茶馆却有26家。⑤ 城市居民有固定的工作时间，法律条例明确每天8小时工作制，但各地各业执行情况并不乐观，如，1931年对17个万人以上工厂调查显示，仅南通、宜兴、广州三地平均工作时间在10小时以内，

---

① 陈存仁：《银元时代生活史》，上海：上海人民出版社2000年版，第93页。
② 冯紫岗：《嘉兴县农村调查》，1936年，第206—207页。
③ 民国《双林镇志》卷一五《风俗》。
④ 民国《慈溪县志》卷五五《风俗》。
⑤ 项文惠、钱国莲：《安昌古镇研究》，杭州：浙江大学出版社2011年版，第74、95、104页。人口统计比较模糊，或仅镇上人口，或把下辖乡村人口包括在内。

其余均在 10 小时以上,最高者是青岛、芜湖、武昌、潮安四地,在 12 小时。[1]
休息日也极少,如,1930 年对 29 个城市调查显示,全年休息日一般在 20~30
天之间,少的仅几天[2],意味着一个月都休息不上一天。故而唯有社会中层以
上者才有旅游消费的需求和条件。

二、进步二:西俗东渐与价值观念转变

(一)国门洞开,西俗东渐

"天下无不可变之风俗",近代尤其是晚清以来,西俗东渐,世事变迁,经济
增长的持续、生活水平的提高,不仅使居民的生活出现了更多的需求,而且在
无形中,使经千百年历史相沿积久而形成的传统开始发生起伏与变化,所谓
"世异则事变,事变则时移,时移则俗易"[3]。西俗东渐,范围从小到大,层次从
浅到深,却是全方位的,几乎涉及经济结构、行政权力、教育、信仰、习俗的各个
层面;西俗东渐,部分地改变了经济、社会发展的常态,出现了许多偏离传统的
新事物、新气象;西俗东渐的影响,意义重大,是杭州旅游近代化得以推进的动
因之一。下文择要予以说明。

1.欧美旅游风气的影响

旅游最初是工业革命以后欧美发达国家居民崇尚的一种高消费、炫耀式、
享受性的社会活动,有钱人、有权者才能阔绰地游览各处名城、古迹、海滨和声
色场所,所见所闻常常使他们兴奋不已。如,银行家摩根(Morgan)在欧洲旅
游时,每次都会搜罗一些艺术品带回美国,如花费 20 万美元购买意大利 16 世
纪的一个杯子,又花费 48 万美元购买拉斐尔创作的祭坛背后的装饰画。又
如,作家马克·吐温(Mark Twain)在巴黎看女子跳康康舞后说,我羞得把手
捂住脸,但又从指头缝间往外看。因此,旅游尤其是赴海外旅游对大多数欧美
居民是可望而不可即的梦想,但却因不断的航海、探险、征服,并通过贸易和传

---

[1]　《五十三个重要统计材料之编辑》(三九),《生存》1931 年第 3 期。

[2]　《旧中国的资本主义生产关系》编写组:《旧中国的资本主义生产关系》,北京:人民出版社
1977 年版,第 93 页。

[3]　(西汉)刘向:《说苑·杂容》。

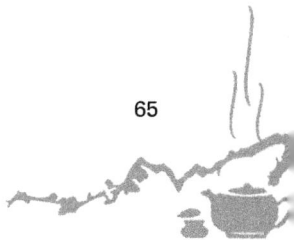

教得以实现,在 19 世纪:

> 公众对探险家和那些逐渐被简称为"旅行者"的人——也就是那些前往航海技术所能达到或达不到的边缘地区的人们——充满热情。在那些地方,他们享受不到汽船的头等舱、火车的卧铺服务(两者都是那个时代发明的),也没有接待旅行者的旅馆和民宿。那些冒险探索未知世界的人们,他们得不到什么现代技术的帮助,充其量只能找到几个健壮土著帮他们挑背行囊。正是对这些"旅游者"事迹的描写,成为世人最愿意阅读的文章。这些人物包括:探险者和传教士,尤其是那些深入到非洲内陆的探险者和传教士;探险家,尤其是那些闯入伊斯兰教未定地域的冒险家;自然学家,他们深入南美丛林或太平洋岛屿捕捉蝴蝶和鸟类。①

基于欧美发达国家游客以"探险"和"传教"为主要目的的旅游,在中国,其首先表现如下。

第一,探险旅游。19 世纪下半叶开始,俄国、英国、德国、瑞典、美国、芬兰、日本、法国等发达国家的探险家、旅行家怀着各自的目的来到中国,进入西域,从事科学探险和考古旅行。如,英国借助在印度的有利地位和新疆发生叛乱的机会,1834 年遣沃森(Watson)赴新疆于阗考察,约翰逊(Johnson)于 1865—1866 年考察于阗,沙敖(Shaw)于 1870 年考察喀什与塔里木盆地周边地区,贾斯理(Carey)、达尔格莱斯(Dalgleish)也于 1886—1887 年前往同一地区考察,斯坦因(Marc Aurel Stein)于 1900—1901 年进行第一次全面的西域考察。俄国更是不断地遣探险家对中国塔里木盆地南缘与喀什地区进行考察,如,普热瓦尔斯基于 1870—1885 年 4 次分别对罗布泊、且末和阿尔金山诸绿洲进行考察,1885 年格伦伯切夫斯基在塔里木盆地西缘从事考察发掘,1889—1890 年间,佩夫乔夫、罗博罗夫斯基、博格达诺维奇和柯兹洛夫分别对喀什、天山南麓、叶尔羌河上游地区作了考察。瑞典人斯文·赫定于 1890—1902 年间 3 次赴西域进行考察,并写下了《亚洲腹地旅行记》的考察报告。由格伦维德尔和胡特率领的德国考古探险团,于 1902—1903 年首开 4 次西域探险之行。由渡边哲信率领的第一个日本大谷探险团同时到达塔里木盆地。

---

① (英)艾瑞克·霍布斯邦著:《资本的年代(1848—1875)》,张晓华等译. 北京:国际文化出版公司 2006 年版,第 74—75 页。

在这场旷日持久的探险旅游中,法国的伯希和(Paul Pelliot)是这一方面的行家里手。1906 年 6 月 15 日,他离开了巴黎,走上了漫漫的近 3 年的西域考古探险之路。1906 年 9 月 1 日到达喀什,这是他们计划在中国从事考古发掘的第一站,随后在新疆地区取得了一系列重大的考古发现,包括壁画、雕塑、陶器、版画等,还进行了天文观察、地理测量、动植物和矿物标本搜集。1908 年 2 月 14 日终于到达敦煌县城。3 月 3 日进入了他称之为"至圣所"的藏经洞,带走了 6000 多种卷文,包括梵文、于阗文、粟特文、突厥文、回鹘文、婆罗谜文、吐火罗文卷子。对于近 500 公斤的藏文文书,因无法全部运走,只将 11 大本"夹板"(事实上是一部《甘珠尔》)带走了。对于汉文卷子,取走了那些凡是以"夹行注"形式写成的全部文献、那些带有武则天"新字"的文献。对于大藏经之外的佛经文献、释老文献中的代表作、景教与摩尼教经文、罕见地志、散落文献、五台山文献、俗文学作品、教育用书与字书等,都掠其精华而去。此外,还有 200 多幅唐画与幡、织物、木制品、木制活字字板和其他法器。①

第二,传教旅游。西方基督教创于 1 世纪,包括天主教、耶稣教、东正教三大教派以及其他一些较小的教派。唐朝初年,由中亚细亚传入中国,称景教。元代称也里可温教,但限于多种原因,随着元朝的灭亡而绝迹中原。明末清初,值西方资本主义原始积累时期,嘉靖三十一年(1552),天主教耶稣会传教士圣方济各·沙勿略(Francis Xavier)到达广东台山县上川岛,谋入广州,但未如愿,客死该岛。万历二十九年(1601),耶稣会传教士利玛窦(Matteo Ricci)赴京。继后,汤若望(Johann Adam Schall Von Bell)、南怀仁(Ferdinand Verbiest)等继续扩大传教领域,甚至"出入宫廷,颇形利便,与太监等往来,常趁机言圣教道理",并被获准可在中国 13 省自由传教,习教者达数万人。② 康熙年间,全国 28 个城市设有教堂,习教者 15 万人,其中,耶稣会习教者 11 万人。③

西方基督教在华的真正传播始于鸦片战争以后。根据中美《望厦条约》,允许美国人在通商口岸"租地自行建设礼拜堂",规定"佛兰西人亦一体可以建造礼拜堂、医人院、周急院、学房、坟地各项",倘有中国人将佛兰西礼拜堂、坟地触犯毁坏,地方官照例严拘重惩。④ 这成为传教士在华设堂传教的最初根

① (法)伯希和著:《伯希和西域探险记》,耿昇译,昆明:云南人民出版社 2001 年版,译者的话。
② 徐宗泽:《中国天主教传教史概论》,上海土山湾印书馆 1938 年版,第 202 页。
③ 顾长声:《传教士与近代中国》,上海:上海人民出版社 1986 年版,第 6 页。
④ 王铁崖编:《中外旧约章汇编》第 1 册,北京:三联书店 1962 年版,第 62 页。

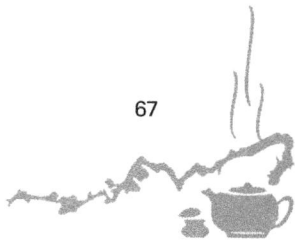

据。道光二十六年(1846),道光帝发布上谕,准免查禁天主教,并同意给还天主堂旧址。"从此,天主教乃得自非法传布的状态进而获准公开传布了"①,以致在1843—1853年的10年间,来华教会组织从20多个增加到了165个②。道光二十六年(1846),习教者32万人。咸丰八年(1858)签订的《天津条约》规定:"凡中国人愿信崇天主教而循规蹈矩者,毫无查禁,皆免惩治。向来所有或写或刻奉禁天主教各明文,无论何处,概行宽免。"③咸丰十年(1860)《北京条约》规定:"任各处军民人等习天主教,会合讲道,建堂礼拜。且将滥行查拿者,予以应得处分。又将前谋害奉天主教者之时所充之天主堂、学堂、茔坟、田土、房廊等件应赔还,交法国驻扎京师之钦差大臣,转交该处奉教之人,并任法国传教士在各省租买田地,建造自便。"④宣布对天主教全面弛禁。从此,西方基督教的传播从秘密完全走向公开,传教士纷纷进入内地各省,深入穷乡僻壤。其中,西班牙多明我会深入福建、台湾,巴黎外方传教会深入四川、贵州、云南、两广、满洲、西藏,方济各会深入山东、山西、陕西、湖北、湖南,遣使会深入河北、江西、河南、浙江,耶稣会深入江苏、安徽、直隶。⑤ 传教士借不平等条约进行传教活动,仅江南教区,1866—1867年就有12名外国传教士、14名中国传教士,习教者7.3847万人。⑥ 耶稣教、东正教不甘寂寞,纷纷派遣传教士来华,其足迹几乎遍及中国各地。

毋庸置疑,探险旅游、传教旅游是欧美发达国家殖民扩张、向外侵略的产物。前者通过发掘、收购、盗窃等手段,大肆掠夺中国文物,成为中国那段屈辱历史的见证;后者以《圣经》为说教,渲染个人通过日常生活的德行获得灵魂的拯救、上帝通过世俗表现其威力等。但客观上为长期闭关自守的中国打开了一扇借以了解世界的窗口。西方文化包括旅游风气的传入,对中国传统文化的演变产生了巨大影响,使千年来形成的思想意识、价值观念、道德行为在几十年间迅速而广泛地得以转变,如,一些中国人改变了父母在不远游的传统观

---

① 李恩涵:《咸丰年间反基督教的言论》,载林治平变《近代中国与基督教论文集》,台北:宇宙光出版社1981年版。

② Boardman, Eugene. *Christian influence upon the ideology of the Taiping Rebellion*, 1851—1864. University of Wisconsin Press, 1952年, P.45.

③ 王铁崖编:《中外旧约章汇编》第1册,第107页。

④ 王铁崖编:《中外旧约章汇编》第1册,第147页。

⑤ (德)德礼贤:《中国天主教传教史》,北京:商务印书馆1935年版,第87—88页。

⑥ (法)史式徽:《江南传教史》(第一卷),上海:上海译文出版社1983年版,第345页。

念,不仅在国内观光游览、探亲访友、求学考察、经商打工,甚至走出了国门。至于激进者,更在报端公开抨击"纸醉金迷"的娱乐方式,"歇浦江畔,纸醉金迷,终日惟逐鹿于歌舞之园,出入于游戏之场。而吾沪人士,固乐融融也。以为娱乐之法,莫逾乎此。……奈何吾人独沉溺于损及道伤及精力之娱乐而弃有生产之娱乐如敝屣哉",而呼吁倡导"远足",即旅游,"远足能得精神上之修养。至宏且伟,考察各地风俗物状名胜古迹,尤能增广见识。古人谓读万卷书不如行万里路。良有以也。惜此事非短时间所能举行,如能于例假或星期日偶一为之,以较目炫神迷之电影、鼓角喧天之剧园,为益多矣"[1]。那些新奇的活动内容和娱乐形式,也使居民热衷,如 1917 年 7 月 14 日,3 名英国传教士以及数十名习教者来到安昌参加基督教福音堂建堂 20 周年纪念大会,日夕传教,晚间放映幻灯,镇民以及周围广大农村地区的农户络绎不绝,每日前往观会者数以千计,气氛热烈。当然,多数是图热闹、看新鲜,对每日晚间放映的幻灯颇感兴趣。[2]

　　2. 新式节日制度的影响

　　"十里不同风,百里不同俗",传统节日的形成一般基于当地的自然生态环境、经济文化背景,显示了其间的地区差异。不同的自然生态环境、经济文化背景营造不同的时序节令。但基本内容大同小异,像春节、元宵、清明、端午、中秋、重阳、除夕等,都是各地传统的节日,且因与居民的生产、生活密切相关而糅入祭祀、驱邪、娱乐等多种功能。表 3-9 系民国时期杭州一年之中各时序节令及其活动内容。[3]

表 3-9　民国时期杭州传统节日

月	日	节名	活动内容
正月	初一	元旦	放爆竹、取甜食、"隔夜饭"、不动刀、不扫地
	初五	五路财神诞辰	"破五"开市、购"寸金糖"
	十五	元宵	灯火、吃元宵
三月	清明	清明	插杨柳枝、祭祖扫墓、踏青游山

---

①　子秋:《娱乐之改革》,《申报》1926 年 2 月 16 日。
②　项文惠、钱国莲:《安昌古镇研究》,杭州:浙江大学出版社 2011 年版,第 224—225 页。
③　参见杭州市地方志编纂办公室编《杭州地方志资料第一、二辑:民国杭州市新志稿》,1987 年,第 229—231 页;杭州市地方志编纂委员会编:《杭州市志》(第二卷),第 282—286 页。

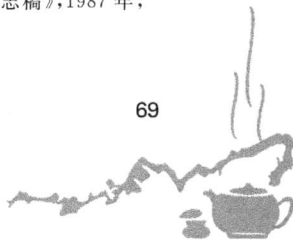

续表

月	日	节名	活动内容
四月	初八	浴佛	以鳞介投湖中放生
	立夏	立夏	乌叶煮饭，又有"三烧""五腊""九时新"者
五月	初五	端午	吃粽子、挂蒲剑、插艾条、饮雄黄酒、龙舟竞渡
七月	初七	乞巧	妇女用槿树叶洗发
	十五	中元	祭祖
	三十	地藏王诞辰	捶地藏香
八月	十五	中秋	烧斗香、拜月神、吃月饼、湖上赏月
	十八	观潮	祭潮神、观海潮
九月	初九	重阳	登高、吃"重阳糕"
十月	初一	观日	登初阳台，观东海之日出
十一月	冬至	冬至	索钱或米，谓"平安米"
十二月	初八	腊八	食"腊八粥"
	二十三	送灶	以纸轿香烛，送灶君上天
	三十	除夕	接灶神、拜祖宗、合家聚餐、分压岁钱、守岁

相比于近代中国风起云涌的历史，传统节日具有很大的稳定性和滞后性，总能被最大限度地保存与传承。在事实上，与明清差别并不大，杭州童谣咏十月道：

> 正月正，麻雀飞过看龙灯，
> 二月二，煮糕炒豆儿，
> 三月三，荠菜花儿上灶山，
> 四月四，杀只鸡儿请灶司，
> 五月五，糖糕粽子过端午，
> 六月六，猫儿狗儿同沐浴，
> 七月七，乞巧果子随你吃，
> 八月八，大潮发，小潮发，
> 圣地菩萨披头发，

　　九月九,打抛老菱好过酒,

　　十月十,蚊子脚儿等立直。①

时至今日,许多传统节日依然存在于居民的日常生活之中,甚至被作为人类非物质文化遗产加以保护。

　　民国以后,国民政府明令禁止沿用农历(阴历),推行公历(阳历),并确定了一系列的新式节日制度,如,1月1日为新年元旦、4月4日儿童节、清明植树节(1928年后改为3月12日孙中山先生逝世日)、6月6日教师节、10月10日国庆节等,机关、团体、学校或休假,或庆祝,学校有春假、暑假、寒假、年假,"民国用阳历,一月一日各官厅机关悬柏彩于门,休假庆贺,十月十日为双十节,国庆纪念,亦然"②。"民国肇始,改用阳历……至一月一日为元旦,四月四日儿童节,清明为植树节,六月六日教师节等,以及国庆纪念日双十节,惟各机关各学校准期休假,或庆祝,民间照常工作"③。濮院、乌(青)等相对闭塞的市镇尚且如此,上海、杭州等城市则有更多的休假规定,如,1930年,上海社会局制定《工人法》,规定各业工人每天工作时间八九小时,每周休息一天。更有个别工厂,为增强工人的凝聚力,特地把旅游作为一种福利,在自己的工厂实行,如1920年中秋,上海"青年会童子军,在欧嘉路协成银箱厂,组织童子养成团。前日为该厂之中秋例假,青年会干事顾君光祖、顾君文蔚、蔡君新德,偕同该厂全体工人,并经理张君同孚,分为三队出发,至南站半淞园游览,游资特别减价。该厂经理为优待工人起见,每名赐给小洋三角。二时从青年会出发,归时已钟鸣六下矣。各工人莫不兴高采烈云"④。

　　闲暇时间是催生近代旅游的重要条件,近代以前,只有官宦、商贾、士人等才具备这一条件。进入近代以来,城市的社会中层如职员、自由职业者、近代知识分子开始成为旅游的新兴力量,因他们有较多的闲暇时间、较高的生活水平,使旅游的主要客源向城市的社会中层转移,并呈普及延伸趋势,如1926年春,上海"俭德储蓄会趁春假组织旅行团,于一日七时晚,专车赴杭游览,加入者凡二百余人。在杭游览共计四日,凡湖上北山南山西岭诸名胜,莫不周游殆遍。同往团员,除携有眷属或自行组织小游览团体外,其余均有该会招待员同

---

①　周峰主编:《元明清名城杭州》,杭州:浙江人民出版社1990年版,第514页。

②　民国《濮院志》卷六《风俗》。

③　民国《乌青镇志》卷一九《风俗》。

④　《青年会童子养成团偕厂工游览半淞园》,《申报》1920年9月29日。

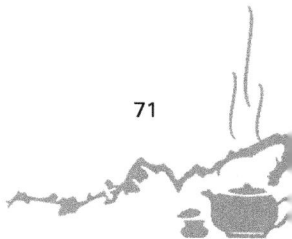

往游览。在杭住宿,亦均经该会交谊股长蔡仁抱君,预先在杭分会及旗营各大旅馆,留有房间多间,无临时匆忙之虑。同往会员,尤为适意。五日专车到沪,该会职员特往北站照料。闻返沪专车,在城站出发时,并有该会会员摄制旅行影片"①。旅游为城市的社会中层喜爱,大众化的特点初露端倪,正如时人所说:"在都市里轮轴上过着高速度的生活,压迫得人喘不过气来。偶然在星期上偷些空闲往附近的山野里去溜一趟,直觉心旷神怡,仿佛精神上痛痛快快洗了一个澡。上海现在已经有许多人养成了这种习惯。不看见周六的火车上不是每一次多挤满了男男女女老老少少往各地去的游客吗?"②

3. 旅游代理机构的影响

在托马斯·库克组织禁酒旅游团队之后的几十年间,在欧美发达国家类似的旅游服务组织和代理机构如雨后春笋般涌现。据美国商业部统计,至 20 世纪 20 年代末,由政府扶持积极开展国际旅游业的国家已有 50 多个。这些国家设立旅游管理机构,培养旅游专业人才,开发资源和客源市场,而将旅游业作为复苏和发展本国经济的重要手段。法国于 20 年代末制定旅游法案,增设专管旅游事务的国务次长,每年在财政预算中列支国际旅游宣传经费 120 万美元,从而推动旅游尤其是入境旅游的发展。1929 年,仅美国一国入境游客收入达 13700 万美元,国际旅游总收入达 150 亿法郎。意大利于 20 年代,以国有铁路为依托,设立了国家观光局,在美国与欧洲各国设有分支机构,该局每年有 25 万美元的经费,负责旅游咨询、代办机票、发行旅游宣传品等,经常举办旅游摄影竞赛大会、旅游博览会,发行旅游专利,组织游历演讲会和旅游商品展览,开办旅游图书馆,促进旅游设施的美化和装饰,以吸引和招徕游客,至 1929 年,仅收取美国一国入境游客费用达 3000 万美元。瑞士设有国立观光局,由国家财政和旅馆协会、铁路及商会提供经费,仅宣传费用就有 250 万美元。其中,铁路旅游广告遍及全球各地,并以实行护照免签、交通费特价等方式,鼓励去瑞士旅游。加拿大政府和国有铁路每年用于旅游的费用达 250 万美元,至 1929 年,仅美国一国入境游客达 1600 万人次以上,旅游收入 3 亿美元。德国国有铁路与地方铁路联合设有游历局和旅行咨询局,于纽约设立分局,鼓励游客去德国旅游,可享受免除签证费、登陆税及其他特别税收,并提供旅游信息,发行旅游宣传品。同时,旅游行业管理机构开始产生并发挥应

---

① 《春游小志》,《申报》1926 年 4 月 8 日。
② 曾虚白:《令人又惊又喜的虞山》,《旅行杂志》第 9 卷,第 1 页。

有的作用,如 1929 年,英国全国旅游协会成立,发起"来英旅游运动",大力招徕国际游客,当年仅美国游客在英伦三岛就花费达 4000 万美元。[①]

欧美发达国家自然不会放弃中国客源市场,许多旅游代理机构于 20 世纪初将业务延伸至中国,如英国通济隆公司、美国运通公司在上海、北京、天津等设立办事机构,开展旅游业务。因当时中国的旅游服务尚未起步,外资旅游代理机构基本垄断了中国的旅游服务业务,从中获取了大量的高额利润,如英国通济隆公司在津浦路及陇海路的直达快车上,挂一二节蓝钢皮卧车,设备高档豪华,票价高出中国头等卧车一两倍。通济隆公司每年只付铁路局少量车租,而卧铺票的全部收入统归该公司所有。

外资旅游代理机构的出现是旅游近代化的催化剂。面对旅游业对经济、社会发展的积极意义以及外资旅游代理机构在中国获取的高额利润,在实业救国思想影响下,不少民族资本对"旅游"这一实业产生了极大热情,给予密切关注,"视英美苏联诸邦,对于旅行事业之兢兢业业,瞠乎后矣",开始投资旅游服务业务。[②]

(二)观念转变,需求增长

价值观念是人们以自身需求为尺度评价对象世界存在和发展的基本意义的根本观点,具有较稳定的社会潜力。但当所根源的政治、经济、社会文化、心理结构出现震荡、发生变化时,价值观念将不可避免地改变其固有的运行轨迹,或多或少、或深或浅地发生变化。就旅游涉及的对象而言,有一个自上而下的显著特点:最初是政府的倡导,然后影响工商及一般的居民。

1. 政府层面的转变

1914 年 6 月,内务总长朱启钤提出开放京畿名胜,并制定游览章程 10 条。他在给袁世凯的呈文中指出:"古代建筑,及时宜与保存,胜迹留遗,因物可以观感,是以文教之邦,于内国名区,必交相崇饰,侈为国光,熙皞同游,兼资考镜。……我国建邦最古,名胜尤多,山川胜概,每存圣哲之遗踪,宫阙巨观,实号神明之奥宅。望古遥集,先民是程。与其严樵苏之禁,积习相仍;何如纵台沼之观,与民同乐。所有京畿名胜,如:天坛、文庙、国子监、黄寺、雍和宫、北海、景山、颐和园、玉泉山、汤山、历代山陵等处。或极工程之雄丽,或矜器艺之

---

① 参见王永忠《西方旅游史》,第 256 页。
② 唐渭滨:《中旅二十三年》,《旅行杂志》第 20 卷,第 91 页。

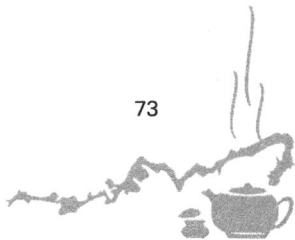

流传,或以致其钦崇,或以明其信仰。凡外人之觇国来游,与夫都人士之响风怀慕者,罔不及其闲暇,冀得览观。故名虽禁地,不乏游人。具有空文,实无限制,若竟拘牵自囿,殊非政体之宜。及今启闭一时,傥以群情所附,亟应详定规条,申明约束,以昭整肃,而遂观瞻。"袁世凯作批复:"准予照办。除北海、景山、颐和园、玉泉山外,应由该部(内务部)酌择一二处,先行开放。"①在这个意义上,朱启钤是近代旅游的贡献者。此外,他还创造了无数的"第一":提出"公园开放运动",使有了实际意义上的中国第一座公园"北京中山公园";创办中国第一个博物馆"古物陈列所";喜好收藏,尤以缂丝收藏为最,堪称"中国缂丝收藏第一人";1915年在雨中敲落第一块古老城墙上的砖,北京开始有计划地市政建设,"开启民治北京先河";创办营造学社,开启中国建筑史上第一代田野调查,走过11个省计190个县市,1937年前详细测绘的建筑群206组,所及建筑2738幢,测绘图稿1980张,对中国建筑自远古至明清时期的发展脉络第一次有了清晰的认识。

政府终于有限开放昔日为皇室、贵族、官宦所独享的古迹遗存、园林名胜,其意义不仅在于其本身价值观念的变化,更在于扩大了居民的视野,时人描写国庆期间开放的社稷坛:"但见古柏参天,苍松夹道,所有布置虽未完备,而景致清幽,令人心旷神怡。……松亭迤西,曲径两旁皆栽花草,由曲径折而复东,至社稷坛内有一台,高五级,方四丈,台面之土分五色,该处即清皇室行祭之所。"②居民饶有兴趣,颇感新奇。北京政府又在社稷坛的武英殿开办古物陈列所,并在"国庆节之期恭请大总统亲临开幕",随后向社会公开开放,购票参观,"入门券3角,瞻览券1元",票价并不低,但参观者依然络绎不绝。该所"东厢房所陈列均景泰蓝一类,西厢房所陈列则周汉以来铜制鼎瓶釜砖之属,正殿之中悬古字画……又有红木家具,上置鼎彝,其两旁则瓷器漆器雕刻物件,笔墨图章,名人册页,人工花卉,均精致异常。正殿后身则陈列佛像及经典,其与后殿联络之甬道两旁亦悬清初名画……后殿所陈列者则有各种玉器,织锦绸缎,绣花铺垫,一入其中,令人迷目"③。后南京政府将古物陈列所与故宫博物院合二为一,统称故宫博物院。

对城市的社会中层而言,京畿名胜开放不仅新鲜且有极大的吸引力,由各

① 《朱总长请开京畿名胜》,《申报》1914年6月2日。
② 《陈列所与社稷台游览记》,《申报》1914年10月16日。
③ 《国庆前一日之都门筹备观》,《申报》1914年10月13日。

地前往北平的游客开始增多。上海中医陈存仁曾详细描述了自己与太太同游颐和园、参观故宫的情形,并记下了拿手电筒贿赂看管警察以默许自己坐上太和殿皇帝宝座的经过,"于是我就等游客稀疏时,一跃而登宝座,那座龙椅足足有六尺多宽,一个人坐在上面,觉得大而无当,但高高在上,倒也威灵显赫,确实凡响","三大殿是轮值开放的,后面辟有一个故宫博物院,要购券分三天参观,并且要自备粮食,第一天由东华门进入,第二天第三天,由另外两个门进入,最后一定由后花园经过珍妃井而出,每天门券收银元一枚,十足可以在里面盘桓一天",且由衷地感慨,"这几天为了游览,把我收购医书的日程都耽误了,因为故宫所见的伟大,实在被它吸引了"①。

2.工商层面的转变

近代尤其是晚清以来,局势变化和政府奖励,使得发展工商业成为时代的潮流。一时间,向来位居士、农、工、商"四民"之末的商人的地位得到根本改观,成了国家"商战"、重振民族威望所倚仗的重要力量。更因西方旅游代理机构的介入和影响,民族资本拍案而起,开始投资旅游服务业务。

张謇是近代史上的传奇人物,在 40 岁获得状元头衔时,"愿成一分一毫有用之事,不愿居八命九命可耻之官",投身实业与教育的"救国之大体",利用南通的旅游资源,发展家乡的旅游事业。他发展旅游业的主要措施有:第一,建景点。"拿南通当一个大花园去布置点缀,所有的心血,所有的家产都用在这个志愿上,他拿南通地方的事,当作他自家的事",强调将旅游景点纳入城市规划的理念,精心设计了"一城三镇,五山以北五公园"布局,建成了东、西、南、北、中五公园、林溪精舍、东奥山庄、西山村庐以及虞楼、梅欧阁、我马楼、介山楼、独秀楼、后张榭、古有有亭、赵绘沈秀之楼诸多景点。第二,保古迹。秉承"设为庠序学校以教,多识鸟兽草木之名"办馆理念,建成南通博物苑,广种花草树木,养殖珍禽鸟兽,与室内展品相呼应,并"特许外人亦得参观,则赋上都之壮丽,纪帝京之景物,更有以知我国唐虞三代以至于今,文物典章,粲然具备,斯将播为美谈,诧为希觏矣"。第三,重环境。针对南通五山因采石遭受严重破坏的情节,专门提请当地政府给予保护,严厉斥责滥挖乱采,呼吁合理采伐,提倡植树造林,减少水害风灾。②

荣德生是著名实业家,充分利用太湖的旅游资源,发展无锡旅游事业。他

---

① 陈存仁:《银元时代生活史》,上海:上海人民出版社 2000 年版,第 101—102 页。
② 刘畅、黄涛:《张謇与地方旅游事业的发展》,《江苏工程职业技术学院学报》2015 年第 2 期。

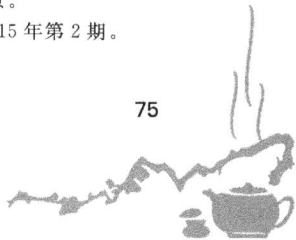

的主要贡献有:第一,建梅园。占地面积 81 亩,"综观全园,极自然之天趣,绝娇柔之尘迹。万梅拥簇,争胜邓尉。亭台参差,想象蓬莱。若非别具匠心,曷克臻此"①。第二,修道路。其中,环湖马路环绕太湖里湖一周,"其路线计自北独山之万顷堂起,向东北沿管社山至大渲,入扬名乡界至槐树下,此地向南即为外湖","其目的事为点缀风景,吸收游客,与环绕太湖之巨大计划,盖小同而大异也",另有开原路(今梁溪路)、通惠路等。第三,造桥梁。包括宝界桥等百余座。②

　　由中国人自己创办的第一家旅行社,也是国内唯一的一家大型旅行社——上海商业储蓄银行下属的中国旅行社,就是为了维护民族尊严、以爱国之心服务大众、便利旅行创办的。创办者陈光甫是著名金融家,一次从香港去云南,到一家外资旅行社购买船票,受到旅行社一名外国职员的冷落和藐视,由此产生自办旅行机构的设想。1923 年 4 月,上海银行受沪宁铁路管理局负责人的举荐,正式呈函交通部,提请批准在上海银行内部设专门机构代售火车客票和办理旅行事宜。5 月 30 日,交通部以 200 号批文正式批准其请求。对于这一亲身经历,陈光甫做过这样的回忆:"数年前,余自香港往云南,至西人经营之某旅行机关购买船票,入门,柜内少年西人正与一女子娓娓交谈,初以为必问旅行事无疑,乃候之久,而言仍未已,后始知所谈者毫无涉于旅行。此少年目击余之伫立,竟不招待,殊属无理。余废然而退,改至运通银行购票。途中自忖外人之所以藐视余者,因我非其族类。然外人在华,投资雄厚,诚足惊人,更进而经营我国国内旅行事业,国人自甘落后,可耻孰甚,遂毅然有经营旅行社之志。自滇返沪,即与各路局订立合同,或因个人私谊,或藉银行地位,获得相当好果。数年来虽迭遭挫折,然意志坚决,无敢少馁,苦心孤诣,卒底于成。"③

　　3. 居民层面的转变

　　在中国古代,居民之所以聚族而居,无非是为了利用家族内部与生俱来的血缘关系,互相关照,互相牵引,应对来自于家族外部的激烈竞争和严峻挑战,

---

① 《新无锡》1927 年 1 月 22 日。

② 上海大学、江南大学《乐农史料》整理研究小组选编:《荣德生与社会公益事业》,上海:上海古籍出版社 2002 年版,第 354—356 页。

③ 中国人民银行上海分行金融研究所编:《上海商业储蓄银行史料》,上海:上海人民出版社 1990 年版,第 826—827 页。

获得生存和发展的空间。明清以来,许多地区尤其是江南地区日益突出的人地矛盾,不仅引起了农业生产的专门化、商品化,而且导致了地区之间居民的流动,且呈上升趋势。近代尤其是 19 世纪 70 年代以后,中国被卷入对外贸易、市场经济的格局之中,自然经济解体,农村居民破产,被迫离开土地。城市则因农村居民涌入而使原居民失业者日益增多,一部分为生活所迫的居民不得不改变守家恋祖、父母在不远游的传统价值观念,踏出家门,背井离乡,走向广阔的外部世界,从而导致了人口由农村向市镇、由市镇向城市、由国内向国外的流动。根据统计,1905—1938 年,中国 119 个大中城市的人口增长达 15%,是人口自然增长的十几倍,究其原因,除了人口的自然增长与人口在城市间的互相流动外,主要就是农村居民向城市的流动。① 进一步地,"斟酌生平如意事,及身强健早还乡"。南宋大诗人陆游当年的这一诗句,竟成了后来游子不断咀嚼的感慨之言,流落他乡、身为异客,即使腰缠万贯,也永远无法消除对故土、家人的眷恋,产生强烈的思乡之情和迫切的探亲之愿,而有了在家乡与他乡、客源地与目的地之间的互相流动。又据统计,19 世纪 80 年代初,每年出国和回国的居民约 40 多万人,随后的几十年间,则以较快的速度逐年递增。1928 年,无论出境还是入境的人次数均已达 200 万以上,其中,出境人数 1928 年比 1879 年增长了 4.2 倍,入境人数增长了 4.7 倍,年均增长率分别为 3.43% 和 3.63%。②

进一步说,工业文明在创造巨大物质财富的同时,也越来越显示其非人性的一面,冰冷的钢铁、轰鸣的机器、污染的空气随之来到人世间。蜗居在城市缺少清新空气、明媚阳光的居民在享受工业文明创造的物质财富的同时,又渴望回归自然,重返过去那种田园牧歌式的生活。茅盾分析了城市居民"出行"的心理缘由,认为在外国贸易公司工作的白领和他们受过教育的妻子感到,如果一家人周末待在狭窄的公寓里面,孩子们只能在餐桌下玩捉迷藏的游戏,这将与他们追求不断进步的现代生活信念背道而驰。③ 当城市居民普遍有了出行度假、休息消遣的愿望之后,旅游将逐渐成为闲暇消遣的有益途径,时人"每遇暇时,常作野外之游""遇树木繁盛之处,则挺胸直立行深呼吸""或登高山,

---

① 德·希·珀金斯著,宋海文等译:《中国农业的发展:1368—1968》,上海:上海译文出版社 1984 年版,附录 5。
② 张俐俐:《近代中国旅游发展的经济透视》,天津:天津大学出版社 1998 年版,第 91 页。
③ 茅盾:《茅盾全集》(第十一卷),上海:人民文学出版社 1986 年版,第 152 页。

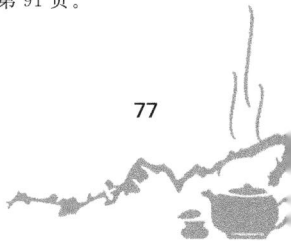

采集各种植物,分别种类,标以定名,以备研究植物学"①。"春天是旅行最活跃的季节,尤其是外国清明的几天假期,上海的人们,好象疯狂一样,约有数万人出发赴各地游览,以苏浙两省为最多。"②而据1931年和1934年中国《铁道年鉴》对平汉、北宁、津浦、京沪、沪杭、陇海、平绥、正太、道清、广九、湘鄂、胶济、南浔、广韶14家铁路公司客运的统计,1934年的普通旅客比1931年增加了2.34%,游览旅客却增长了66%,普通客票收入为负增长(-4.44%),游览客票收入却增长了136.45%,游览旅客的客流量在总客运量之中的比例从0.45%提高到0.72%,旅游收入从0.91%提高到2.22%。③旅游日渐成为城市居民的生活需求。

---

① 李竹雨:《余之消遣法》,《申报》1926年1月4日。
② 巫宝三:《中国国民所得(1933)》(上册),上海:中华书局1947年版,第160页。
③ 李占才主编:《中国铁路史(1876—1949)》,汕头:汕头大学出版社1994年版,第498页。

第三章

基础设施改建与近代杭州旅游

　　旅游配套设施是旅游活动得以顺利进行必不可少的条件,包括旅游基础设施和旅游服务设施两大类。本章首先叙述旅游基础设施。

一、改建一:近代交通工具

　　交通是否便捷对于人类尤其是经济的发展至关重要,其中,近代交通工具的变革与发展,是人类文明的重要标志之一。"国之于交通,犹鱼之于水也。民之需要,当与衣食住并而为四。"①"商业之盛衰,惟视乎交通之便与不便"②。因近代交通工具的引进,铁路、公路代替了驿道,轮船排挤了帆船,人类可以逾越地理屏障,更加自如、方便、快捷地奔走在国内乃至全球各地。在机器的轰鸣、汽笛的呼啸中,人类的旅游进入了新的发展阶段。对此,20世纪30年代初期的《发展浙江省旅游事业计划》提及:

　　　杭州擅湖山之胜,风景清幽,游人如织,比年以来,因轮轨衔接,
　　交通益便,每岁旅客约四十万人,输入之现金约四百余万元。此项收
　　入直接利济民生,间接调剂金融,收益良非浅鲜。第浙省之名胜,比
　　比皆是,固不限于西湖一隅,若夫天目雁荡之雄奇,方岩天台雪窦之

---

① 叶恭绰:《交通救国论》,上海:商务印书馆1924年版,第3页。
② 建设委员会调查浙江经济所编:《芜乍铁道沿线经济调查》,1933年。

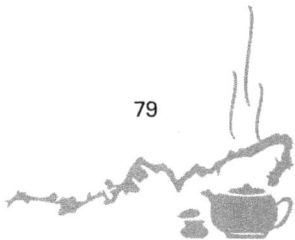

幽窅,诚不多觏,他如苍郁崔嵬之境,为人迹所罕到者,殆指不胜屈。今则公路发展,无远弗届,康衢在望,一蹴即达,无复昔日空谷足音之感矣。现时公路若更就沿线风景区域,添筑支线,联贯一气,或于固有交通设备,加以统一整理,将使游人称便,毫无跋涉之劳,随地可乐,都成佳趣,而公私收入可以立增。假令全省风景尽量开发,得成一大公园,励行国际宣传,何患不成东方瑞士。……浙省若能注意及此,岂特一方之福,殆亦全国之利也。顾欲达此目的,必先有完善交通及旅行设备而后可。今浙省交通,已具相当规模,所乏者游区之联络,与乎设备整理耳。①

那么,近代交通工具的引进对近代杭州旅游又有哪些影响? 具体而言,铁路、公路、轮船等近代交通工具在杭州引进的规模与水平如何? 它们对近代杭州旅游的影响如何? 是否以及在多大程度上促进了杭州旅游近代化的进程?

为研究方便,将交通分为旅游目的地外部交通、旅游目的地内部交通两大部分:前者指旅游目的地至客源地之间的交通工具及其服务,后者指联系旅游目的地各功能区和各景点、景区之间的交通工具及其服务。

(一)外部交通

1. 近代交通工具的引进和影响之一:铁路

1825 年,世界"铁路之父"乔治·斯蒂芬逊(George Stephenson)亲自驾驶自己试制成功的第一辆蒸汽机车"旅行号",牵动 12 节煤和面粉车及 20 节客车,以时速 20～24 公里完成了从斯托克顿至达林顿长达 40 公里的铁路行驶。1829 年,他又亲自驾驶自己试制成功的"火箭号"参加赛车,以最高时速 46 公里、没有发生任何故障获得优胜,这标志着铁路运输黄金时代的到来。起初,铁路多用于货运,无定期客运车次,但因有快捷、方便、准点、安全、运输量大等特点,很快被应用于客运。1830 年,首列定期客运火车班次行驶在利物浦至曼彻斯特的铁路线上,而直接催生了新的旅游方式,火车"拖着一条条长蛇般的尾烟,风驰电掣地跨越乡村,跨越大陆。铁路的路堑、桥梁和车站,已形成了公共建筑,相比之下,埃及的金字塔、古罗马的引水道,甚至中国的万里长城也显得黯然失色,流于一种乡土气。铁路是人类经由技术而取得巨大胜利的

---

① 浙江省公路管理局编:《浙江省公路管理局汇刊》第 3 期,1933 年,"计划"第 5 页。

标志"①。

　　一般认为,清光绪二年(1876),英国怡和洋行在上海建设了中国最早的铁路——沪淞铁路,长 30 公里。1895—1913 年,中国出现了第一次铁路建设高潮,先后建成中东、南满、胶济、滇越、粤汉等路,奠定了中国现代铁路网基本格局。南京国民政府在 1927 年背负 55949 万余元铁路债款的艰难条件下,到 1937 年建成 2900 英里铁路(1 英里约 1.61 公里),这是近代中国自 1840 年以来铁路建设最迅速、最积极的时期。② 铁路在杭州的引进始于清末,主要有沪杭、曹甬、杭江三条铁路干线。清光绪三十二年(1906)开工建设沪杭铁路,同时开工建设江墅铁路。次年,江墅铁路通车运营,是杭州也是浙江最早运营的铁路,全长 16.135 公里,从江干闸口到拱宸桥,沿途设闸口、南星、清泰、艮山、拱宸 5 个站。宣统元年(1909),沪杭铁路建成通车,分成干、支两线进入杭州市区,干线自闸口至笕桥,支线自艮山门至拱宸桥。宣统二年(1910)开工建设曹甬铁路,1913 年建成,长 77.9 公里,设置 13 站。1936 年开工建设杭曹铁路,1937 年建成,长 68 公里,设置 7 站。但因曹娥江大桥在 1949 年以前未建成,杭甬铁路仅在宁波、百官之间通车运行。1930 年开工建设杭江铁路,1932 年建成至兰溪段,长 195 公里。1933 年建成至玉山段,长 164 公里,原金华至兰溪段 23 公里,改作支线。1934 年改杭江铁路为浙赣铁路,1936 年建成至南昌段,长 292 公里,1937 年钱塘江大桥建成后,始可直接连通杭州。③ 沪杭、曹甬、杭江三条铁路先后通车运行,基本上形成了以杭州为中心、沟通省内外的铁路运输网络,杭州城内设城站、南星桥、闸口、艮山门、拱宸桥、笕桥 6 站,其货运量和客运量逐年上升(详见表 4-1④、表 4-2)。⑤

---

① (美)丹尔尼·布尔斯廷著,中国对外翻译公司译:《美国人——民主历程》,北京:三联书店 1993 年版,第 587—589 页。

② 张静如、卞杏英:《国民政府统治时期中国社会之变迁》,北京:中国人民大学出版社 1993 年版,第 46 页。

③ 参见沈祖德《民国时期杭州的铁路》,载熊恩生、王其煌主编《杭州文史丛编》经济卷(下)。

④ 建设委员会调查浙江经济所编:《杭州市经济调查》(上编),1932 年,第 157 页。

⑤ 建设委员会调查浙江经济所编:《杭州市经济调查》(上编),1932 年,第 156 页。

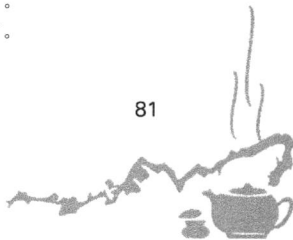

表 4-1 　1927—1931 年杭州各站营业收入 　　（单位:元）

年份	城站	南星桥	闸口	艮山门	拱宸桥	笕桥	合计
1927	742356	405287	65755	46349	62287	29439	1351473
1928	793312	459382	68962	51851	76926	31250	1481683
1929	782185	483053	71992	52721	76647	34953	1501551
1930	816840	510048	78868	59569	68985	35361	1569671
1931	935708	490102	88857	77215	67885	33273	1693040

表 4-2 　1927 和 1931 年杭州各站进出旅客 　　（单位:人）

年份	人数	城站	南星桥	闸口	艮山门	拱宸桥	笕桥
1927	进站人数	504481	423846	95812	108516	124642	38452
	出站人数	526678	476481	127542	110486	163182	31193
1931	进站人数	604128	548740	100565	105756	124808	40582
	出站人数	587665	475342	145063	105600	124085	41143

　　铁路对旅游活动有一定影响,首先体现在,火车的出现使大规模、有组织的旅游成为可能。据说,中国第一个具有某些旅行社特点的"旅行团"就是利用沪杭铁路通过杭州转往莫干山避暑的:

> 莫干山避暑之便利。沪杭铁路上海车站营业部,以每届炎夏,中外人士之往莫干山避暑者实繁有徒,今该山避暑会已经开幕,特订定便利办法:凡有乘车赴杭转往该山者,由杭站特备小轮载送。所有火车与轮船在途之时间,仅需十二小时。如沪站上午八点时开行,至下午八时可抵山上。倘欲回沪,由山于上午六时起程,至下午六点半可抵上海。车轮两费每客收洋五元,幼童仆役减半,小孩四岁以下者免费。昨已粘贴通告矣。①

　　需要说明的是,铁路引进之初,运价并不低廉。据国民政府 1933 年颁布的国有及商办铁路客货运输基本运费价目表,当时沪杭甬铁路每公里客运基

---

① 《莫干山避暑之便利》,《申报》1916 年 7 月 9 日。

本运价为三等车 0.0254 元,四等车 0.0151 元,但同一时期浙江轮船每公里基本运价一般不超过 0.01 元,仅是火车四等车价的三分之二。因此,"一般来说,如果平民阶层必须乘坐火车的话,那么必定局限于长途旅行,这对当时这一社会阶层来说,只能是一种偶尔为之的生活行为"①。而且客运量也不大,"营业进款,……其中以客运进款最多,货运次之,杂项更次之",如 1915 年,沪杭铁路全年营业收入 1004485 元,其中,客运收入 676269 元,占总数的 67.33%;货运收入 291198 元,占总数的 28.99%。② 基于这一现实,铁路部门结合沿线旅游资源,采取如下措施:

第一,设计产品,展开宣传。杭兰铁路建成后,杭江铁路局与中国旅行社协商开辟沿线旅游产品事宜,经为期半个月的实地踏勘,1934 年推出金华、杭州七日游产品,表 4-3 系具体游程安排。③

表 4-3　金华、杭州七日游

第一日	由沪乘火车出发,当晚到达杭州,逆旅中过宿
第二日	渡钱塘江,乘浙赣铁路至金华,约下午 4 时到达,顺游金华塔
第三日	乘山轿游览北山。下午由竹马馆车站乘山轿至兰溪,当晚乘快船沿江下驶
第四日	清晨由严东关改由小火轮拖带下驶(自此以下系闻名海内之富春江,10 时左右到达严子陵钓台)。下午由桐庐换乘江轮,下午 6 时返抵南星桥,换乘汽车至杭州
第五日	山轿上午游览黄龙洞、玉泉、灵隐寺。下午九溪十八涧
第六日	游湖
第七日	搭车送申
用费	每人应摊旅费 1 人(团)75 元、2 人 61 元、3 人 56 元、4 人 50 元。由兰溪至桐庐船只系包用性质。上述用费,火车以二等计算;住宿采取中式上等旅馆,山轿系用三名轿夫轮抬,如体重逾 160 磅者,加夫另算

1922 年,沪宁沪杭甬铁路编查课编印《沪宁沪杭甬铁路第三期旅行指南》,详述该路所经各地的胜迹,"足资游览的,无不包含在内"④。1933 年出

---

① 包伟民主编:《江南市镇及其近代命运(1840—1949)》,第 120—121 页。
② 李国祁:《中国现代化的区域研究:闽浙台地区(1860—1916)》,"中央研究院"近代史研究所,1982 年,第 340 页。
③ 《浙东游程》,《旅行杂志》第 7 卷,第 11 页。
④ 沪宁沪杭甬铁路编查课编:《沪宁沪杭甬铁路第三期旅行指南》,沪宁沪杭甬铁路管理局 1922 年版。

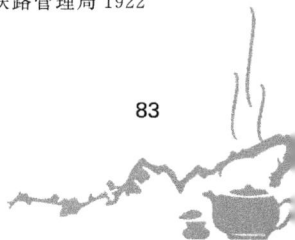

版的《沪杭甬路旅行指南》，介绍上海、松江、嘉善、嘉兴、杭州、萧山、绍兴、余姚、慈溪、宁波 10 个城市站点，条分缕析，"本书为便利起见，将各地胜迹酌分数路，按路列入，逐处标题，眉目清晰。旅行得此，既收登览凭吊之便，更鲜顾此失彼之虞。至对于各地沿革、交通、名胜、古迹，或经亲历调查，或系参考典籍，凡所记载，无不力求翔实，以备旅行时参证"①。1935 年 12 月专门编印《浙赣铁路沿线风景选胜》一书，详细介绍沿线风景名胜、吃住行游等，并广而告之，"本路沿线风景……惟从前因交通梗塞，游踪罕至，迨本路杭玉段通车以后，始渐为世人所注意。……至于游程之安排，旅费之计算，本路亦有缜密之设计；如四方游侣，有愿作全线或某一区域风景之游览者，请即函询杭州西兴江边本局运输课，自当详尽奉答"②。1936 年 1 月的《浙赣铁路月刊》则分县分点专门介绍沿线风景名胜，"用告世之好游者"③。

第二，折扣票价，提供优惠。沪杭铁路客运量和货运量之比是 7：3，但旅客不等于游客，铁路部门为招揽这部分优质客源，特发售来回减价游览票，优惠幅度很大。《浙赣铁路来回减价游览票发行办法》规定了凡发售杭州至玉山八站一周内来回减价游览票，头等及二等为七五折，三等为八五折，小孩票在上述票价基础上再减收半价。《浙赣铁路发售游览名胜来回团体票办法》规定，凡发售诸、金、兰、汤、衢、江六站二周内游览名胜来回团体票办法，其中，5～14 人，来回减价 30％；15～34 人，来回减价 40％；35 人以上，来回减价 45％。④ 并且"规定团体乘车预留座位办法。为优待团体旅客使团体旅客叙座一处，借以增加旅途兴味起见，经规定团体车预留座位办法，以示优待，而资招徕"⑤。

第三，"游客专列"，争夺客源。沪杭铁路特开"夜间专列"、"假日专列"、"游杭专列"，1919 年春定期添开夜车，往返两次，"（一）于下午六点钟由杭开行，约十点钟到沪，以便旅客转乘沪宁铁路十一点钟开行之夜快车赴宁。（一）于下午九时许由沪开行，以便沪宁快车及特别快车之乘客转乘该夜车来杭（约午夜一旬到杭）。除大中站外，各小站均不停车云"⑥。1924 年因 4 月 18 日为

---

① 姚逸云：《沪杭甬路旅行指南》，世纪出版合作社 1933 年版，"编辑大意"。
② 浙赣铁路局编：《浙赣铁路沿线风景选胜》，1935 年，第 1 页。
③ 浙赣铁路局总务课编：《浙赣铁路月刊》1936 年第 8 期。
④ 浙赣铁路局总务课编：《浙赣铁路月刊》1934 年第 8 期。
⑤ 浙赣铁路局编：《浙赣铁路联合公司总报告（民国二十三年四月至十二月）》，第 13—14 页。
⑥ 《添开夜车之时刻》，《申报》1919 年 3 月 24 日。

耶稣复活节,"本埠新闻、银行以及各机关均各封关,放假四日,故前夜(十七)下午七点二十分由沪开杭之十二号夜快车乘客人数,异常拥挤,约一千七八百人。所有南北两站存站客车,悉数挂杭"①。1926 年,上海银行旅行部按去年旧例组织游杭专车,"先期向路局接洽妥当,开驶二次。后因杭州旅馆拥挤过甚,不能有充分之供给,故游客多犹豫不前。又因车辆方面,亦有困难情形,故最后改为一次。于四月一日赴杭,四月五日返申。四月一日下午三点三十分,车务处已饬知北站长王君,将该专车排列就绪,安置于北站二号月台,时旅行部派出统班招待及高级职员十余人,在站布置一切,并商准大中华百合影片公司在月台摄取影片。该专车车身,钉挂有彩色大帜多方,甚是鲜明。游客大半携有女眷同行,且莫不兴高采烈。计有头等乘客一百人,二等乘客二百八十九人,三等二百人。车座宽余,绝无拥挤之苦。开车后,游客多作叶子戏,并有假留声机歌舞者。查票员照例查票后,即由该部招待等,每人赠送《湖上春光》小册。是日,一枝香所派侍役及西餐,均得游客满意。车行甚速,时间亦非常准确。到嘉兴站,车务总管杨君,亲自携手电灯,赴各车视察一切,对于游客之安全舒适,更为注意。车抵长安后,该部杭州分部派职员及招待多人上车,接洽一切,并随发传单数百张。报告抵杭时,已邀地方军警允许,免予检查。并与永华汽车公司特约公共汽车送客,抵杭站时,准十时五分。车抵站系靠站最近之月台,出站甚为便利。由机务处闸口副厂长陈福海君亲自开车,故异常准确"。在游杭专车返申时,旅行部全体招待员及杭州办事员,会同路局稽查等在站照料,回抵上海北站后由该行上海招待分别照料各位游客登车返寓,一切均甚满意。因此,上海商业储蓄银行表示,"此番专车,可谓得有圆满结果,故极感谢路局之协力办理,及杭州地方军警由两路警务总段长之介绍,得有相当之谅解"②。

2. 近代交通工具的引进和影响之二:公路

如果把铁路看作是近代交通史上的第一次革命,那么修建公路和制造汽车就是第二次交通运输革命。19 世纪下半叶,内燃机问世,并应用于汽车制造。1885 年,世界"汽车之父"本茨(Karl Friedrich Benz)研制出第一辆具有实用价值的三轮汽车,次年 1 月 29 日申请并获得了发明专利,这一天被认为是汽车的诞生日。几乎同时,戴姆勒(Gottlieb Daimler)成功研制成一辆公认的以内燃机为动力的四轮汽车。尤其在 1890 年福特汽车制造厂"T"型汽车

---

① 《赴杭游客之拥挤》,《申报》1924 年 4 月 19 日。

② 《上海银行游杭专车经过详情》,《申报》1926 年 4 月 7 日。

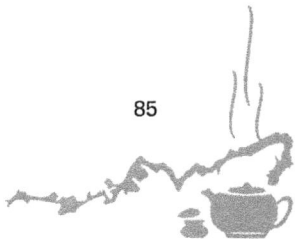

问世后,汽车进入大批量生产阶段,在欧美发达国家,其数量增长十分迅速。1914 年,英国有私人小汽车 13.2 万辆,美国 166.4 万辆,法国 10.8 万辆,德国 5.5 万辆。① 奔跑的汽车、延伸的公路,使人类的旅游活动更加快速、便捷、灵巧、机动。

> 汽车赋予人以前所未有的流动性,使人群和家庭的迁移变得方便可行。汽车打破了往日社会因空间距离而导致的隔膜感,缩短了城市和乡村的距离。在此基础上,完整意义上的美国旅游业出现了。美国人随着车轮的滚动出现在许多对于他们一度曾很陌生的地方,进而使美国人成为一群好动而更见多识广的人。②

1913 年,湖南建成中国最早的公路——从长沙到湘潭公路,长 50 公里。1936 年底,全国拥有公路 6.9 万公里,七七事变前夕,又达 11 万公里,唯土路居其六,有路面者仅占四成。③ 公路在杭州的修建始于民国初年。1916 年,经省长昌公望提议,决定根据清代主要驿道走向,修建以省会杭县(今杭州)为起点的 6 条省道干线公路:浙赣线(自杭州经富阳、新登、桐庐、建德、兰溪、龙游、衢县、常山而至江西玉山县界),浙闽正线(自杭州经萧山、绍兴、上虞、余姚、鄞县、奉化、宁海、临海、永嘉、瑞安、平阳而至福建福鼎县界,后改自杭州经萧山、绍兴、嵊县、新昌、天台、临海、黄岩、温岭、乐清、永嘉、瑞安、平阳而至福建福鼎县界),浙闽复线(自杭州经萧山、诸暨、东阳、永康、缙云、丽水、云和、龙泉、庆元而至福建政和县界),浙皖正线(自杭州经余杭、临安、於潜、昌化而至安徽歙县县界),浙皖副线(自杭州经德清、吴兴、长兴而至安徽广德县界),浙苏县(自杭州经崇德、桐乡、嘉兴而至江苏吴江县界)。1924 年,第一条省道干线公路浙皖正线松木场至留下段首先通车,此后各线陆续建成④,计干、支线共 3716 公里。⑤ 1928 年,杭州拱(宸桥)三(廊庙)公路建成,形成了以武林门

---

① 中国科学院经济研究所世界经济研究室编:《主要资本主义国家经济统计集(1840—1960)》,北京:世界知识出版社 1962 年版,第 122 页。
② 庄锡昌:《20 世纪的美国文化》,杭州:浙江人民出版社 1993 年版,第 48 页。
③ 叶恭绰:《五十年来之中国交通》,载中国通商银行《五十年来之中国经济》,文海出版社 1947 年版,第 151 页。
④ 参见张椿年《民国时期杭州的公路》,载熊月生、王其煌主编《杭州文史丛编》经济卷(下)。
⑤ 浙江省交通厅公路交通史编审委员会编:《浙江公路史》(第 1 册),北京:人民交通出版社 1988 年版,第 145 页。

为中心、四面辐射、沟通杭州与 6 条省道干线连接的公路交通网络。表 4-4 系
1931 年杭州已建公路。①

表 4-4　1931 年杭州已建公路

路名	管理部门	长度（公里）	营业额（元）
拱三路	省公路局	14	223715
杭长路	省公路局	137	2897254
杭平路	省公路局	129	78414
杭富路	省公路局	38	5055
杭余路	余杭省道汽车股份有限公司	44	138812
杭塘路	杭海县道汽车股份有限公司	43.39	36800

表 4-5　租用小包车由杭州至各风景区游览收费

风景地点	单程车价（元）	来回车价（元）	免费停留时间	附　注
玲珑山	14	20	6 小时当天来回	1. 超过停留时间，每 1 小时收费 1 元；超过 1 天者，第一天收费 10 元，第二天起每天 7 元
天目山	21	32	1 天	
莫干山	11	18	1 天	
超山	6	9	3 小时	
云栖	3	4.5	2 小时	
小和山	4	6	3 小时	
严子陵钓台	22	33	6 小时	
天台山	45	70	2 天	
方岩	56	88	1 天	
仙都	65	100	1 天	
石门洞	80	120	1 天	2. 其他风景区，价目临时核定
南明山	70	105	1 天	
雁荡山	80	120	2 天	
雪窦山	45	68	1 天	
黄山	56	90	3 天	

---

①　根据建设委员会调查浙江经济所编《杭州市经济调查》（上编）"交通运输篇"整理。

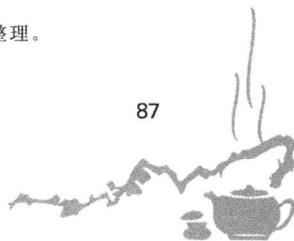

　　汽车多被用于短途客源市场。民国时期,杭州出现了租用"小包车"(今小轿车)去市区周边风景名胜区旅游的业务,表4-5系具体游览收费。①

　　根据该表,参照 1930 年杭州 28 个行业工人 13.83 元、杭州缫丝厂女工20.14 元的月收入②,收费并不低,只能是社会中层以上者偶尔为之的奢侈享受,对广大城乡居民而言,如同天方夜谭。而且,即使社会中层以上者,也十分在意公费享受,正如时人叹曰:

　　　　在西湖博览会期内,各机关招待外省参观人员,及在会内有所宣传,俱函借本局车辆以供使用。迨后凡学校旅行也,军队野操也,以致各机关游览名胜也,无不函借车辆,甚至派人坐索,应之则妨日常交通,拒之又不得各方谅解。种种困难,笔难尽述。③

　　无论公路货运还是公路客运,其运价之高,甚至超过了铁路运输。如货运,汽车运价超过水运将近 10 倍,比火车高 3 倍左右;又如客运,轮船船资每公里不超过 1 分,航船大致只有几厘,而汽车每公里几分,相差数倍。④ 尽管如此,由于汽车快捷,尤其是客运仍有一定的市场。对此,1934 年 2 月的《旅行杂志》做了说明,"如今国内行驶汽车的公路,已完成了不少,有几省地方,公共汽车路线凡已完全通达,旧式的骡车和牛车,恐怕不久都将绝迹了。上海人士,现在可以很舒适的乘了汽车去玩赏那名满天下的西湖,有不少利用周末到杭州去旅行,于星期一又很安泰的回到自己的办事处了。""至若杭徽路为联运皖南要道,客货运输,备称发达;该路所经地域,悉系高山峻岭,交通素称不便,皖南旅杭商人有'十日上徽州'之语,极言归家之困难,今则朝发夕至,是以影响浙皖交通,至为深切。"⑤公路部门自然很重视这部分客源,1924 年后,《承筑杭余省道汽车股份有限公司创办概况》专门列出沿线名胜:"杭余路线,地当西溪流域。即宋之辇道也,石平如砥,皆在梅花竹树中,车行其间,青绿欲滴,香气袭人,风景之佳,俨如图画。沿路名胜甚多,向多游览之人,自杭余通车,

---

　　① 浙江省公路交通史编委会运输篇编写组:《浙江省公路交通史运输篇(上册)资料长编》,1983年,第 21 页。
　　② 参见第二章《社会进步对近代杭州旅游的影响》。
　　③ 吴琢之:《车务进行之报告》,载《浙江省公路局汇刊》,1929 年,报告第 26 页。
　　④ 包伟民主编:《江南市镇及其近代命运(1840—1949)》,北京:知识出版社 1998 年版,第 125页。
　　⑤ 《浙江省公路运输状况概述》,《建设月刊》1935 年第 12 期。

游客骤众,恒以指导无人,致感不便,兹特将沿途名胜,纪其大略,为游客指南,俾得循途进行焉。"①1935 年 10 月 1 日开始,余临公司先后与杭余公司、省公路局、歙昱公司进行公路客运联运,连接浙皖两省,每逢春游、香市季节,乘客众多,客运业务尚佳。

3.近代交通工具的引进和影响之三:轮船

1807 年,罗伯特·富尔顿(Robert Fulton)发明用蒸汽机推动的轮船"克莱特",在纽约哈德逊河上开办定期航班载人运货,从纽约到奥尔良全长 284 公里的航线上首次航行的时间为 32 个小时,标志着以蒸汽机为动力的航运时代的开始。1816 年,轮船首次投入横渡英吉利海峡的客货运输。1820 年,英国正式开办英吉利海峡之间的定期轮渡业务。1838 年,英国"西雷斯"首次成功横渡大西洋,大大缩短欧美之间的距离和时间。从此,蒸汽轮船开始逐渐取代帆船,得到了迅速的发展。

> 英国人的船舶像飞虫一样蜂拥云集;他们的印花布覆盖了全世界……整个印度只不过是商人总账上的一个户头而已,那些商人的货栈里堆满了古代帝王的宝座! ——呜呜而来! 呜呜而去! 完全靠了轮船! ——嘶嘶而来! 嘶嘶而去! 完全靠了蒸汽。②

清同治四年(1865),安庆军械所制成中国最早的以蒸汽机为动力的轮船,称"黄鹄"号。1935 年,全国注册轮船有 3959 艘,运载量 71152 吨。③ 轮船在杭州的引进始于晚清,清廷同意"将通商省份所有内河,无论华洋商均可行驶小轮船,藉以扩大商务,增加税厘"④。民国初年获得较大发展,1931 年,以杭州为中心的航线已开辟 14 条(详见表 4-6)⑤。

---

①　陈惠民:《承筑杭余省道汽车股份有限公司创办概况》,1924 年,第 11 页。

②　(英)克拉潘著,姚增广译:《现代英国经济史》(上卷),北京:商务印书馆 1964 年版,第 491 页。

③　张静如、卞杏英:《国民政府统治时期中国社会之变迁》,北京:中国人民大学出版社 1993 年版,第 53 页。

④　王彦威等纂辑:《清季外交史料》卷一三〇,北京:书目文献出版社 1987 年版,第 15 页。

⑤　根据建设委员会调查浙江经济所编《杭州市经济调查》(上编)"交通运输篇"整理。

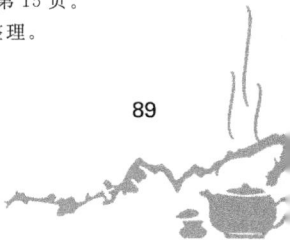

表 4-6　1931 年以杭州为中心的航线及其部分航线的营运概况

航线名称	起讫	里程（公里）	日均营业额（元）	日均旅客数（人）
杭桐线	杭州至桐庐	146	850	1550
杭诸线	杭州至诸暨	127	150	300
杭兰线	杭州至兰溪	294	—	—
杭威线	杭州至威坪	409	—	—
杭深线	杭州至深渡	630	—	—
杭衢线	杭州至衢州	430	—	—
杭苏线	杭州至苏州	320	200	200
杭湖线	杭州至湖州	180	150	400
杭沪线	杭州至上海	450	—	—
杭塘线	杭州至塘栖	45	100	220
杭新线	杭州至新市	108	80	240
杭瓶线	杭州至瓶窑	66	—	—
杭余线	杭州至余杭	67	—	—
杭长线	杭州至长安	81	—	—

　　轮船的航行速度比传统船舶快捷,运价则比铁路、公路低得多,在旅游中自然作为普遍的交通工具,但多与其他交通工具联系起来使用,如 1920 年夏,沪杭铁路发售莫干山游历联票,"营业颇称发达。上月因天气尚凉,游客稀少,每日售出此项联运票平均四五张。近日天气转暖,人数骤增数倍。该路所办之莫干山铁路旅馆房间,旅客现已住满。但该铁路为营业起见,并不停止售票。所备之汽船载客,惟以吨量有限,乘客既多,其所带之行李,除要件得以随身带上汽船外,其粗笨之件,由铁路令装民船,代送上山,免载重过量,而误行程云"①。盛夏避暑之后,复加整顿,以备冬季游历之需,"日下西国冬节与阳历新年转瞬即届。中外人士乘兹佳节游者为数必多。该路为便利行旅招待游客计,特于阴历十二月十七号至明年一月三号止,在上海南北两站及梵王渡站

―――――――――――

　　① 《莫干山避暑旅客骤增》,《申报》1920 年 6 月 29 日。

发售莫干山车船游历票。其拱宸桥至三桥埠之汽船,亦已备置完备","(汽船日期)十二月二十三号、二十九号、一月三号,按日均有汽船,由拱宸桥驶往三桥埠。其时刻与由沪开莅杭州之早快车衔接。除此三日外,随时均可要求开驶,惟需付费十八元"。联票价目为"由上海北站至莫干山,成人头等二十元、二等十五元、三等十二元,小孩头等十二元、二等九元、三等八元。由上海南站及梵王渡至莫干山,成人头等十九元、二等十四元七角、三等十三元一角,小孩头等十五元七角、二等九元四角、三等八元五角五分"①。又如,1925 年 4 月初,作家周瘦鹃邀友人王汝嘉、张珍侯、吴云梦等,并偕家人一行共 11 人,从上海坐火车至杭州,在杭州乘振兴公司"恒新"轮船直放富春江上的桐庐。富春江给他的第一印象是浓酽酽的"绿",轮船到富春江,"顿觉得山绿了,水也绿了,上下左右一片绿油油地,我们容与山水之间,也似乎衬映得衣袂俱绿,面目俱绿了"。船到桐庐,他们住"楼阁三层,临江而筑"的惠宾旅馆,在"襟江楼"吃可口无比的"炸鳝脊"、"桃花鳜"。接着摆渡过江游桐君祠,买小舟游富春江的山水美景,看山看水,飘飘欲仙,然后舍舟登陆,游严子陵钓台和谢皋羽的恸哭台。②

(二)内部交通

在传统社会,杭州城内的交通工具或曰"游具"十分简单,视地点而不同,陆路是轿子与马匹,游湖自然乘船。但前者并不仅仅应用于旅游方面,"以轿代步"、"以马代步",轿子、马匹是传统的交通工具。但到清末民初,已较集中地应用于旅游,渐成专供旅游时使用的器物。如 1932 年,杭州尚存轿行 26 家,总轿数 209 乘,总资本 5460 元,当年营业额 22500 元,"旧式肩舆(轿子),仅供春秋二季游客香客乘之",一些旅馆则自备轿子,供游客乘坐。③ 轿夫多临时雇佣,平时兼拉人力车,游览西湖名胜时,大约每夫每日连轿租需一元四角。④ 1914 年,杭州有马 24 匹,在今湖滨一带兜揽生意,专供游客乘骑,出租的马以钟点计算,每小时租价 4 角,每日 3 至 4 元不等。⑤

---

① 《铁路发售莫干山车船游历票》,《申报》1920 年 11 月 28 日。
② 周瘦鹃:《绿水青山两相映带的富春江》,载张胜友、蒋和欣主编《中华百年经典散文·风景游记卷》,北京:作家出版社 2004 年版,第 123 页。
③ 建设委员会调查浙江经济所编:《杭州市经济调查》(上编),1932 年,第 180 页。
④ 任振泰主编:《杭州市志》(第五卷),北京:中华书局 1997 年版,第 303 页。
⑤ 任振泰主编:《杭州市志》(第五卷),北京:中华书局 1997 年版,第 303 页。

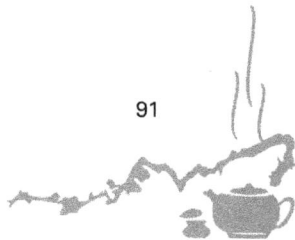

当时,杭州城内的交通工具主要包括人力车、三轮车、自行车、公共汽车、西湖游船。

1. 人力车

人力车,俗称黄包车,因最初主要在拱宸桥日租界使用,故杭州人又称它东洋车。相对而言,人力车有速度快、效率高、价格低等特点,如 1928 年,坐人力车从湖滨至岳坟只需 2 角,至灵隐 4 角,至天竺 5 角,若以时计价则为每小时 2 角。[①] 尤其适合独自乘坐,是本地居民上下班、外地游客游西湖的首选交通工具,以致成为轿子的竞争对手,大街小巷时常发生轿夫与车夫互相斗殴事件,1912 年 4 月 15 日《申报》报道:"杭州自人力车出现后,发展迅速,轿行营业大减,千余轿夫,生计为难,昨在吴山四景园开会,集议对策。"然而,政府认为,轿子可乘人数少,价格不菲,且速度缓慢,不适合杭州的生活节奏,在 1915 年 11 月 15 日公布《取缔轿埠之规定》。随后,拓宽道路,改建部分踏步拱桥为平面水泥桥或木桥;又对人力车进行了多次技术改造,先由高大铁木轮改为橡皮轮,后再出现钢丝轮橡胶充气胎。车行则有行规,除先交押金、有保人以外,每天须交车租,按四六或三七拆账,各街道均有指定停车处,车费以站计,不得乱收费,车夫需穿蓝色背心号衣,不得沿途争揽客人,不得酒后拉车,违者重罚。正因如此,人力车获迅速发展,数量逐年增加,成为杭州最普通的交通工具之一,"今城内之马路,大都筑就,旅客至拱闸间者,大致乘人力车,较诸火车,反为便利"。[②] 1921 年 5 月初,日本作家芥川龙之介乘火车由上海来杭州旅游,一出站,马上坐上人力车。

> 到达杭州火车站时已是傍晚七点。火车站的栅栏外,一名海关的工作人员正等在昏暗的灯光下。……我们却怎么找不到预定好的新新旅馆的旗子。……不过在几分钟后,当新新旅馆派来的引导者穿着一身稍嫌怪异的西服终于出现在我们面前时,坦白地说,心中还是一阵惊喜。我们遵照引导者的指挥,在站前坐上了一辆黄包车。车把刚刚拉起,车子就突然向狭窄的道路中冲去。[③]

---

① 陆费执原辑、舒新城重编:《杭州西湖游览指南》,中华书局 1929 年版,第 171 页。

② 吴琢之:《通驶拱闸公共汽车之意见》,《浙江建设厅月刊》1927 年 1 号。

③ (日)芥川龙之介著,秦刚译:《中国游记》,北京:中华书局 2007 年版,第 61 页。

1916 年杭州有人力车 519 辆，1920 年 1124 辆，1924 年 2183 辆①，1927 年杭州建市时有 3080 辆②，1929 年西湖博览会期间，特制新颖人力车 100 辆，专在会场行驶，1932 年营业人力车 3492 辆，自用人力车 1362 辆，车夫 8800 多人③，1936 年营业人力车 4305 辆，自用人力车 1500 辆。④

2. 三轮车

1943 年春，南洋三轮车股份有限公司从上海引进 10 多辆三轮车，在湖滨大戏院旧址开张营业，杭州始有三轮车。不久又有嘉兴人在吴山路 7 号开设杭州三轮车股份有限公司，有车 20 辆。当时，车辆采用齿轮差速器，踏时很费劲。这年秋天，日本人在开元路开设西湖三轮车株式会社，有新颖三轮车 20 辆，时称"抛江车"，经营租赁业务，生意十分红火，南洋、杭州两家与其竞争失败。抗战胜利以后，有三轮车行 18 家。其中，最大的是友联公司，有车 110 辆，占杭州营业车的 69.7%，1948 年，杭州有车 371 辆，1949 年 939 辆。⑤

3. 自行车

自行车，俗称脚踏车，清同治七年（1868）11 月传入上海，是人坐车上、两脚踏地行车而走业余消遣的娱乐性代步工具。光绪十一年（1885）后，怡和、禅臣、礼康等洋行将自行车及零件列为"五金杂货类"输入上海，形成广泛的市场。清光绪年间传入杭州，原为富家子弟奢侈品，后逐步成为营业性出租和自备代步交通工具。自行车出租，最早见于光绪年间的云飞车行，后有同昌、华发等，车租以新旧论价，新车每小时 2 角，半新 1 角 5 分，旧车 1 角，日租金 1 元 5 角（大洋）。1928 年，经工务部门登记发照的自用自行车 2000 辆，营业自行车 600 辆。⑥ 1931 年，自用自行车 3748 辆，营业自行车 450 辆，"占全市各种车辆之最多数"，但均登记领照，且按规定"唯仅能通行本市区内"⑦。1936 年各省实行互通车辆以后，省建设厅订定规章，由建设厅为主管机关，申请登记，具领牌照，可以在省内公私道路及订有互通汽车协定的外省公私道路互通行驶，致使杭州车辆激增。其中，1937 年上半年，自用、营业自行车 11000 多

① 建设委员会调查浙江经济所编：《杭州市经济调查》（上编），1932 年，1932 年，第 170 页。
② 杭州市档案馆编：《民国时期杭州市政府档案史料汇编》，第 92 页。
③ 建设委员会调查浙江经济所编：《杭州市经济调查》（上编），1932 年，第 170、177 页。
④ 杭州市档案馆编：《民国时期杭州市政府档案史料汇编》，第 93、98 页。
⑤ 任振泰主编：《杭州市志》（第五卷），北京：中华书局 1997 年版，第 304 页。
⑥ 任振泰主编：《杭州市志》（第五卷），北京：中华书局 1997 年版，第 306 页。
⑦ 建设委员会调查浙江经济所编：《杭州市经济调查》（上编），1932 年，第 166 页。

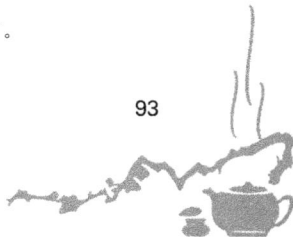

辆,车行 136 家。①

4. 公共汽车

汽车在杭州的引进始于 20 世纪初,据说,1917 年杨善德任浙江都督后购进一辆汽车,这是杭州也是浙江有汽车的开端。1922 年冬,杭州出现了公共汽车,商营永华汽车公司(由潘宝泉的宝华汽车行和陆宝泉的永华汽车行合并组成)负责经营,主要经营公共汽车,兼营客车出租,有可乘 10 余人的客车 1 辆,小客车 7 辆。杭州建市,道路拓宽,加上西湖博览会带来的人气,刺激了投资者的积极性,公共汽车获得较大发展,"行车次数:长余间每日往还各十八次,约一小时二十五分可到终点站,惟上午之三、四、五、六、一五、一六及下午之一九、二零、二一、二二、三五、三六诸号客车均系区间车,拱松间每日往还各十四次,每约十五分钟可到,乘客由长余间往观音、小河拱宸站,或由观音往艮余各站者,均在松木场调车"②。1931 年,杭州有汽车行 13 家(详见表 4-7)③,公交线路 7 条,总行驶里程 73.5 公里。④ 1936 年有汽车行 24 家,公共汽车 87 辆,运货汽车 39 辆,自用汽车 307 辆。⑤ "市区营业小汽车,近来亦颇发达,杭州共计不下二十余家,中国旅行社亦有足项车辆供客租用,租价旨为每小时价三元,全日二十元,单送客地视路程之远近,分为一元至数元不等。"⑥

表 4-7　1931 年杭州汽车行经营概况

名称	开设地点	汽车数(辆)	营业额(元)
之江	延龄路 156—158 号	5	16400
永华	仁和路口	5	16382
宝华	延龄路 131 号	4	6000
西湖	延龄路 106 号	4	21000
海丰	延龄路 151 号	6	12000
黑猫	平海路 108—110 号	5	10000

---

① 杭州市档案馆编:《民国时期杭州市政府档案史料汇编》,1990 年,第 93 页。
② 中国旅行社编:《西子湖》,1929 年,第 101—102 页。
③ 建设委员会调查浙江经济所编:《杭州市经济调查》(上编),1932 年,第 165—166 页。
④ 建设委员会调查浙江经济所编:《杭州市经济调查》(上编),1932 年,第 165 页。
⑤ 杭州市档案馆编:《民国时期杭州市政府档案史料汇编》,1990 年,第 93 页。
⑥ 白云居士:《游杭快览》,浙江正楷书局 1936 年版,第 75 页。

续表

名称	开设地点	汽车数（辆）	营业额（元）
三友	延龄路 161 号	4	5000
龙飞	岳坟路 45 号	5	12000
震昌	井亭桥 48 号	4	540
大亚	仁和路 36-37 号	4	3500
兄弟	花市路 48-50 号	4	—
上海	延龄路 221-222 号	3	5000
中央	吴山路 40 号	5	7200
总计		58	115022

　　杭州的公共汽车与西湖游览密切联系，像前面刚述及的永华汽车公司经营的公共汽车，即首先行驶在环湖马路。该路起自钱塘门，绕西湖苏堤、白堤而至灵隐，1920 年底开工建设，全长 10251 米。[①] 1922 年永华汽车公司所辟公交游览专线，起自湖滨，止于灵隐，中间设有中山公园、岳坟等站，每站可自由上、下车，游览附近名胜，票价分为特等（全程）、普通（全程）两种，前者 5 角，后者 3 角。后又开西湖大礼堂电影院专车，自湖滨直达大礼堂，开车时间按每场电影放映时间提早一小时。1932 年再出资铺浇"新市场"至灵隐的柏油马路，延长市区到灵隐的公交游览线路，起点是迎紫路青年路口中心站，沿线设陈列馆、延龄路、平海路、湖滨路、六公园、圣塘路、昭庆寺、断桥、平湖秋月、中山公园、西泠桥等站，里西湖游览线路包括保俶路、葛岭、岳坟、玉泉、洪春桥、九里松、石莲亭、白乐桥、灵隐等站。西湖南线辟有从湖滨至六和塔的公交游览线路，该线利用杭富线公路，从湖滨向南行驶，经湖滨路、涌金路、南山路，过清波桥，至长桥折西，经净慈寺、赤山埠、四眼井、虎跑，至六和塔下江边，中间设涌金门、清波门、净慈寺、赤山埠、四眼井、虎跑、金童桥 7 站。当时，西湖公共汽车的起讫处，皆设有牌柱，以指引乘客。搭乘公共汽车必须遵守各项规则：鱼贯上车，不得争先恐后；不得攀登车身或狭门处；车上不得吸烟和吐痰；车辆开动时，勿随意上下，或将手臂伸出窗外，致遭危险；不得与司机交谈；所

---

　　① 周峰主编：《民国时期杭州》，杭州：浙江人民出版社 1990 年版，第 242 页。

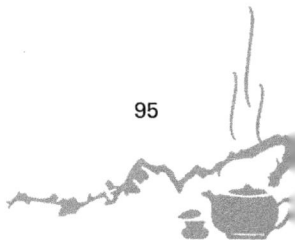

携物件不以妨碍他人为原则。①

5. 西湖游船

游览西湖,通常需要乘船,所谓"游西湖者必雇游艇,方可放手中游,纵情山水"②。西湖游船的形式和名称颇多,主要有水月楼、龙头、明玉、十样锦、百花、兰言舫、罗船、乌龙、梅槎、四不象、小划船、渡船、画舫、篷船、汽船、灯船、秋千船、云舫、看工船等。其中,数量最多的数改良式小划船,有白色荷叶边布篷,以蔽阳光,船的扶栏分雕花木板和铜栏杆两种,座位有板椅、藤椅、沙发等,中间放小方桌,配置暖水瓶、茶点、棋牌等,淡季时多拆去装设充作货船。渡船无任何装饰,停靠在涌金门、钱塘门、岳坟外招揽游客,坐满即开,价格便宜。画舫一般分为里外三进,外可摆一两桌酒席,备有床铺,以供游客休憩,两侧装玻璃窗或木板窗、百叶窗等。篷船,俗称板踏儿,有大号、二号、三号之分,篷下有窗,内置桌椅炕床,起坐甚为宽敞,租用时须预定,1929年价格每日3元,"盛日倍之"③。汽船"用小划船一只,尾置一小机器,机声轧轧,其驰如飞,极乘风破浪之乐",为时兴之物。据载,1931年,"西湖共有大小船只622只,游舫593只,分泊湖滨公园、公共运动场及沿湖各埠,专供游客乘坐。内计画舫36艘,划子557只。各种船夫总数约千人","每当夕阳西下时,湖内舟子咸聚岸边兜揽生意"④。至于游船票价,据1924年4月《杭州指南》载:"西湖多游船,大曰篷船,小曰划子。其舟资以日计,均需1元。半日则减十之五,而划子之值再减,亦须2角以外。如遇香市及佳节,价格倍蓰矣。"1931年,无篷划子多渡客过湖用,取资极廉,每人次约铜元10枚,游客多乐乘之,有篷划子中铜栏、藤椅划子,每日取1元5角,木栏划子1元3角,如以时计,每小时给资2角,各以到达地点计。而1936年1月《浙江新闻报·杭州通》载:"划子种类分藤椅、板凳、沙发、木椅三四种,租资之高下当视其船优劣与时间之多寡以为断,大约每日1元至七八角。画舫则每日两三元。"

乘船游湖,"纵情山水",个中滋味,自当别论,甚至初来乍到的外国游客也不能免俗。1925年7月,在燕京大学任教的美国教授马尔智(Benjamin March)携新婚妻子多萝西(Dorothy)来杭州度蜜月时,7月3日到达杭州,7月

① 李乃文:《杭州通览》,中国文化出版社1948年版,第8页。
② 石克士:《新杭州导游》,杭州新新印刷公司1934年版,第119页。
③ 中国旅行社编:《西子湖》,1929年,第108页。
④ 建设委员会调查浙江经济所编:《杭州市经济调查》(上编),1932年,第180页。

5日第一次泛舟西湖,即被深深地陶醉。

> 船夫带我们划向了三潭印月。等到我们绕过小瀛洲的南端,落日余晖已经褪去,阴历五月的一轮满月攀援一片片云彩,冉冉婷婷地升起在空中。四下静寂无声,小舟悄然地划出柳荫后,我们看到一座玲珑的石塔,那就是三潭印月的标志,据说在这三个深潭中有精灵出没,而那些深潭此时恰好就在月光铺就的"金路"上绰约生姿。望着那仲夏皓月所投下的光辉在三潭印月湖面上流金溢彩,谁又能不心旷神怡,会去计较身后曾经跨越半个地球的漫漫路程?

> 湖面上的游船很多,当我们兜着圈朝孤山划去时,可以听见悠扬的音乐声。中国人喜欢泛舟湖上,赏月消夜,他们知道什么样的音乐适合于这样的景致,便用许多乐器一起合奏,以烘托美景。假如我像许多中国人那样从小就学习演奏乐器的话,此刻我也许就能独自在月下吹一管长箫,其声幽婉而柔和,只有数人能够欣赏;或凄美而甜润,如诉衷肠,令岸上漫步的佳人不忍在身后抛下那些粉红色的芬芳荷花。

因此,在此后的1个月内,马尔智又有多此乘船游湖的经历,7月9日"乘船到小瀛洲",7月19日"租用以前租过的那条船去小瀛洲",7月22日"乘船直奔三潭印月",7月23日"乘船横穿西湖",7月25日"坐船渡河",7月26日"坐着小船环游西湖",7月29日"泛舟湖上,漂浮在小洲之间",8月2日"湖上泛舟,重游了一些喜欢的地方"等。①

相对于传统的交通工具轿子、马匹,人力车、三轮车、自行车、公共汽车、西湖游船不仅有轻便、快捷、低廉等优点,更重要的在于各种交通工具的变革和引进,一改杭州"街道狭窄,仅赖肩舆与人力车"的旧面貌,"拓宽道路,市面繁荣,各项车辆,相继而兴……迄至今日,除市内电车尚付阙如外,其他现代都市所有之车辆,几无不备"②。到杭州的游客不觉眼前一亮,"杭市的道路宽阔,道旁树木整齐,为国内其他各大都市所不及"③,"重要路线,均铺沥青,宽敞整

---

① 《马尔智日记》,参见《杭州日报》2009年11月13日。
② 杭州市档案馆编:《民国时期杭州市政府档案史料汇编》,1932年,第92页。
③ 唐季清:《杭州市之前瞻与后望》,《道路月刊》第51卷2号。

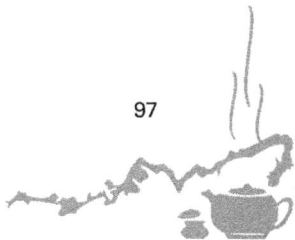

洁,而交通车辆,亦与年俱增"①。因此,"近年来,不但居民日增,游人蚁集,即欧美各国人士,慕名而来的每年达百万人以上。外人曾把它当作东方的日内瓦湖看待。因之,杭州的地位更蒸蒸而日上"②。

二、改建二:杭州市政建设

(一)"西湖搬进了城"

历代文人墨客对西湖美景妙笔生花的描写,让人产生了一种错觉,似乎杭州一直就因西湖而为理想的旅游目的地,但若"考察 1911 年以前的历史,古城杭州因西湖而存在的形象就让人置疑了"③。因为按照吴越国钱镠确定的"南宫北城"的城市空间格局,杭州的"闹市区"应在吴山一带,小说《儒林外史》写道,某穷书生来杭州游玩时,在此遇到他的一位算命朋友,这里不仅庙宇遍布,而且人们吃饭、喝茶、买卖书籍,以及各式各样的看相占卦,构成了一片繁荣景象。④ 至 20 世纪初期,情况依旧如此,美国领事弗莱德里克·克劳德(Fredrick D Cloud)把"大街"当作杭州商业活动的中心,他这样描写道:这条马路长约 4 英里,是杭州南北向的主轴,沿街的营业空间价值连城,在许多地段,马路两旁的木结构房屋和商铺挤占到石板人行道,人行道宽度由此缩减 5 英尺(1 英尺约 0.3 米)。⑤ 这条"大街"称为"御街"或"天街",仿照北宋汴梁御街设置,南起皇城北边的和宁门(今凤山门附近),北达天水桥,又折西至武林门前的中正桥,"长一万三千五百尺,旧铺石板衡从三万五千三百"⑥,专为皇帝赴景灵宫(今体育场路一带)祭祀而设,其南部延伸段尤其是靠近吴山的路段,是杭州最繁华的商业闹市区,四周深巷名宅林立,瓦子、酒楼、茶馆云集,有"五花儿中心"之称。弗莱德里克·克劳德说的时候这条"大街"或已改名中山

① 程远帆:《十年来杭州市之进展与今后之展望》,《市政评论》第 5 卷第 7 期。
② 唐应晨:《杭州市政的鸟瞰》,《市政评论》第 4 卷第 8 期。
③ 汪利平:《杭州旅游业和城市空间变迁(1911—1927)》,《史林》2005 年第 3 期。
④ (清)吴敬梓:《儒林外史》,合肥:安徽文艺出版社 1986 年版,第 138 页。
⑤ Cloud Frederick Douglas Hangchou. The "City of Heaven": With a Brief Historical Sketch of Soochou. Taibei 1971.
⑥ (明)田汝成:《西湖游览志》卷二〇《熙朝乐事》。

路,却仍十分繁荣,分布有 352 家商店,包括钟表眼镜、化妆品、南北货、绸布、餐饮、典当、颜料、铜锡、茶叶、剪刀、文具、扇、药、鞋、书等行业,而且"中国"、"交通"、"兴业"、"道一"、"储丰"、"惠迪"、"典业"、上海"小四行"和"浙实"等银行也已进驻,号称"杭州的华尔街"①。

除了传统的城市空间格局,另一非常重要的原因,还在于西湖被一堵高而厚的城墙阻挡在了杭州城外。以城墙为界限,墙内是城,墙外是湖,各自为政,互相封闭,流动十分不便。白天,居民只有穿过向西的钱塘、涌金、清波 3 城门,才能进出西湖,城门一旦关闭,居民"望湖兴叹",只能坐以待毙,如,1861年太平军围攻杭州时,60 万居民被困城中达 3 个月之久,或粮尽饿死,或被迫自尽。② 而在清初,在钱塘和涌金两门之间,尚有一块宽阔的空间,周围是以石为基、砖砌之、高 1.9 丈、厚 1 丈的围墙。这就是清朝的旗营。

旗营的驻防可追溯到清顺治五年(1648)。"事下浙江巡抚萧启元,圈定仁和县境东西南北图,及右卫中所屯地",共计征地 140 亩,住宅基地 520.4 亩、荡 7 亩、屯地 117 亩。又圈钱塘县境南北图西壁场及前卫屯地,共计征地 2.4亩、住宅基地 220.6 亩、屯地 27.2 亩。两年以后,防城竣工,然"犹以为未足",又于顺治十六年(1659)续圈界墙外钱塘县境南壁图西壁坊,共计征地 75.7亩、住宅基地 327.5 亩,"自后无所增损。"③旗营位于杭州城西,西倚旧城,濒临西湖。具体范围为:南自涌金闸而东,沿河越曲阜桥,跨清湖河将军桥。东绕俞家园,折而北,至积善坊巷、东平巷、寿安坊巷、崔佳巷、铁线巷、里仁坊巷之西端,复折东三十步。又北至蝙蝠弄、睦亲坊、宝树巷。更北沿高地上,至结缚桥,折而西,跨河绕井字楼,直西至米仓弄风波桥,复西北沿浣纱溪西岸至小车桥。南折西抵钱塘门而止。环九里有奇。④ 城开 5 门,南为延龄门,东之南为迎紫门,东之北为平海门,东北为拱宸门,西北为承乾门。另有水门 3 座,分别位于将军桥、束缚桥、盐桥,均通舟筏。驻防旗营,圈定区内汉族居民约10 万户全部迁出而为八旗官员、兵丁及其眷属的聚居地⑤,其中,面向西湖的钱塘门圈入旗营,居民若经此门进出西湖,必须例行检查。杭州是清初最先在汉人地区设置的三个八旗驻防地之一,其他分别是西安和江宁(今南京),其设

① 参见张学勤、王利民编著《中山中路的历史建筑与商业文化》,杭州:杭州出版社 2009 年版。
② (清)丁丙:《庚辛泣杭录》。
③ (清)张大昌:《杭州八旗驻防营志略》卷一五《营制》,浙江书局,光绪年间。
④ 周峰:《元明清名城杭州》,第 38—39 页。
⑤ (清)丁丙:《武林坊巷志》卷八,杭州:浙江人民出版社 1990 年版,第 431 页。

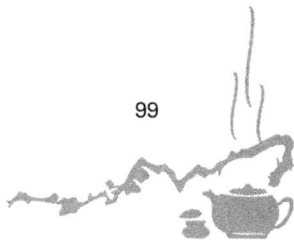

立主要从军事角度考虑,就是防止内乱,监督汉族官史和军队绿营。

城墙和旗营成为人为的屏障,在空间上把杭州和西湖分隔成截然不同的两个单元。一般看来,出城门去西湖已是城外活动,而不是杭州城市生活的中心。

拆毁城墙、铲除旗营是在辛亥革命之后。此前,浙江省谘议局议决拆毁杭州旗营城墙,修筑道路,但被旗营驻防将军阻止。1911 年的辛亥革命,为西湖与杭州融为一体提供了一个千载难逢的机遇。出于革命和建设的双重需要,1912 年 7 月 22 日开始拆除钱塘门至涌金门的城墙。军政府成立后,没收旗营土地,"另建平屋二百间,为旗民营住所"①。1913 年再拆除旗营的围墙,同时决定将旗营旧址开辟为"新市场",重点发展工商业,"除了马路和公共用地,其余土地予以出售,以建商业场"②。

"街道问题在市政里面,要算最重要的问题。城市的发展与兴盛,跟街道实在有很大的关系。"③规划"新市场"的第一步自然是修路,负责此项工作的规划工程事务所本着"建立新商业中心,要像从空地上建立一般",要将路修得"笔直得像支箭",街道整齐如同一张"棋盘",马路互成直角的规划和设计理念,全然不顾旗营已建道路,重新规划道路。"新市场"的道路分为一、二两等:一等道路 4 条,路面宽 19.2 米、人行道宽 3.2 米,包括迎紫路(今解放路湖滨至青年路)、延龄路(今延安路解放路口至庆春路)、湖滨路(今湖滨路六公园至南山路涌金门)、英士街(今平海路);二等道路 23 条,路面宽 9.6 米、人行道宽 1.92 米,包括兴武路(今开元路)、仁和路、花市路(今邮电路)、吴山路、泗水坊路(今国货路)、长生路、惠兴路、岳王路、钱塘路(今庆春路)、学士路、将军路、柳营路、慈幼路(今人民路浣纱路至延安路)、蕲王路、东坡路、孝女路、白傅路、东浣纱路(今浣纱路)、南浣纱路(今分属东坡路和龙翔路)、西浣纱路(今浣纱路)、北浣纱路(今分属东坡路和龙翔路)、板桥路、杭县路(今青年路)。④ 为筹措修路的经费,除马路和公共建筑用地以外,"新市场"内的所有土地均按类标价,公开出售,所得款项用于本地区内道路建设。土地按其不同的商业价值分 4 类:一类地块位于湖滨路沿街和主要马路的交叉口,每亩 1500 元;二类地块位于主要马路沿街和次要马路的交叉口,每亩 1000 元;三类地块位于次要马

① 浙江省辛亥革命史研究会、浙江省图书馆编:《辛亥革命浙江史料选辑》,杭州:浙江人民出版社 1981 年版,第 522 页。
② 《投票旗营地亩者注意》,《浙江日报》1913 年 11 月 7 日。
③ 章渊若:《街道与市政》,上海泰东图书局 1929 年版,第 2 页。
④ 周峰主编:《民国时期杭州》,杭州:浙江人民出版社 1992 年版,第 241—242 页。

100

路沿街和运河旁,每亩 600 元;四类地块既不靠湖也不接近马路,每亩 300 元。同时要求取得土地的投标商在一年内动工兴建,否则政府将提高地产税。①地块出售、道路修建等措施,改变了旗营甚至整个杭州城市的形象。1916 年 8月,孙中山在途经杭州时发表的《道路为建设着手的第一开端》的演讲中说:"兄弟于四年前曾到杭州,今日重来,见道路修治,气象一新,足见浙江之进步。"②

建设"新市场"的主要目的之一是"建立新商业中心",在修路的同时,"已清出的地皮,大部分利用拆下城墙的墙砖建房营业"③。当然,"其意义远不止一个新兴的商业中心。这项计划打开了封闭的城市空间,加剧了杭州城市空间变化。从钱塘门到涌金门之间的城墙以及剩余旗营都被拆倒。在城墙的旧址上,新筑了湖滨路。拆除物理屏障之后,西湖便融入到城市之中。这样,西湖从郊外景色转变为杭州都市风景的有机组成"④。换言之,西湖已与城市相结合,真正成为杭州城市的重要组成部分,用当时居民自己的话来形容:"西湖搬进了城。"⑤此外,规划者还十分注重未来商业中心和西湖风景的衔接,在湖滨路建立起五大花园式公园⑥,又在公园筑起石头岸堤,并装饰石头或铁制栏杆,种栽植物、草坪。公园之间修建码头,以加强"新市场"和西湖的连接。码头建有下行到湖面的石头台阶,使游客轻松地登上湖中游船。化旗营为夷地,移去城市与西湖之间的视觉屏障,"新市场"成为游览西湖的起点。

(二)市政建设概述

1.杭州建市

1927 年 4 月 28 日,国民党中央政治会议浙江省分会第三次会议通过筹办杭州市市政厅案,划杭县所属城区及西湖全部设杭州市,并推省务委员兼秘

---

① 《投票旗营地亩者注意》,《浙江日报》1913 年 11 月 7 日。
② 《孙中山在杭州之演说辞》,《杭州民国时报》1916 年 8 月 19 日。
③ 章达庵:《杭州闹市的变迁》,载杭州市政协《杭州文史资料》(第 23 辑),浙江省农科院科技印刷厂,1999 年,第 103 页。
④ 汪利平:《杭州旅游业和城市空间变迁(1911—1927)》,《史林》2005 年第 3 期。
⑤ 钟毓龙:《说杭州》,杭州:浙江人民出版社 1983 年版,第 191 页。
⑥ 五大花园式公园沿湖开辟,由五块大小不等的园地连缀而成,全长近 1 公里,从南至北,依次称一公园、二公园、三公园、四公园、五公园。五大花园式公园与 1929 年开辟的湖滨六公园,今统称湖滨公园,占地面积计 6.42 公顷。

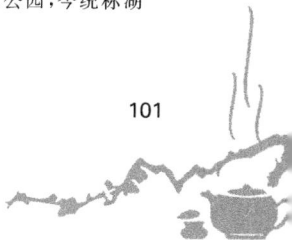

书长邵元冲担任市政厅厅长。邵元冲被正式任命为市政厅长后,为使杭州跻身于特别市行列,按照特别市标准组建政府机构,并按西方城市管理模式,于厅内设总务科及财政、工务、公安、教育、公用、卫生六局,呈报中央审批;起草《杭州市暂行条例》,拟对城市管理制度作进一步改革。5月17日(6月20日改市政府),邵元冲偕市政厅、科局长宣誓就职,暂假青年会之全部用房为临时办公处。① 此为杭州建市之始。

至1928年7月3日,国民政府公布了《市组织法》,规定必须同时具备下列三项条件方可设直隶于行政院的特别市:"一、首都;二、人口在百万以上者;三、在政治上经济上有特殊情形者";"具有前二、三两款情形之一,而为省政府所在地者,应隶于省政府"。依据此法,杭州不具备特别市条件,列为省辖市。9月1日,杭州市政府奉令改组,设秘书处、社会科及财政局、公安局、工务局。1929年3月增设土地科。1930年9月后,杭州市政府组织机构有所裁减。

杭州未跻身特别市行列,但"近代市建制的行程和发展,标志着城市独立性的加强,以及城市发展水平的提高"②。杭州建市,使杭州的市政建设和城市发展迈入了新的阶段。此后,杭州市政建设由市工务局统一规划和实施③,至1937年抗日战争全面爆发前,市政建设取得了诸多令人瞩目的成绩。

2.市政建设

市政建设是衡量城市物化环境的重要条件,直接关系城市生活的质量和效率。在这个意义上,市政建设是"吸聚人口的巨大力量,而为造成都市繁荣之重要条件"。④ 杭州建市以后,刚成立的杭州工务局立即制定了《杭州市工务局行政计划纲要》,专列"全市之设计",提出市区规划的详细方案,内容包括:鉴于"近世文明都市因社会中各个组织之分化与天然形势之便利,故市区内皆自成段落",形成工业区、住宅区、商业区、学校区、政务区等各类功能区,建议"全市之设计"应"细加审察,通盘筹算","划分市内区域";由于"街道系统之厘定极为重要,南北东西各路线首宜划定再分其等第,计其宽度,分期建筑,以济交通之便利"。此外,对"市内道路之修造及域垣之拆除"、"筹划全市沟渠

---

① 杭州市档案馆编:《民国时期杭州市政府档案史料汇编》,1990年,第1页。
② 戴均良:《中国城市建设史》,哈尔滨:黑龙江人民出版社1992年版,第358页。
③ 杭州建市之初,公用事业由公用局管辖,1927年9月裁撤财政、教育、公用、卫生四局后,公用事业由工务、公安两局分别设科办理。1931年以后,工务局改为科,但职能未发生实质性的变化。
④ 赵曾珏:《上海之公共事业》,北京:商务印书馆1949年版,第64页。

系统"、"市内水道桥梁码头之修筑"、"建筑物之取缔"等也提出了初步的规划和设想。① 根据方案,市政建设有计划、有步骤展开。市政建设内容多,范围广,很难面面俱到,兹以忻平的界定为依据②,主要就杭州的道路、桥梁、建筑物等"硬件",电力、通讯、自来水等"软件"加以考察。

硬件一:道路。杭州市区道路原来基本上以砂石修成,尘土飞扬,有碍市容。在市政建设中,"几经试用之结果,以砂石路加铺柏油路面,最为经济实用",故从1928年开始,规定凡属重要道路均修柏油马路。到1936年,完成的柏油路计有江墅路(中山路凤山门至贯桥段)、大学路、东河坊路、东街路、北山路、庆春路(建国路至众安桥段)、葛岭山脚路、财政厅路、民权路,共10.04万余平方米。原有的碎石路如岳坟路、灵隐路、白公路、西大街、笕桥路、湖滨路、延龄路、新民路、迎紫路、佑圣观路、邮局路、圣塘路、钱塘路、城站路、开元路、花市路、仁和路、惠兴路被翻修成柏油马路,共15.24万余平方米。次要道路如马市路、茅廊路、军械局路、夕照路、电厂路、竹斋路、白沙路、教场路、国货路、劳动路、上仓桥路、松木新村路、十五奎巷、九莲桥路、屏风山路、涌金门外大街新修了碎石路,共4.96万余平方米。在车辆较少的一些地方则铺了弹石路,共3.73万余平方米。至于各人行道因由居民自行修建,材料、形式不一,"对于观瞻、交通,均有窒碍",现在一改以往做法,由政府取费于沿街业主统一派工修建,并一律用水泥浇灌,共9.61万余平方米(详见表4-8)。③④

表4-8　1931年杭州各类道路所占面积

类别	面积(m²)	比例(%)
碎石路	350696	68.74
柏油路	145140	28.45
弹石路	8591	1.68
煤屑路	5765	1.13

还有一些道路经过填河修建。如,填浣纱河上游的运司河、涌金池水、三

---

① 杭州市政周刊特刊:《三个月之杭州市政》,第68—69页。
② 忻平:《从上海发现历史——现代化进程中的上海人及其社会生活》,上海:上海人民出版社1996年版。
③ 杭州市档案馆编:《民国时期杭州市政府档案史料汇编》,1990年,第85页。
④ 建设委员会调查浙江经济所编:《杭州市经济调查》(上编),1932年,第157页。

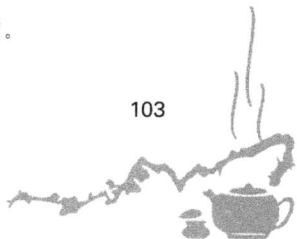

桥址河,分别修成劳动路、涌金路、定安路、惠民路,填下游的东浣纱河,修成今浣纱路北段折东到众安桥庆春路段。此前,杭州的河主要包括中河、东河、小河、浣纱河、龙山河、贴沙河、上塘河、下塘河、新开运河塘、余杭塘河、古新河、松木场河、西溪、备塘河,历代变化并不大,居民饮用、灌溉、舟楫、渔菱之利都赖于此。之所以填河,原因有二:一是市政建设之需;二是河水污染之害,如民国初年浣纱河还是河水清澈见底,游鱼历历在目,沿河种植杨柳,柳丝垂落水面,风物宜人,使一些偶然进入旗营的汉人"低回忘返"。

浣纱路起于开元路,直达众安桥,贯串整个的新市场。河流其中,两岸乃分称东浣纱路和西浣纱路。沿河两面均种植有杨柳,丝拂水面,老干成荫。缓步其下,虽则看不到浣纱的西施,却多的是洗衣服的家庭少妇或幼妇。她们跪在河岸上,微风吹乱了秀发,水沫蘸湿了面庞。洗完了,立起身来,一手挽着竹篮,篮中散堆着刚洗过的衣件;一手持着木杵,也为河水洗得一尘不染。三三两两,结着伴,沿着河,轻轻地谈着家常,缓缓地各自归去。在她们的字典里,只有一个"闲"字。①

我爱杭州的紫气红尘,浣纱路河畔洗衣的女子,我走过总要去看看,只觉得这里的杨柳才真是杨柳。

如此我才可以一人去浣纱路上走走。战时杭州市廛萧条惟浣纱路边杨柳如旧。想起太平时世,桐庐富阳与余杭塘栖的水陆负贩皆来于此,虽不必有严子陵钱武肃王微时那样的人,但亦尘俗稳实有一种平康安乐意。而兴亡之感,竟非嗟叹无常,倒只是反省,看见了自己的本相清真,如同那浣纱路边的杨柳,如同三潭印月的照水栏杆,如同我仍是昔年来杭州游学时的蕊生。②

但至抗战前夕,上游河水变臭,"本市运司河下一带河流,近因天气炎热,久旱不雨,而附近居民,又任意洗涤糟蹋,以致河水变色,发生臭气,行人经过均掩鼻而行,该地居民莫不叫苦连天,有负卫生查者,当加注意"。政府因没有疏浚的经费,最迅捷的方案就是填河。省政府主席黄绍竑身先士卒,脱下上

---

① 阮毅成:《三句不离本杭》,杭州:杭州出版社 2011 年版,第 49—50 页。
② 胡兰成:《今生今世》,北京:中国社会科学出版社 2003 年版,第 88、195 页。

装,卷起裤腿,带各厅的公务人员义务劳动。十几天后,河成了路。东西向是小路,南北向是大路。大路需要路名,有人提议叫"黄公路",他说还是叫"劳动路",象征"运司河是公务人员动手填平的"①。

旅游目的地交通由外部交通和内部交通两部分组成,其进入性是否良好,关乎旅游目的地的发展前景。一般来说,具备良好的进入性,游客"进得来、散得开、出得去",客流量将逐渐增加,旅游目的地将得到发展;反之,将制约旅游目的地的发展。杭州在道路建设中,也十分关注西湖道路的修建,如,1920年开工建设环湖马路,目的之一就是改善西湖游览条件,方便游客游览,"寰海内名西湖者三十一,惟杭州胜景实甲全球。现在风气开通,各国人士游历踵至,若不建环湖马路,寻幽选胜,颇费时间,既无以增外人之兴味,亦不足壮中国之观瞻"②。

硬件二:桥梁。杭州的桥本有梁式(平式)、拱式、吊式、浮式4种,桥面多数砌筑石阶,甚至建有亭子,材料以青石、武康石居多,多数分布在城市中心地带的盐桥河、市河、清湖河以及西湖风景区,如,盐桥河有桥30座,市河有桥30座,清湖河有桥53座,曾是杭州不可或缺的交通构件,免除了舟渡之苦,增进了出行之利。而从出行方便的角度看,一些不适合道路拓宽或改建的老式石桥已被改为平面水泥钢骨桥和木桥,到1937年,已改为平面水泥钢骨桥的有开元桥、泗水坊桥、笕桥、归锦桥、盐桥、新宫桥、普安桥、宝善桥、有玉桥、下仓桥、庆春门桥、清泰桥和章家桥;改为平面木桥的有延龄桥、定海村桥、过军桥、屏风山桥和九溪桥。③

硬件三:建筑物。"杭州为中国唯一名胜之区,若非厉行限制其建筑物,不足以维护固有之风景,遑论增益湖山之美观。"④为保护"一城山色半城湖"之景,政府加强对城市建筑的管理,制定了《杭州市工务局取缔建筑暂行章程》《杭州市取缔西湖建筑规则》、《杭州市建筑规则》等,明确规定"风景区域之建筑物,尤须富有美术性,不碍天然风景,亦具有东方建筑色彩"⑤,"名胜及其他

①　《运司河下,河水已发臭》,《东南日报》1934年7月7日。
②　齐耀珊:《拟建西湖环湖马路计划书》,(清)崔灏《湖山便览(附西湖新志)》,上海:上海古籍出版社1998年版,第565—566页。
③　杭州市档案馆编:《民国时期杭州市政府档案史料汇编》,1990年,第86页。
④　杭州市档案馆编:《民国时期杭州市政府档案史料汇编》,1990年,第89页。
⑤　杭州市档案馆编:《民国时期杭州市政府档案史料汇编》,1990年,第89页。

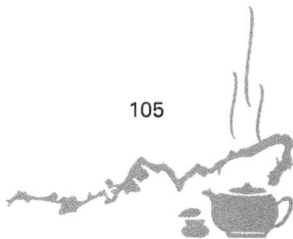

公共场所之房屋,不整洁,或不适当者,应修葺改善"①,"沿湖修筑者须距离湖20公尺以备修筑公路而免遮湖景","贴临湖岸已完成之建筑物遇有翻造、坍塌或被毁时须照前条缩让20公尺","沿湖及临湖山上之旧有建筑物应及时粉刷整齐"②。同时出台《杭州市广告取缔规则》《杭州市广告管理规则》,以整治妨碍市容市貌的广告,"统制管理,以资整饰",一改原来的"纸张揭贴,形色杂陈,市帘旗帜,招展遍市",尤其是"墙壁油漆广告之设置,市内热闹街衢,所有墙垣,几无不为广告所占,红绿错乱,色彩夺目"的杂乱现象,"自是广告秩序,渐趋整齐"③。通过初步整治,"各项设施,务求整齐美化"④,"冀促成杭州为东方之瑞士、中华之乐园"⑤。

软件一:电力。清末,杨长清、金敬秋发起成立"浙江大有利电灯股份有限公司",筹建火力发电厂,清宣统二年(1910)开始发电,有蒸汽引擎发电机3套,锅炉2台,总容量750千瓦。辛亥革命以后,因"新市场"开辟,用电量剧增,原"浙江大有利电灯股份有限公司"两次扩建,增加容量400千瓦,供电范围由市区扩大到城郊。1922年另建艮山门电厂,总容量达5100千瓦。1932年建成闸口电厂并发电,有7500千瓦蒸汽涡轮发电机两组,总容量15000千瓦,是当时浙江最大火力发电厂,与南京下关电厂、上海杨树浦电厂并称江南三大电厂。⑥ 到1936年,杭州共有电力企业17家,年发电量和用电量分别达到3160万度、2264万度。⑦ 电灯用户逐年上升,1931年达22644户。⑧ 至1936年底,全市共有路灯4862盏。⑨ 明亮的白炽电灯赋予城市崭新的内涵和独特的魅力,方便了居民的生活,美化了杭州的夜空。

软件二:通信。最早的通信方式大约是"击鼓传声"、"烽火传信",后有"步传为置"、"步传为邮",用于传递官府文书、边防军情。杭州近代邮政始于海关试办邮政,清光绪二十一年(1895),在官巷口设立杭州送信官局,办理收寄信

---

① 杭州市档案馆编:《民国时期杭州市政府档案史料汇编》,1990年,第92页。
② 杭州市政府秘书处编:《杭州市政府现行法规丛刊》,1930年,第246-247页。
③ 杭州市档案馆编:《民国时期杭州市政府档案史料汇编》,1990年,第94页。
④ 杭州市档案馆编:《民国时期杭州市政府档案史料汇编》,1990年,第94页。
⑤ 杭州市档案馆编:《民国时期杭州市政府档案史料汇编》,1990年,第90页。
⑥ 周峰主编:《民国时期杭州》,第298页。
⑦ 杭州市电力工业志编纂委员会编:《杭州市电力工业志》,北京:水利电力出版社1994年版,第64页。
⑧ 建设委员会调查浙江经济所编:《杭州市经济调查》(下编),第142页。
⑨ 杭州市档案馆编:《民国时期杭州市政府档案史料汇编》,1990年,第93页。

函、报纸、书刊、贸易契等。辛亥革命以后,"大清邮政"更名"中华邮政",邮政
业务有所拓展,先后增办商务传单、邮转电报、保值邮件、存证信函、图书小报、
航空邮务、储金、寿险等新业务,并兼办代售印花税票、代订报刊、代购书籍等
业务。至 1931 年,杭州设有浙江邮政管理局 1 所,笕桥、南星桥、湖墅、官巷
口、清河坊、皮市巷、艮山门、龙翔桥支局 8 所,邮筒、邮箱 134 处,邮路分火车
路、邮差路、汽车路、轮船路、民船路 5 种,邮件按不同性质分普通、挂号、快信、
保险、航空、邮转电报 6 项。[①] 邮政业务量逐年增加,至 1936 年,函件 1245.01
万包,包件 26.28 万件,分别比 1925 年增加 6.6 倍、5 倍。[②]

　　清光绪九年(1883),杭州设立电报局并开始运行,这是杭州引进近代通信
技术的开端。至 1936 年 6 月,杭州通往各地的线路达 67 条,省内线路总长
3148 公里,与邻省江苏、安徽、江西、福建等均通电报,省际电报网已初步形
成。光绪三十三年(1907),电话进入杭州,在太平坊浙江兴业银行内设立杭州
市内电话公司。1912 年创办杭州电话公司,装机容量达 2500 门(磁石交换
机),设电话总局和支局 4 处。[③] 1928 年始筹办长途电话业务,至 1931 年,建
成长话干线 1917 公里,每月通话次数由 1930 年 1 月的 7082 次增加到 1931
年 6 月的 26000 多次。[④]

　　近代通信技术的发展和引进,结束了依靠车、马、舟和人力传递信息的驿
传历史,拉近了杭州与外界的距离。

　　软件三:自来水。杭州饮用水主要源自井水,到 1930 年,市内尚有水井
4812 口,其中,家用水井 4406 口,平均每 20 户有一口水井。[⑤] 但未经处理的
"湖水、河水、井水大都含有细菌,能传染各种疾病,尤以伤寒、痢疾为甚",故
"欲求卫生,非用自来水不可"[⑥]。1928 年 4 月,浙江省政府正式批准建造杭州
自来水厂。1929 年,杭州自来水厂筹备委员会依据国民政府《提倡兴办自来
水法》"凡市县无力举办时,得依法发行公债"的规定,以杭州市土地税及水厂
全部产业作为担保,核发"杭州自来水公债"250 万元。经反复勘察和水样化

---

　　① 建设委员会调查浙江经济所编:《杭州市经济调查》(上编),第 211 页。
　　② 杭州市邮政局史志编辑委员会编:《杭州市邮政志》,北京:人民邮电出版社 1996 年版,第 2
页。
　　③ 周峰主编:《民国时期杭州》,第 292 页。
　　④ 建设委员会调查浙江经济所编:《杭州市经济调查》(上编),第 222 页。
　　⑤ 杭州自来水筹备委员会编:《杭州自来水创设纪念刊》,1932 年,第 5 页。
　　⑥ 杭州自来水厂编:《杭州之自来水》,1935 年,第 43 页。

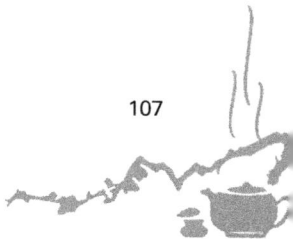

验,决定暂用清泰门外贴沙河水,并在清泰门外建自来水厂,干管分成四路接往全市各地。1931 年 8 月 15 日,自来水厂正式开始供水,首批百余户率先用上了清洁的自来水。为使饮用水源充足、清洁、卫生,采取了三大措施:一是在望江门外大通桥以上约 500 米的钱塘江边深水地段,设立水泵站,汲钱塘江水入市河,经泗板桥入贴沙河,在钱塘江淡水时每小时抽水 1500 吨,补充贴沙河的水源。同时裹口堵塞大通桥附近的过塘污水涵洞,防止污水溅入贴沙河、钱塘江,保持水源清洁。二是"特取缔清泰门外一带贴沙河居民,不得用船运粪,并不得粪桶入河取水,衣服不得就河中洗涤",即将拆除临河埠头,在清泰门外城墙脚下修筑水池数座,让居民去水池洗涤。三是利用闸口电厂的冷却回水,经中河入贴沙河作为水源,在秋季咸潮时备用。1934 年大规模扩建自来水厂,到 1936 年,自来水用户达 2280 户,每月产水 150 万加仑,月收水费 12000 多元。① 全市各公共场所、饮食店、理发店、旅馆、浴室等均已安装自来水。

(三)城市功能初现

不论中外,旅游的近代化首先是围绕城市以及由此产生的人口流动产生和发展的。一个国家的城市化水平越高,人口的流动量越大,客源市场的规模也越大,旅游就越发达;而旅游越发展,反过来又促进城市的建设和发展。因此,城市化进程以及由此产生的人口流动量是旅游需求产生与发展的原动力。之所以如此,则与城市具有的工作、居住、游憩、交通四大功能相关。

1. 工作

近代中国,人口总体上呈由农村向城镇、由城镇向城市、由国内向国外流动的趋势,极大地推动了城市化的进程。杭州也不例外,从 1928 年 12 月到 1930 年 7 月,杭州人口由 451147 人增加到 493234 人,增加 42087 人,每月平均增加 2066 人,增加 9.3% 以上,其中,自然增长仅占 5.08%,其余 94.92% 均为"外省和内地的移民"。人口大规模流入杭州不外乎其有较宽松的经济、政治环境:

> 从内地移民到杭州这一个问题说来! 这是近代人口问题中的一
> 种必然现象,因为农村的衰落,而造成都市人口集中的趋势。浙江内
> 地各处的农民,这几年来,不是受水旱风虫各灾的影响,而蒙很大的

---

① 杭州市档案馆编:《民国时期杭州市政府档案史料汇编》,1990 年,第 211 页。

损失，以至于无法维持他们的生计……在平时，这般农民们，本来也渴慕着省会所在的杭州，如同我们的景仰上海一样。我们理想中的杭州，说不定是遍地铺着黄金的天堂，不愁吃，不愁穿，生活的安适，美景的享受，没有了天灾人祸的侵袭，因为种种虚荣的和物质的引诱，到了他们觉得在故乡感受生活上的困难，或生命上的危险的时候，自然的自动的搬到杭州来了！……至于外省人搬到杭州来，原因刚和此相反。内地人因为天灾人祸的原故，不得不搬到省会来求生活；而外人呢，反而因为在过去几年中，比较的说起来，浙江比其他各省，要安定得多，进步得多。在表面上看起来，浙江的主要工业，衰落达到极点，可是政治比较的上了一些轨道，财政状况也比较好一些，所以各种事业也有了相当的进步。换一句话说，一方面浙江因为求各种事业心的发展，而需要各种人才，另一方面，他省人因为浙江比较的安定，比较容易找机会，也搬到浙江来。这两方面的促成，政治中心的杭州，他省人迁居来的，更觉得多些。①

　　进入杭州的移民一部分长期居住，但与原籍仍然保持千丝万缕的联系，定期或不定期往返于原籍和杭州之间，探亲访友，处理各种公私事务。另一部分是短期居住，不论经商、办企业，还是打工、做学徒，流动性更大，既与原籍也与其他城市保持着广泛的联系。从而在城市之间、城乡之间产生了大量人口流动和经济、文化交流，促进了国内旅游的发展。

　　2. 居住

　　城市通过市政建设，开始逐步完善道路、桥梁、建筑物等"硬件"，拥有电力、通信、自来水等"软件"，不仅改变了城市居民的居住条件、生活环境，并在此基础上，形成系统而繁荣的第三产业，吸引城市以外的居民前来投资、贸易、经商、观光、度假、休闲等，为旅游活动提供了良好的接待条件。市政建设的好坏标志着一个城市的发达程度及旅游的综合接待能力。杭州自辛亥革命尤其是建市以来，借鉴西方先进的城市建设和管理的方式，投入大量的资金，展开大规模的市政建设，出现了柏油马路、水泥桥梁、西式建筑、自来水、电灯、电报、电话等，形成了高楼大厦林立、彻夜灯火通明、游客川流不息的局面，充满时代气息。

---

　　①　王宗培：《从统计上研究杭州市房价之增长问题》，《浙江省建设月刊》1930 年第 4 期。

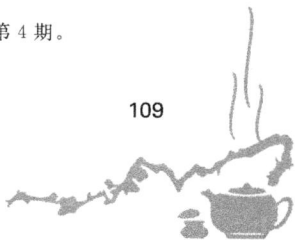

3.游憩

城市作为收入水平、消费水平明显高于市镇、乡村的人类聚集地,其生活方式、价值取向、审美情趣等不仅对市镇、乡村有一定的影响,更在于城市的社会上层挥金如土、奢侈豪华的生活方式和消费方式对其他社会群体即使社会下层也产生了强烈影响,人们努力仿效,追求时髦,致使炫耀、享受之风蔓延于城市的每个角落。这是国内消遣享乐性旅游得以畸形繁荣的原因,所谓"杭州素称繁华之地,吴山既多胜景,西湖属名区,俗语故有'上数天堂、下数苏杭'之说"①。而租界的示范效应更强。1897年5月13日,依据《马关条约》规定,日本在拱宸桥划定了租界区,西沿运河塘路,南至拱宸桥脚,北到瓦窑头,东及陆家务河,周围11.2里,占地2809亩。② 为刺激经济,日本人实行烟馆、妓馆、赌馆、戏馆、菜馆"五馆"政策,本市居民受菜馆、酒肆、歌场、戏楼、妓院的吸引,来拱宸桥消遣娱乐。20世纪30年代初期,是最繁盛时期,"戏院、旅社,家家客满。傍晚时刻,小包车、马车往来穿梭在拱宸轿的三条马路上,人群熙来攘往,摩肩接踵,热闹异常。娼妓、公寓,门外电炬通明。高级妓女堂差包车,闪耀着红蓝光芒的干电炬在大街上招摇过市。真是纸醉金迷,夜夜元宵"③。据说,杭州的第一部电影就在阳春茶楼放映,1908年5月17—22日,《杭州白话报》连续几天刊登大幅广告:"拱宸桥新开阳春外国茶园,主人司点文生聘请英国美女跳舞,大戏天下第一,活动点光影戏新发明,电气留声机大戏,三班合演。""影片数百幅,日日更换,无美不搜,尤为有目共赏。""诸君届时务惠临。准期四月十日起每夜开映,价目:包厢4角,正桌3角,起码1角,小孩1角。"广告吸引了"上到江干,下到湖墅"成千上万的杭州居民,争相一睹从未见过的新鲜玩意儿。

4.交通

城市通常是交通的枢纽或终点站。杭州位于钱塘江下游之北岸,因隋京杭大运河开凿而兴起,既是浙江政治、经济、文化的中心,也是交通的中心,"当铁路未通以前,货物运输,均以运河为主,凡苏、沪、皖、赣、闽北各地之交通,取道杭州者,均经拱埠,故当时之杭州关,实为征税之中心机关,亦即货物进出口

---

① 范祖述:《杭俗遗风》,序。

② 杭州对外经济贸易委员会编:《杭州对外贸易志》,北京:北京师范大学出版社1993年版,第4页。

③ 周峰主编:《元明清名城杭州》,杭州:浙江人民出版社1990年版,第65页。

之枢纽。迨后铁路告成,一部分货物由铁路运输。其由上海起沪杭路线各地及上江、绍兴、萧山往来之货物,类皆经南星站转运;浙省杭、嘉、湖、绍、金、衢、严各处及江西广丰玉山、安徽徽州各县之货物,则多由闸口站转运;其余城站、艮山、笕桥、拱埠等站,亦有货物进出"①。物畅其流,人畅其行,通畅的交通,方便了人口的流动和交往,客观上有利于旅游的发展。

① 《杭市商业之衰落》,《工商半月刊》1932 年第 16 号。

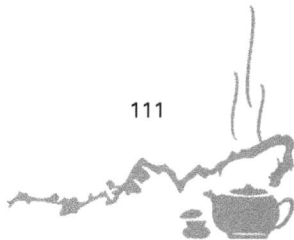

第四章

服务设施改进与近代杭州旅游

从旅游经济学的角度看,旅游服务设施属旅游供给的范畴,是旅游目的地吃、住、行、娱、游、购六要素与游客活动相关的设施、实物甚至劳务的总和,其中,交通、旅馆和旅行社又被视作旅游供给的三大支柱或 3 个主要组成部分。有关近代杭州交通工具的引进以及发展状况,前述章节已有专门讨论,无须赘述。本章将对近代杭州的旅游管理接待机构、旅游团体、旅行社、旅馆、餐饮、娱乐、购物等进行追溯,以凸显不断发展和完善的旅游服务设施对杭州旅游近代化的影响。

一、改进一:旅行社和旅游团体

前已述及,托马斯·库克于 1841 年组织的禁酒团队旅游在全球范围内首次创造了与传统旅游迥异的新型旅游方式,体现了现代旅游的雏形和基本特点,被公认为是旅游近代化的开端。其中,重要特征之一是他本人正式创办专门旅游代理机构——旅行社,在商业基础上为组织旅游经营活动指明了方向,托马斯·库克也被称作"旅行社之父"。但中国人有时并不愿意承认这一事实,"据现存的一只清代八棱瓜楞瓷盖罐上面的文字记载,我国的旅游业出现较早。这只瓷盖罐着粉彩山水画,并有文字记载:'道光四年旅行浔阳包价,铜二百斤。'浔阳就是现在的江西九江,是长江上的重要码头,每日人来舟往,繁华热闹。浔阳地处中国风景名胜庐山之麓,紧临鄱阳湖,是中国人旅行的好去处",由瓷盖罐上"道光四年旅行浔阳包价,铜二百斤"的字样推断,在清道光四年(1824)中国已有经营旅游的商号,并因此而大发感慨"中国的旅游业在萌芽之时就窒息而死"①。

由中国人自己创办的第一家旅行社、也是国内唯一的一家大型旅行社——上海商业储蓄银行(时或简称上海银行)下属的中国旅行社创办于1923年,是民族资本为了维护民族尊严、以爱国之心服务大众、便利旅行的产物,"途中自忖外人之所以藐视余者,因我非其族类。然外人在华,投资雄厚,诚足惊人,更进而经营我国国内旅行事业,国人自甘落后,可耻孰甚,遂毅然有经营旅行社之志"②。而且自创办之日起一直遵循5项经营目标:一是发扬国光,弘扬国家的声誉,让世人了解中国独具风采的风景名胜、文物古迹和中华民族源远流长的历史文化以及风俗习惯,树立国家的声誉和形象,激发外人来华旅游兴趣;二是阐扬名胜,"协助政府及各交通机构开辟奥区胜地,策扬游览情趣,期于吸收中外游人,同往研察,像内地经济,获有补益,而风光秀丽之区,佳话流传之地,得以传扬";三是便利行旅,"鼓励游观之兴趣,减少旅行之困难,秉服务之旨,直接为旅客筹划一切,间接补助交通便利","于风景区域及交通孔道应时代之需要,酌设招待所及食堂,为中外旅客解决食宿问题";四是提倡游览,推进文化,"示范旅业,改良风尚,并期有助于新社会之建立";五是辅助工商,服务社会。③ 正是秉承这5项经营目标,试与洋人比高低、争输赢,中国旅行社艰苦创业、勇于奋斗,走过了26年的曲折历程,在中国旅游发展史上占据举足轻重的地位。其经营管理的经验大致包括:一是以市场需求为导向,开拓各项经营领域,先后有20多种经营项目,既理客运,又承货运;既业导游,又事出版;既办旅馆,又营餐车;既辅佐大批学生出国留学,又协助公私集会舟车问询。二是以金融资本为后盾,联合发展连锁经营,"旅行社为银行之先锋队,银行同仁应不分畛域辅助而培植之"④,与上海银行在人员、机构、业务、财务、声誉上珠联璧合,借以覆盖各地,迅速壮大。三是重服务质量,立良好信誉,陈光甫曾要求每一位旅行社员工坚持做到4点:①笑脸近人,微笑服务,热情待客;②衣着整洁,语言礼貌,和蔼殷勤;③面对大众,公平待客,不仅为阔人服务,也要为普通人服务;④造成柜台热闹气氛,不论生意大小,一律恭慎款

①　王淑良、张天来编:《中国旅游史》(下册),北京:中国旅游出版社1999年版,第208—209页。
②　中国人民银行上海分行金融研究所编:《上海商业储蓄银行史料》,第826—827页。
③　唐渭滨:《中旅二十三年》,《旅行杂志》第20卷,第91页。
④　中国人民银行上海分行金融研究所:《上海商业储蓄银行史料》,第827页。

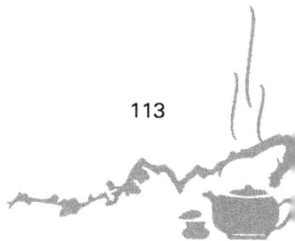

待,表惠顾之谢意,"务求顾客之欢心,博社会之好感,庶几无负创业之初衷"①。四是采用欧美式的人事制度、管理方法,在员工的招聘、考试、录用、配备、培训、调动、升降、奖惩、福利、解聘等各个方面引进竞争机制,激发旅行社每一位员工的积极性。② 因此,中国旅行社"在一定意义上讲,它的产生和发展标志了中国近代旅游业的产生和发展"③,"开启了中国近代旅游业发展的序幕,成为中国近代旅游业诞生的标志"④。其创办者陈光甫也被称作"中国旅行社之父"。

1923 年 8 月 15 日,上海商业储蓄银行旅行部正式成立,并附设在上海商业储蓄银行国际部之内。1924 年 1 月因营业性质、营业时间与银行相左,加上营业面积局促,旅行部从银行国际部迁往四川路 420 号新址独立办公营业,同时设计蓝色镶边、上方"上海"两字、正中嵌黄色"旅"字五角红星的旅行部徽标,含义是:古人在旅途中迷路,星星指示方向,旅行部的职责就在于像星星那样指示旅途。1927 年 6 月 1 日,由"上海商业储蓄银行旅行部"(Travel Department of Shanghai Commercial and Saving)正式改名为"中国旅行社"(BankChina Travel Service),以国际公认的 Service 体现服务的根本,成为独立的经营实体。及抗日战争全面爆发的 1937 年,拥有分支单位和招待所 87 个,员工近千名,形成强大服务网络,业务范围遍及海内外,是一个影响力颇大的中国民族资本连锁旅游企业。唐渭滨高度评价了中国旅行社的创业精神和业绩:"中国之有旅行服务机构,以本社为始,前此固无此类事业之创办也。无论办理技术、组织规模,均无前轨可寻。虽有外国旅行社可以师承,然中西习惯不同,强为移用,必感捍格,是以一切业务之推进,皆由小而大,以实验精神,应付现实,5 年奋斗,卒能逐渐推广,形成此后发展基础,抚今追昔,对于当时之苦心孤诣,实不胜感慨之情焉。"⑤

上海银行旅行部成立之初的 1923 年 9 月 1 日,就在上海银行杭州分行设立旅行分部,是为杭州最早创办的旅行社。上海银行杭州分行旅行分部后随上海银行旅行部改名中国旅行社,称作中国旅行社杭州分社,又称杭州中国旅

---

① 杨桂和:《记中国旅行社》,载《文史资料选辑》(第 80 辑),北京:文史资料出版社 1989 年版。
② 参见张俐俐《近代中国旅游发展的经济透视》,天津:天津大学出版社 1998 年版,第 270—279 页。
③ 张俐俐:《近代中国旅游发展的经济透视》,天津:天津大学出版社 1998 年版,第 280 页。
④ 李天源主编:《旅游学概论》,天津:南开大学出版社 2009 年版,第 36 页。
⑤ 唐渭滨:《中旅二十三年》,《旅行杂志》第 20 卷,第 93 页。

行社(以下简称为杭州旅行社),是一家实行股份制经营的旅行社。创建之初社址在湖滨路 69 号,业务上与总社密切挂钩,经济上则独立自主。主要业务包括洽购车票,代订游船,出租汽车,预定旅馆,雇佣导游,承办中外游客的团队旅游等。初期凸显旅游接待的特色,后期扩大到汽车运输为主。先后设立金华支社、莫干山夏令办事处和临时招待所,在城站、南星桥火车站内、下羊市街 39 号设立问讯处和临时办事处。杭州旅行社内部设有会计组、文书组、总务组、汽车组、车务组、运输组、土产组等部门。初建时员工仅 4 人,李镜如为主任,学员、招待、茶房各一,分工明确,各司其职,管理严格。① 鼎盛时有员工 60 余人,各种大小汽车 19 辆。② 1937 年抗日战争爆发,杭州沦陷,杭州旅行社被迫撤离杭州,"乃将各项文物及库存携装车内,于该晨四时半离杭,沿钱江北岸经富阳、桐庐、兰溪而达金华。沿途逃难者前后接踵,幸无敌机追随,均告安全。离杭前与抵金后均电总社报告,并请示行止,在金奉夜嘱酌办,故将黄光法、沈之瀚及胡庆费三人盛眷暂留金华,敝经理与俞启忠、何端年三人于廿一日离金赴翰。敝经理因鉴于东南半壁已失,一时归去无望,故思往西南诸省发展,因于廿六日赴长沙。查由杭至湘计程壹仟零伍十公里,铁路与公路均停,幸有汽车,得以赶程,并设法索到军用车通行证而得通行无阻,复获浙技湘三省公路友人相助,得在沿途购取汽机等油,否则亦无法行驶如许之远也。抵湘后候车来汉,于廿九日到达,遏见唐副社长,奉谕正在计划前往西南诸省发展,嘱将敝处人员分别调汉与留按,并继续汽车营业等情"③。但迁到汉口后最终被迫停业。抗日战争胜利后的 1945 年 10 月 5 日复业,仅有员工 18 人,并恢复金华支社、莫干山办事处,重新组建汽车公司,各种类型汽车 10 辆。④

　　严格地说,杭州旅行社并不是一个完全独立的经营实体,至少在业务上与上海总社之间存在千丝万缕的联系,在某种意义上可以视作总社的分支机构。但作为最早创建的旅行社之一,基于杭州独特的环境和地位,杭州旅行社在业务拓展、自身发展上仍形成了一定的特色。

(一)以市场需求为导向,开发旅游产品

　　从旅游产品或项目的角度看,杭州的游览线路因景点分布和交通条件自

---

① 中国旅行社总社档案,卷号 Q368-1-466,上海档案馆藏。
② 中国旅行社总社档案,卷号 Q368-1-58,上海档案馆藏。
③ 中国旅行社总社档案,卷号 Q368-1-72,上海档案馆藏。
④ 中国旅行社总社档案,卷号 Q368-1-47,上海档案馆藏。

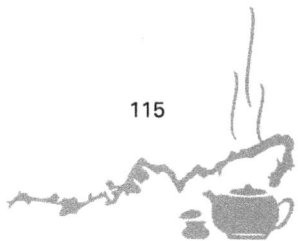

然形成,起初并无人为或刻意的策划开发,按步游、舆游、舟游和骑马游等不同的交通工具,分为一日游、三日游、五日游、八日游以至十日游、十五日游等,"惟个人之经济、精神、时间不尽相同,须按个人状况而定游览之路线及日数"。其中,步游与舟游相结合最受游客欢迎,且多选择二日游,具体行程安排大致如下:第一日,自涌金门出发,进小南湖,在高庄午餐,绕丁家山经宋庄去金沙堤,由西泠桥洞而入里西湖,出断桥至钱塘门登岸;第二日,自新市场出发,达三潭印月,转湖心亭,折而谒岳庙,进午餐后,由岳庙出,自湖滨折向左步行,经秋墓、苏墓,过西泠桥,环绕孤山一周,命舟在放鹤亭下相候,及登舟中流击桨,在葛岭孤山之间,可试"空谷回声"之胜,然后至钱塘门登岸。① 杭州旅行社刚起步,业务待开发,就配合上海总社开展游览观光业务,接待来杭游客,其中,接待规模最大、持续时间最长、社会反响最热的属"游杭专列"。总社一般从 3 月下旬起在上海发售车票,招揽游客到杭游览,专列全程只要 4 小时。到杭州后,游客的接站、交通、办理旅馆住宿、游览事宜,分发临时通告等都由杭州旅行社的工作人员承担,"本专车到站时,由杭州分社加派招待在站迎候照料,亦备咨询","专车在途,仅及四时,直达杭州城站。杭分社职员已到站迎候。诸客行李简便,且免检查,手续不繁,出站自捷。时永华汽车分列站前,登车疾驶,直达湖滨"②。"沿途小站均不停靠,专车已到杭市,客均欣然色喜。时正深夜,大雨倾盆,则该杭分社事前已加准备,约定杭市公路局公共汽车接载游侣,分头送至旅舍,为游客计良为周密。""该杭社又准备汽车,导游侣遍挹诸盛。""该杭社又临时雇车代游客转运行装,俾于畅游后得轻装直赴车站上车。"③

杭州旅行社并未拘泥于此,而是适应市场以消遣、观光为目的的旅游需求,树立游客至上的市场促销理念,灵活经营,不断开发新的旅游产品。1927 年春,杭州旅行社推出一日、三日、七日三种杭州游览线路以及周边短线游览线路。一日游主要游览西湖景区的孤山、湖堤和湖中等景点;七日游几乎包含当时杭州市区所有经典景区,如吴山、北山、灵隐、西溪等;周边短线游览线路是"春夏秋冬四季游",即春季杭州至桐庐富春江(舟游)、夏季杭州至莫干山(避暑)、秋季杭州至海宁(观潮)、冬季杭州至超山(探梅),"杭分社复以富春江

---

① 陆费执原辑、舒心城重编:《杭州西湖游览指南》,中华书局 1929 年版,第 111—112 页。
② 《旅行杂志》第 2 卷,第 110 页。
③ 《旅行杂志》第 3 卷,第 39—40 页。

为浙水风景胜区,沿江数百里,山明水秀,放棹其间,如在画中,其上游桐江七里泷,更有严子陵钓台、谢皋羽西台,古贤遗迹可资景仰。因乘间有富春江旅行团之组织,向大华公司商租汽轮,于四月十九、二十两日,分批出发,直放钓台之下,当夕而返"①。开办秋季海宁观潮直达专列,每团制定详细日程安排,沿路配备专业导游,车内餐饮由当时上海有名的餐馆提供,设备优于普通客车,游客对号入座。并在海宁海滨公园至镇海塘一带精心布置观潮地点,可容客 500 余人,区位极佳,座位舒适。此外,杭州旅行社还推出了天目山、七里泷、金华北山和诸暨五泄等游览线路,特色鲜明,服务周到,价格公平,吸引了省内外大量游客关注。杭州旅行社由此提高了知名度,初步树立自己的品牌。

1929 年 6 月 6 日至 10 月 10 日,杭州举办规模宏大的西湖博览会,数月之间,参加博览会的各地游客达百万人次之多,展厅展台星罗棋布,各类展品琳琅满目。规模之大,游客之多,时间之久,为国民党执政期间之首。上海总社意识到这是一个巨大的商机,立即投入大量人力、物力进行宣传,并会同上海银行设立临时分社和银行办事处。临时分社备有座椅、卧榻,以供游客休息,代为游客定旅馆,租汽车、人力车、游船等,出售导游读物、旅游纪念品,介绍西湖土特产;银行办事处则办理储蓄存款、活期存款、汇兑、代收票据等。"中国旅行社为谋游客之便利,应与会工商之需要,特会同上海银行,于会场内设立分社及银行办事处。银行方面,则经营存款、汇兑一切银行业务。旅行社则因时制宜,多方经营。恐游会人士于杭市途径未能熟识,特于拱宸桥、三廊庙、城站至博览会,沿途树立指路牌。"②杭州旅行社提供的服务项目包括代售各类车、船客票,代租汽车,代订旅馆,安排食宿,提供导游服务,转运行李物品,发行各种旅游指南,并为团体和个人设计安排旅游日程和活动,现场提供旅游咨询。博览会期间又组织大批游客观光游览富春江、莫干山等地。西湖博览会的成功举办,也使中国旅行社更使杭州旅行社名声大振。

(二)以形象塑造为目的,编印宣传资料

杭州旅行社十分重视宣传促销,以扩大杭州影响。西湖博览会开幕前夕,上海总社联合杭州其他旅游服务部门,先后出版了《西湖指南》(英文)、《西湖游览指南》、《杭州导游》、《英文杭州指南》等导游书籍,并发行袖珍杭州西湖

---

① 《旅行杂志》第 4 卷,第 53 页。
② 《旅行杂志》第 3 卷,第 24 页。

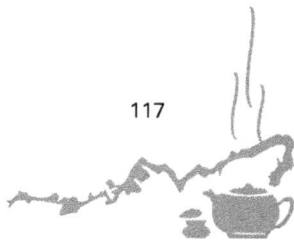

图、西湖风景图片等。1934 年美国芝加哥博览会期间,上海总社编印的英文中国旅游手册(其中有大量篇幅介绍杭州的游程)在会上分发,轰动一时,又编印《苏杭》等 5 种英文旅游指南,分寄欧美各机关、团体、铁路、轮船公司等,作为来中国包括杭州旅游的指导,是中国旅游企业最早向国外发行的宣传品。

1945 年杭州旅行社复业后,开始战后的重振和开拓,面对前所未有的战争创伤,旅行社首先决定加大宣传的力度,于 1947 年重新编辑发行了《杭州导游》。该书详细介绍了杭州的历史沿革、名胜古迹、风俗习惯、交通物产及游程安排、游客注意事项等;将西湖风景区分为湖中区、孤山区、北山区、南山区、西溪区、江干区、吴山区等 7 个区域,予以全方位的介绍;推出一日游、三日游、七日游等,并列出每条游览线路沿途所经过的景点、肆坊、古迹等。① 同时,杭州旅行社考虑到经过 14 年抗战,社会颇多变乱,游客到杭一切起居、饮食、游览"均有重新注意之必要",特地根据旅行社过去的经验,拟就《游客注意事项》的小册子,免费发给游客,注意事项大致包括以下几个方面内容:①行的方面。游客抵站时,携带之物品,须格外小心;租车游览,应事先洽定价格;至偏远处寻幽,最好结伴而行。②吃的方面。杭城品茶处甚多,在寺庙一般不要品茶;至菜馆,须先询明价格及大约数目;为便于游览,早饭、中饭可以简单充饥,至晚间时则可大快朵颐。③住的方面。杭州节日期间,旅馆通常客满,最好先托友代订房间,或由本社代定;游客如专为游览,最好选住湖滨各旅馆,如因公务,则可选住城站各大旅馆,自较便利,如来杭养病或潜修学问,时间较长者,以住湖上寺院为佳。④其他方面。游客到杭游览之余,欲购杭州特产,如情形未熟悉,可托本社代办或向本社询问;游乐方面亦可详询本社,当可得到完满解答。②

杭州旅行社之所以获得游客的好感和信赖,原因之一就在于通过编印各种宣传资料,既宣传了杭州形象,又关乎游览细节,在塑造良好形象的同时,也赢得了大量客源。

(三)以旅游经营为主线,兼营其他业务

杭州旅行社创建初期,经营业务多与旅游相关联,主要包括洽购车票,代订游船,出租汽车,预定旅馆,雇佣导游,承办中外游客的团队旅游等,同时承

---

① 中国旅行社杭州分社:《杭州导游》,杭州图书馆藏,1947 年,第 47—48 页。
② 中国旅行社杭州分社:《杭州导游》,杭州图书馆藏,1947 年,第 57 页。

办上海总社国内旅行支票兑换、旅客行李、意外保险、进出口护照、发售《旅行杂志》等业务。与此同时,公路客运又是杭州旅行社一直致力于开拓的业务。1934 年春,因浙江公路迅速发展,杭州旅行社和上海总社共同投资 12500 元国币(前者投资 9500 元,后者投资 3000 元),购买大轿车 3 辆,建立了杭州旅行社汽车部股份有限公司,由杭州旅行社经理张国祥兼任公司经理,4 月 15 日开业,专营长途汽车客运和城站接客的业务。随着实力不断壮大,业务不仅涵盖市区,而且也经营杭州至黄山、杭州至上海、杭州至南京等沿线的包车业务,甚至涉及婚车业务。该公司第一年获净利 3000 余元,第二年新购车 4 辆,盈利 700 余元,第三年新购车 1 辆,盈利 3000 余元,第四年又新购车 7 辆,准备进一步扩大业务,但因政府干涉被迫停业。不久,抗日战争全面爆发,车辆大部分被军队征用,少数开往内地,股份有限公司因此解散。①

　　此外,杭州旅行社在土产、货运方面也颇有成绩。"杭州分社在经营土产方面办理最为有力,在其营业收入中,土产一项,每月都能占一席之地。土产销售起初只不过是代办,因杭州特产丰富,受人喜爱,杭州旅行社选择几样著名的特产,固定进货厂家,确定折扣,预领样品,不付货款,代售完成,获取差价赢利。后来利用货价的变化性、物品的耐久性,针对游程特点,改变配送方式,积极主动推销土产,如一次接待'西湖一日游'游览团,游客有 120 位,在杭游览时间只有半天,因时间短,游客只有乘船游湖,不能上岸购物,就预先布置一艘装满杭州土特产的船,静候湖中,当游览船荡漾西湖时,土产船轮流靠进推销土特产,游客既能尽情欣赏西湖美景,又能购买到称心如意的特产。又有一次,一批游客因天气原因耽搁在西湖饭店,员工就预先印好杭州土特产介绍及价目表和配货表,分发游客房间,当天晚上收集游客填写的配货表,次日直接送火车车厢,等游客验货后再收款。② 而货运渐成杭州旅行社生存发展之本,"现在总社亦经把我们列入运输重点单位,我们应该如何的贯彻这个光荣的任务,搞好货运业务,以及具体化的计划,把它配合到实际上去表现出来"。不仅实施路径清晰,而且经营目标明确,"今年秋冬之货运计划:一竹料运输难已全部包揽……二实现扩展产区,代理连采带运或接受客户委托,代购、代运、代销,本社收取佣金,举办购销负责运输,也拟自办、自运、自销。正派员赴东北考察实际情况,对出产地临安、诸暨、龙游采办毛竹,其他如临浦、鹰潭等区所

①　中国旅行社总社档案,卷号 Q368-1-36,上海档案馆藏。
②　中国旅行社总社档案,卷号 Q368-1-559,上海档案馆藏。

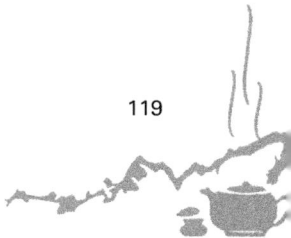

购竹料除收运输手续费外,酌收办货佣金,每月以增收至三千万元以上,此出口运北,平均每月至九十万以上为目标。三扩展采运范围争取新厂之委托,每月以增收至一千万元以上,及出口运上海平均每月以十车以上为目标。四是发动揽运柴炭、土纸、烟叶及其他业务,除分头竭力争取外,每月增收三佰万元,及平均每月出口运上海在五万公斤以上"①。

在杭州旅行社获得发展之时,杭州尚有上海友声旅行团杭州支团、杭州基督教青年会社会服务部导游社、京沪沪杭甬铁路管理局车务处杭州旅行服务所等非专业性质的旅行社。② 其中,上海友声旅行团的规模最大,该团属民间自发形成的旅游团体,1915 年由上海孙宗源等 5 人发起,1924 年开始以召开征求会的形式公开征求会员,到抗日战争前,团友激增至万余人,并扩展到上海以外,陆续成立了湖州、汉口、杭州、镇江、无锡支团,旅游行程也由最初的上海市郊扩展到华东、华北、西北、华南地区,甚至拟定向海外举行世界旅行,创建 22 年,旅行 1122 次。③《申报》曾对该团 1927 年第二届征求大会的盛况做过描述,"该团本拟开一欢迎新团员大会,因时局关系,不果行。日昨假南市半淞园开游园大会。团员到者计一千余人。车水马龙,颇极一时之盛。是日天气清爽,游客本多,再加该团游人,故更觉拥挤不堪"④。

二、改进二:旅游管理接待机构

杭州的旅游管理接待机构,起初设有外交部特派浙江交涉署,1929 年 12 月底裁撤后,因"杭州市为风景区域,各国人士来杭游览者,年有增加,故导游事务,日见繁重",规定杭州市范围内凡不属外交的外人事务,"自 1930 年 1 月 1 日起,归并市政府办理",并按事务性质将之分配于秘书处及各局科。两年后的 1932 年 1 月,"嗣为繁荣工商业及吸引游客起见",杭州市政府又成立杭州市游客局,局长之下设问讯和宣传两股,办理导游事务,编印中英文游览小册子,分寄欧美各地,借资宣传。各国名流学者来杭游览者派员招待,予以种

---

① 中国旅行社总社档案,卷号 Q368-1-646,上海档案馆藏。
② 杭州市旅游事业管理局编:《杭州市志·旅游篇(送审稿)》,1994 年。
③ 友声旅行团:《友声旅行团简史》,1947 年。
④ 《沪友声旅行团之游园会》,《申报》1927 年 6 月 2 日。

种说明及便利,因为各国人士回国以后会在各国报纸上发表介绍杭州风景古迹名胜及中国历史的文章,"此种宣传,较之自为宣传之力量,尤为伟大"。游客局既是市政府的旅游管理机构,又是接待中外游客的经营服务单位,"所有旅客莅杭,旅馆安息,舟车雇定,陪伴导游种种事件,均可代定代办,十分圆满……,贵客如来杭游览,下车后即请"。经过努力,游客"远近偕来,四时不绝",除香客外,上海、南京、广州等地游客日渐增多,欧美、日本等外国游客也频繁来杭,在短短两年时间里,游客局共接待了外国游客 12700 余人。[①]

1934 年 4 月为紧缩财政支出,杭州市政府裁撤游客局,将"所有关于外人事务",包括导游等均归并市政府秘书处兼办,因来杭的外国游客"日见增加",秘书处又指派专人负责办理该项事务。1935 年 5 月成立"外人护照查验处"3 所,1936 年 1 月增至 6 所,集中办理外国游客签证事项。

30 年代初期,杭州市政府组建杭州市旅游事业研究委员会,对旅游业进行组织协调。1934 年 1 月 1 日在嘉兴南湖烟雨楼召开杭州市旅游事业研究委员会第二次常务会议,出席会议的除市政府、省公安局、省公路局、杭江铁路局及杭州金融业、旅馆业、新闻业、记者公会等方面的人士外,还包括中国旅行社、杭州旅行社的代表,会议着重讨论筹措旅游宣传经费的问题。不久,杭州市旅游事业研究委员会署名印行了《新杭州导游》一书。

当时,浙江省政府同样关注杭州的旅游事业,1934 年 10 月 1 日成立浙江省名胜导游局,由建设厅长曾养甫、杭州市长周象贤分别兼任正副局长,在沪杭甬、浙赣铁路及市总汽车站设立咨询处。导游局的工作大致包括:"①划分全省风景区并设立名胜管理处,经成立天目山、七里泷两处;②训练合格导游员,设立养成所,招收高中程度以上之学员,予以六个月之训练;③编印中英文指南及出版交通周览图;④设立断桥问讯处。"[②]

1941 年,日伪杭州市政府曾成立杭州市国际观光局和西湖名胜管理处,但在沦陷期间,杭州的旅游业备受打击,风景名胜荒芜,文物古迹失修,庄园别墅废弃,其成效并不大。抗日战争胜利后的 1947 年 4 月,为便于游客游览,杭州市政府在断桥设立杭州名胜导游处,聘请精通英文的专业人员负责指导一切游览事宜;陈列本地名产,供人参观;陈设书报,供阅览及休憩。

---

① 杭州市档案馆编:《民国时期杭州市政府档案史料汇编》,1990 年,第 7 页。
② 余贵棠:《游览事业之理论与实际》,中国旅行社 1944 年版,第 204 页。

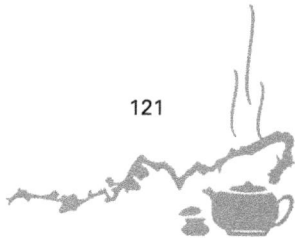

三、改进三：旅馆

　　旅馆是为游客提供食宿（主要是住宿）及其他服务的商业性建筑设施与机构的统称，是旅游发展的物质基础。在自给自足的自然经济占主导地位的传统社会，杭州的食宿服务机构大致分国家驿馆、社会旅邸、寺院客房三类，按其经营性质定位，分别属于公务性、商业性和慈善性服务机构。如果比照世界旅馆业（食宿）客栈、大旅馆、商业旅馆和现代联号旅馆的全部发展过程，似乎处于"后"客栈时代，商业性并不浓厚。进入近代尤其是清末民初开始，国内出现先外国资本后民族资本兴建旅馆的高潮，原因在于"外商经营之旅馆而言，因其设备较精，管理较密，虽售价稍昂，国人颇多乐而就之。此项权利之外溢，如加统计亦非小。倘国人有同样之组织遍布各地，未尝不可与之抗衡也"①，从而刺激了民族资本的投资欲望，"上海至本世纪三十年代，这类旅馆的发展达鼎盛阶段。此时一般资本家的眼光，大家集注在大旅社三字上。但是说也奇怪，每开一家大旅社，只消先行交易，还未择吉开张，而男女来宾已蜂拥而至，数百个大小房间都预定一空，生意之发达，实出意料之外，莫怪旅社老板眉开眼笑，皆大欢喜。于是，东面建造一所大房子，是开旅社的，西面开筑一所大高楼，也是开旅社的，其他南面也是如此，北面也是如此，竟接踵而起，连绵不绝"②。杭州也不落后，各类不同性质、不同规模的旅馆和住宿接待服务设施拔地而起，在很大程度上改善了住宿设施条件和接待服务能力，为杭州旅游的发展营造了良好的服务环境。同时，旅馆作为一种商业性服务设施和经济组织，其发展也推动和促进了杭州经济、社会的发展，从一个侧面反映了当时杭州经济、社会发展的总体水平。

（一）数量与布局

　　近代以前，杭州的客栈、宿店多数分布在望仙桥、闹市口一带，主要有清泰、正泰等旅馆。清光绪三十三年（1907）江墅铁路、宣统元年（1909）沪杭铁路建成通车后，城站一带马上繁荣起来，成为闹市，不同类型、不同档次的旅馆如

---

① 中国旅行社总社档案，卷号 Q275-1-817，上海档案馆藏。
② 屠诗聘主编：《上海市大观》（下），上海图书编译馆 1948 年版，第 4 页。

雨后春笋纷纷兴建。其中,福缘巷口清泰旅馆是最早开办的新式旅馆,对面是著名的迎鞦旅社,上等旅馆有上板儿巷的清泰第一旅馆、城站南面的宁绍旅馆、金刚寺巷口的华兴旅馆、羊市街的大通旅馆、福缘巷口的正泰旅馆等,低档旅馆有同安旅馆等,是小工的宿舍,收价较廉。旗营旧址辟为新市场后,沿湖兴建了一大批高档旅馆,较著名的有湖滨旅馆、西湖饭店、瀛洲旅馆、沧州旅馆、环湖旅馆、聚英旅馆、岭南饭店、清华旅馆、清泰第二旅馆等。1917年,一名到杭州旅游的外地游客发现,在新市场主要马路延龄路上,除宾馆、茶馆、书店和饭店外,几乎没有其他任何商业。[①] 里西湖一带也兴建了许多旅馆,如新新旅馆、岳坟的杏花村酒店、昭庆寺西边的西湖旅馆、孤山旁的惠中旅馆。可以说,因近代交通工具的引进、杭州城市建设的推进,迎来了杭州兴建旅馆的高潮。其中,地方政府所主导的类似于后来的招商引资,也起了一定的作用,如,西湖博览会筹办期间,出于两点考虑,"一是省政府则感到无相当之旅馆可以妥为招待来杭的中西政界要人、名士绅商,有失观瞻之雅职;二是由于杭州当时缺少吸引高档客源的顶级旅馆,而建筑旅店吸引游客,市府亦能间接增其利益",仅一个月就募集股资十余万,在西泠桥择得地基,建成了当时杭州首屈一指的西泠饭店。[②] 除原来的"市中心"外,交通集散、城市购物中心以及环境优美的西湖边均兴建了大量的旅馆,奠定了杭州旅馆分布的大致格局和基本面貌,徐珂在其所著《增订西湖游览指南》中做如下描述:

　　自沪杭通轨,游客纷来,旅馆之选,至为急务。城站方面,则有城站旅馆,层楼复室,楼凡四层,上层为楼外楼屋顶花园,下三层为卧房,都百数十间。鳞次栉比,布置既精,地点尤胜。汤寿潜有联云:"汽笛一声,落梅休谱错中错;层楼更上,瀹茗来看山外山。"华兴旅馆,结构精宏,起居惟适。清泰第一旅馆,则开创最早,夙有声誉。其余如大通旅馆、迎鞦旅社、全安旅馆、泰安旅馆等,亦皆精致。新市场方面,则有湖滨旅馆,全面临湖,便于凭眺。清泰第二旅馆,西角临湖,屋宇轩敞。湖山新旅社,空气流通。清华旅馆,中有园亭。其外尚有振华、华通、汇丰、迎紫诸旅馆等。湖上方面,则有新新旅馆,建筑精美,风景天然;饮食一项,既备中西,且兼荤素,游湖者以居此为

① 　方绍蓥:《旅行杭县西湖记》,载《新游记汇刊》卷二五。
② 　《旅行杂志》第4卷,第13—15页。

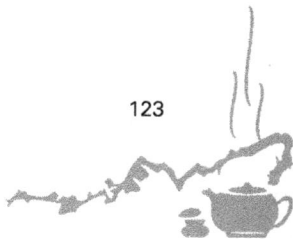

最适。惠中旅馆,屋宇幽静,消夏最宜。且湖上各旅馆,均备有游山之藤轿,泛湖之瓜艇,意兴所到,攸往咸宜。它若拱北方面,则有大方客栈。江干方面,则有江干旅馆、钱江旅馆。旅客当先审目的所在,择相当者而投止焉。

并将 1914 年所调查的旅馆列示表 5-1 中。[①]

表 5-1　1914 年杭州旅馆汇总

名称	地址	大餐房	官房	客房	减折膳资
城站旅馆	城站	二层楼 三元	一元五 九角 六角	三层楼 三元 二元 一元二 八角 五角	四角
望江旅馆	城站上首				
长发旅馆	城站	一元八角	四角	三角二	有优待券八折, 无七折
华兴旅馆	羊市路金刚寺巷口	一元九角	七角 五角	四角 三角	七折
华英旅馆	城站斜对面	一元六角	五角 四角	二角	
五和旅馆	金刚寺巷	每客 四角 三角六	三角二 三角	二角四 二角	
迎轵旅社	城站对面	一元五角		四角	八折
大通旅馆	羊市街	一元八角	六角 五角	四角 三角	大七折 官八折 客九折
汇恒旅馆	亲福缘路	七角 五角	四角 三角	一角五 八分	膳七分

---

① 王国平主编:《西湖文献集成》(第 10 册)《民国史志西湖文献专辑》,杭州:杭州出版社 2004 年版,第 723—728 页。

名称	地址	大餐房	官房	客房	减折膳资
新迎宾旅馆	羊市路郭通园巷下	八角	四角 六角 二角	一角	优待券九折
清泰第一旅馆	上板儿巷	一元八角	六角 三角五	二角八 二角	
泰丰旅馆	金刚寺巷口		一元	四角 三角 二角四	
泰丰第二旅馆	福缘路		同上	同上	
望江义记旅馆	紫荆桥	一元二角 一元	八角 六角	四角 三角	八折
自申旅馆	许衙巷	八角	六角 四角	三角 二角四	八折
名利旅馆	许衙巷	八角	四角	三角	八折
大方旅馆	清泰门直街石碑楼		四角	三角 二角 一角	
武林旅馆	福缘路口	六角	四角	二角四	七折
正泰旅馆	福缘路口	一元	八角 七角	六角 五角 四角 二角六 二角	六折
杭州旅馆	金刚寺巷	二角	一角五	一角	
荣华旅馆	新福缘路	八角	六角 五角	三角二角	六折
福安旅馆	城站对面		四角 三角	二角 一角	
会安栈	三桥河下				
第一客栈	新宫桥直街	三角二分	二角六	二角	连膳
同昌旅馆	福缘路	一元 八角	六角	三角五	

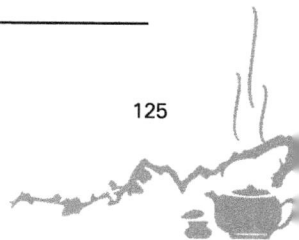

续表

名称	地址	大餐房	官房	客房	减折膳资
爵禄客栈	清河坊巷	一元八角	六角四角	二角	连膳
新涌金旅馆	洋坝头	一元	六角三角二	二角四	
文明	福缘路	一元	五角二	二角八	
延龄旅馆	紫城巷				
同升栈	茅廊巷口				
客利旅馆	金波桥				
华通旅馆	新市场				
大通公记	拱宸桥				
亨达利客栈	拱宸桥里马路	七角	五角四角	三角二角	
万安栈	拱宸桥				
长发栈	拱宸桥				
振华旅馆	延龄路	二元	一元二八角七角	一角半	六折
泰安旅馆	城站右	一元八角	六角四角	三角二角四	七折
宁绍旅馆	城站上首	一元三角	一元八角六角	三角二二角四一角八	六折,客房无折
新华旅馆	新福缘路	一元八角	六角五角	三角二角	七折
同安旅馆	新福缘路	一元八角	六角五角五	三角五二角	六折
鼎升旅馆	灵芝路	一元八角	六角四角	三角二角四	七折
全安旅馆	城站对面	一元四角	一元	七角三角	六折

续表

名称	地址	大餐房	官房	客房	减折膳资
仕学旅馆	清泰门大街	一元二角 一元	八角 六角	四角 三角	七折
东兴旅馆	城站第一舞台隔壁	一元二角 一元	八角 六角	四角 二角	七折
大公旅馆	郭通园巷口	八角	六角 四角	二角	优待券六折，连膳
新民旅馆	城站对面	一元二角 九角	六角 五角	四角	优待券六折
惠来旅馆	羊市街郭通园巷南	三角五分	三角 二角八	二角四 二角	连膳
浙东旅馆	城站对面	一元二角	一元 八角	六角 四角 三角	七折，连膳
一品旅馆	上板儿巷	六角	五角 三角五	一角	七折，连膳
得升堂	城站上首		三角六	二角四	连膳
中华旅馆	福缘路	一元	八角 六角 四角	二角四	六折
德庆堂	望仙桥河下		二角四	二角	连膳
新晋升客栈	望仙桥河下	六角	四角	一角八	连膳
凤山旅馆	水师前	四角四分	三角四	二角四 二角	连膳
泰升堂	过军桥		二角四	二角	连膳
荣庆堂	过军桥		二角四	二角	连膳
正谊栈	望仙桥		二角四	二角	连膳
庆和堂客栈	车驾桥直街		二角四	二角	连膳
新新旅馆	里湖葛岭下	三元		八角	
清泰第二旅馆	延龄路戏馆对面	二元四角	一元四 一元	八角 六角 四角	

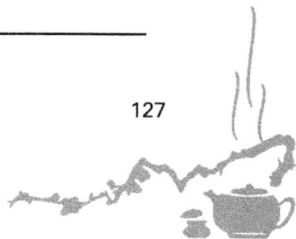

续表

名称	地址	大餐房	官房	客房	减折膳资
湖滨旅馆	湖滨路	二元二角		二角五	八折
清华旅馆	迎紫路	二元四角		四角	
湖山新旅社	迎紫路	二元二角	一元六 一元	八角 三角	
惠中旅馆	西泠桥				
江干旅馆	江干龙舌嘴	一元	八角	五角 二角	
恒升	闸口小桥		六角	二角	
钱江旅馆	南星桥	一元	八角 六角	四角	
江南栈	江干长弄口		六角 二角	一角四	
同安	拱宸桥	八角 五角	四角	三角 二角	
拱宸旅馆	拱宸桥大马路	一元二角 九角	八角 七角	二角	
迎紫旅馆	迎紫路				
大方客栈	拱宸桥				

（二）硬件与软件

学者在划分近代中国旅馆类型时,按照数量、功能、建筑、设施、投资主体、经营管理和服务等特征,认为近代中国最常见的有新式旅馆、交通旅馆和公寓3类,其中,新式旅馆又分西洋旅馆和华洋旅馆两大类。[①] 从建筑形式、设施设备、区位条件、经营服务等审视,杭州旅馆的发展水平相对落后于上海、北平、西安、苏州、开封、长沙等重要通商口岸和交通枢纽城市,兴建的旅馆当属中西结合的华洋旅馆居多。

---

① 张俐俐:《近代中国旅游发展的经济透视》,天津:天津大学出版社1998年版,第202—203页。

1.建筑形式

杭州的旅馆多由民族资本投资兴建,如,新新旅馆是上海最早连锁企业"何锦丰洋广杂货号"老板何宝林兴建的,中、西式楼房3幢,称作何庄;1909年,沪商董锡赓与何宝林之子何积藩合股经营;1913年自《礼记·大学》"苟日新,日日新,又日新"取名,完成英文 The New Hotel、中文新新旅馆店牌;1922年建成5层高楼。蝶来饭店是实业家陈小蝶兴建的,开业当天,请来沪上名伶胡蝶、徐来到场庆贺剪彩,一时人潮涌动,纷纷赶来亲睹明星风采,蝶来饭店名声大振,跨入杭州一流旅馆的行列。受时风的影响,这类旅馆在设计、建造时,一改中国传统建筑小规模、院落式的建筑风格,采用西方设计理念和建筑技术,转为高层楼宇化的大型现代建筑,并采用现代化的建筑、装饰材料和技术,基本达到了西方近代大旅馆的硬件标准,如新新旅馆的中楼就是洋楼建筑,内设会议厅、藏书间、弹子房、听书馆、舞厅等,食宿、娱乐、卫生设施完善,是各界名流下榻之处,何应钦、胡适、郁达夫、梅兰芳、周信芳等均曾入住。惠中饭店在里西湖,西式建筑,内有花木、回廊,环境清幽。其旁的西泠饭店是西式建筑,隐于浓荫之中,面对孤山,凤林寺之钟声清晰可闻。

2.设施设备

杭州旅馆的另一个特点是设施设备比较齐备完善,除客房、餐厅等必需的设施外,还提供浴室、水汀、电扇、火炉、电报电话、供水供热、电灯照明等。高档者甚至设有酒吧、舞厅、歌厅、剧场等娱乐性的设施,如蝶来饭店内部陈设豪华,设有跳舞厅、酒吧间,备有汽车接送游客,其气派居杭城诸馆之首,以满足游客住宿的多种需求。

表5-2是赵君豪所编《杭州导游》所附杭州旅馆详表,可见旅馆所拥有的设施设备已成为向游客广而告之的主要内容,完全与旅馆名称、地址、价格等相提并论。①

---

① 王国平主编:《西湖文献集成》(第10册)《民国史志西湖文献专辑》,第1195—1197页。

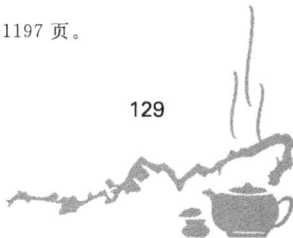

表 5-2　1937 年《杭州导游》附录的杭州旅馆

名称	地址	设备	房间租金	电报	电话	备注
大华饭店	湖滨路	浴室、水汀、电扇。共四十三间,多数有浴室	双人房约二十元及二十二元,连膳		一〇〇七 一〇〇八	
西泠饭店	里西湖	浴室、水汀、电扇。有浴室者三十间,无浴室者三十间	单人房八元至十元,双人房十五元至十八元,连膳。不连膳四元至十元		三〇〇一	
新新旅馆	里西湖		单人房八元至十元 双人房十六元至二十四元,连膳		二七八一	新房子三十间,内十二间有浴室;旧房子三十间,均无浴室
葛岭饭店	里西湖	浴室、水汀、电扇,共一百间。有浴室者二十间	不连膳食自五元至十元止,连膳自六元至十八元止		二九三九	
西湖饭店	湖滨路		有浴室者自五元至八元八角,无浴室者自七角至四元四角,饭食在外		二九九七 二九九八	阴历二、三、四月,七、八、九月无折扣,其余日期八折
清泰第二旅馆	仁和路	浴室、水汀、电扇,共有一百十八间。有浴室者十间	自八角至六元八角,连浴室者自三元起,饭食在外		二六五一 三五三五	阴历二、三、四月,七、八、九月实收,其余日期六折
蝶来饭店	西泠桥边	浴室、水汀、电扇,共三十一间,内十八间有浴室	自三元至十元,不连膳。均系独铺只有一间双铺		一七四〇	膳食每天四元,小孩十岁以下每天二元

续表

名称	地址	设备	房间租金	电报	电话	备注
新泰旅馆	延龄路	浴室、火炉、电扇，共九十五间，内有十间连浴室	自六角起至六元，自五元起有浴室，饭食在外		二九七二 二九七三 二八三五	阴历二、三、四月，七、八、九月实收，其余日期六折
杭州饭店	湖滨路	浴室、火炉	四角至三元		三二八六	
大上海饭店	湖滨路		六角至六元		二八三八	
环湖旅馆	湖滨路	火炉、电扇，共八十八间，内八间连浴室	自六角起至六元四角，自五元二角起有浴室，饭食在外		二二〇五 二二〇六	阴历二、三、四月，七、八、九月实收，其余日期六折
清华旅馆	延龄路	火炉、电扇，共七十一间	自七角至五元五角		一八五五 一八五六	
湖滨旅馆	仁和路	火炉、电扇，共八十间	自六角至四元八角		一九九五 一九三九	
叙英旅馆	花市路	火炉、电扇，共一百二十间	单人房六角至二元六角，双人房间一元二角至六元四角，饭食在外		三二四〇 二五二三	
东方饭店		共有房间四十二间，内二间有浴室	自八角至八元，连浴室者有二间六元八元，饭食在外		二四一五	
瀛州旅馆		有房间八十四间，均无浴室	自六角至六元，饭食在外		一三〇一 一二三 四七一	
来宾馆	刘庄	房间十八间，均有浴室	自二元至十元止，饭食在外		三四〇四	阴历二、三、四月，七、八、九月实收，其余日期六折

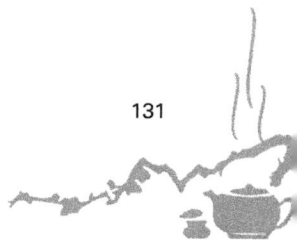

续表

名称	地址	设备	房间租金	电报	电话	备注
沧州旅馆		有房间八十间,均无浴室	自八角至六元止,饭食在外		三三六八 三三六九	阴历二、三、四月,七、八、九月实收,其余日期六折
清泰第二旅馆	西天目山新村	布置摩登	自一元起六元止,西餐四元每天			

3.区位条件

被誉为世界"酒店之父"的斯塔特勒(Ellsworth Statler)说:"对任何旅馆来说,取得成功的三大根本要素是地点、地点、地点。"杭州的旅馆往往选择繁华闹市区、交通集散地作为兴建的区位,优良的地理条件将给旅馆带来大量客源和滚滚财源,同样档次的旅馆,如果地处黄金地段,房价自然比偏远地段高出数倍甚至更多,"市区旅馆的价目当然不及城站,及至新市场发达,城站各旅馆的价目又赶不及新市场了"[1]。

此外,则更关注对环境的选择,西湖周边理所当然成为兴建旅馆的最佳选址之一。表 5-3 系当时西湖四周主要旅馆。[2] 这类旅馆不仅建筑精良,房屋宽敞,而且因分布在西湖周围,登楼一望,山色当门,湖光在牗。如西湖饭店在湖滨路,3 层洋楼 100 余幢,全湖风景一览在目,冷热自来水浴室齐全,铺设精美。天然饭店在湖滨路,自称为"游客第二家庭",无论设施设备,还是送迎招待,皆为旅馆界之破天荒。瀛洲旅馆位于延龄路、平海路转角处,曾在《旅行杂志》大做广告,号称:交通便利,建筑宏大,登高一望,全湖在目,布置精致,饮料清洁,中西大餐,无不适口,浴室招待,任客使用,并备有车舆供游客选用。西泠饭店在西泠桥堍、里西湖畔、凤林山之麓,园林优雅,环境清静,家私陈设由著名的陈福记家具定做,雪门(席梦思)钢床及其他用具,特从美国订购,又因楼高 14 层,能览全湖美景,便于游山玩水。因此,为招揽客源,许多旅馆津津乐道自己产品的经典山水美与现代舒适感:"本宾馆面临西湖,三层豪华

① 王兰仲:《小说的杭州西湖指南》,1929 年,第 14 页。
② 王国平主编:《西湖文献集成》(第 10 册)《民国史志西湖文献专辑》,第 1063—1064 页。

表 5-3　1929 年《西湖名胜快览》附录的西湖四周旅馆

牌　号	地　址	价　目
西湖饭店	湖滨路	五角至六元四角
湖滨旅馆	湖滨路	五角至五元
环湖旅馆	湖滨路	五角至六元
大新旅馆	湖滨路	五角至一元五角
天然饭店	湖滨路	五角至六元四角
沧洲旅馆	平海路	四角至三元
瀛洲旅馆	平海路	八角至六元
苍洲旅馆	平海路	六角至二元四角
清泰第二	延龄路	五角至六元
清华旅馆	延龄路	七角至五元
沪杭新旅社	延龄路	一元至四元八角
惠通旅馆	延龄路	二角至八角
圣湖旅馆	仁和路	四角至二元
聚英旅馆	花市路	四角至五元二角
明湖旅馆	花市路	二角至六角
湖山新社	迎紫路	三角至二元
华兴旅馆	迎紫路	三角至二元
迎紫旅馆	迎紫路	二角至八角
汇丰旅馆	吴山路	三角至二元
西湖旅馆	昭庆寺西	四角至一元
新新旅馆	葛岭下	八角至五元
杏花村	岳坟前	一元

建筑,拥有幽雅、整洁的环境,空气清新。房间不论大小,房租一律便宜。我们服务周到,饭菜美味可口。还备有西湖游船,藤编轿子以及汽车和人力车,供您租用。游玩西湖上著名历史风景时,下榻本宾馆,包您满意"[1]。新新旅馆

① 石克士:《新杭州导游》,1934 年。

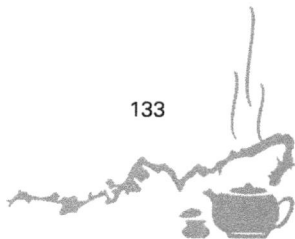

在《莫干山导游》刊登中英文并用的广告,"最近杭州市新办之自来水,本旅馆亦已通水启用。mordern throughout. beautifully situated, facing the famous west lake, comfortable rooms with cold and hot running water. excellent cuisine in Chinese and foreign style, service under supervision of experienced hotel manager, courteous attention to tourists"。①

4. 经营服务

杭州的旅馆在经营服务上坚持以满足游客需求和获得经济效益为根本目的,努力向游客提供完善、上乘的服务。具体而言:一是采取灵活多变的价格策略,即使是同一旅馆,客房也按照楼层、面积、朝向、陈设等分为若干等级,每个等级的房价并非固定,同时随行就市,根据旅游的淡、旺季即涨即落,"倘就一年四季而论,自然春季里定价最贵,秋季里稍微好些,夏季又次之,冬季取价,只有春天的一折和两折"②。以价格调节住宿率,目的在于不让任何一间客房闲置;二是提供多项功能的综合服务,优良的区位条件、优化的设施设备为旅馆增加服务内容、扩大服务领域提供了物质基础。如由抱青别墅改成的葛岭中西大饭店曾在 1934 年 3 月出版的《杭州市指南》中刊登广告,内容大致如下:新开葛岭中西大饭店,保俶塔脚下;游客注意,本饭店开设里西湖,滨湖西式洋房,地位宽敞,每卧室装有浴室及水汀,交通便利,备有汽车间,免费停放,中西饮食一应俱全,此外,另有美丽酒吧,专售上品洋酒;电话总账房 2939号。大华饭店设立导游部,派专人提供游览相关服务,"初次莅杭,则欲寻奇探胜,则有问津无从之苦。大华饭店之组织,原以服务旅客,使旅客于身心方面获得充分享受与最大满意为目的,爰为便利游客起见,特设导游部,延聘专员,伴客游览,并随时以当地名胜掌故,缕举以告。此在游客方面,既不致走马观花,索然无味,复可免顾此失彼或寂寞寡欢之苦"③。显然,旅馆从向游客提供以住宿为主的单一服务转变成为提供餐饮、娱乐、社交、交通、游览、电报、电话等多项功能的综合服务。

(三)规模与水平

平心而论,杭州近代意义上的旅馆的起步时间和发展水平相对落后于上

---

① 中国旅行社编:《莫干山导游》,1932 年,第 142 页。

② 王兰仲:《小说的杭州西湖指南》,1989 年,第 14 页。

③ 《杭州大华饭店开幕特刊》,《新闻报》1935 年 10 月 9 日。

海、北平、西安、苏州、温州、开封、长沙等重要通商口岸以及交通枢纽城市。就时间看,清同治二年(1863),英国人在天津投资的利顺德大饭店是外国资本在中国投资兴建的第一座新式旅馆,素有华夏第一店之称。[①] 而 1901 年北京饭店、1906 年上海外滩汇中饭店的开业,迎来了清末民初兴建旅馆的高潮。杭州最早开业的新式旅馆是福缘巷口的清泰旅馆,因沪杭铁路开通、城站一带繁荣而兴建,比上述旅馆稍晚数年。就数量看,表 5-4 系 1947 年中国主要城市加入旅馆业同业公会的旅馆数和房间数,杭州拥有旅馆 53 家,房间 1253 间,

表 5-4　1947 年中国主要城市部分旅馆数和房间数

城市	旅馆数	房间数
上海	404	14146
北平	500	10326
天津	30	1289
南京	25	1570
广州	35	1631
汉口	20	567
西安	150	2858
宝鸡	13	317
香港	35	5500
澳门	2	242
温州	138	683
九江	30	694
南昌	69	1906
兰州	21	568
莫干山	7	110
杭州	53	1253
徐州	12	166

---

① 刘鉴唐、田玉堂主编:《利顺德百年风云》,天津:天津人民出版社 1993 年版,第 7 页。

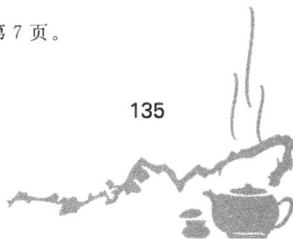

续表

城市	旅馆数	房间数
济南	16	505
青岛	24	640
昆明	25	655
梧州	25	808
桂林	11	90
张家口	17	405
长春	11	300
沈阳	35	1104
营口	17	512
郑州	10	150
开封	134	2370
长沙	141	3092
衡阳	8	119
牯岭	5	310
无锡	76	1996
镇江	17	415
苏州	125	3246
重庆	24	585
成都	20	460
贵阳	20	259

分别排列 10 位、13 位,比旅馆最多的北平少 447 家,比房间最多的上海少 12893 间(详见表 5-4)①,基本处在中等偏上水平。就规模看,在表 5-2 中,杭州旅馆房间数在 100 间以上(大型)的 2 家,50～100 间(中型)的 8 家,50 间以

---

① 上海市旅店业同业公会档案:《外埠各城市旅馆业概况和会员名单、房间、价目表等有关文书》,1947 年 1 月—8 月,卷号 333-1-18,上海市档案馆藏。

下（小型）的 4 家，相对于上海大型、中型、小型旅馆分别占旅馆总数的 6.8％、16.4％、76.4％，北平 0.8％、6.6％、92.6％①，杭州中型旅馆居多。而且，当时曾对杭州旅馆划分等级，特等旅馆建筑壮丽，设备亦佳，内部附设餐厅、礼堂、弹子室、理发室、洗澡间等，稍次者为甲等、乙等旅馆，虽不富丽堂皇，但规模相当大，设施清洁完善。② 以此与 1948 年北平市旅馆业同业公会关于核定旅馆等级标准的规定对比，北平的旅馆分特级、甲级、乙级、丙级、丁级、戊级 6 级③，但杭州的旅馆因等级没有如此繁多，规模一般比较大。

综上，通过对杭州旅馆数量与布局、硬件与软件、规模与水平三方面的分析，杭州旅馆的量和质在近代都有了明显的进步。作为近代中国旅馆中的沧海一粟，它的发展也是近代中国旅馆业正发生寓意深刻的"技术革命"的缩影。④

四、改进四：餐饮

吃居于旅游六要素之首，对当地游客尤其是外来游客具有相当大的吸引力。至不同的旅游目的地，品尝各地独特的美味佳肴，是游客乐于参与的旅游内容之一。杭州的餐饮古已有之，知名度颇大，"五花八门，不逊于沪上，……无怪乎上海人一车一车地挤到杭州来"⑤。

（一）餐馆

杭州的餐馆有中餐、西餐之分，前者又按各地的风味与烹调，经营不同菜系，以北平菜馆（旧称京菜馆）最为普遍，知名者有迎紫路的聚丰园，"规模宏大，陈饰富丽，仕宦筵宴，多设于此"⑥，延龄路的宴宾、吉庆楼，花市路的天香楼，仁和路的三义楼，迎紫路的西悦来，外西湖的太和园，羊坝头的新民园等。川菜馆有平海路的大同川菜馆，粤菜馆有花市路的聚贤馆，津菜馆有仁和路的

①　张俐俐：《近代中国旅游发展的经济透视》，天津：天津大学出版社 1998 年版，第 200—201 页。

②　李乃文：《杭州通览》，第 5 页。

③　北平市旅馆业同业公会档案：《北平市旅馆业同业公会各等级会员数》，1948 年，卷号 87-43-8，北京市档案馆藏。

④　尉文渊编著：《旅馆概论》，上海：上海科技教育出版社 1991 年版，第 126 页。

⑤　李乃文：《杭州通览》，第 2 页。

⑥　张光剑：《杭州市指南》，杭州市指南编辑社 1935 年版，第 240 页。

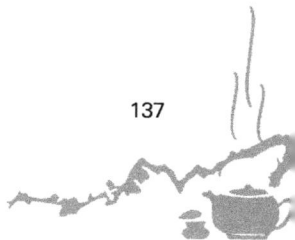

金德记,杭菜馆有楼外楼、天外天。各餐馆名菜有西湖醋鱼、炸溜黄鱼、京炒虾仁、栗子炒仔鸡、美味卤鸭、干菜鸭子、虾仁锅巴、莼菜汤等。如开业于清道光年间的楼外楼,其首席名菜当推西湖醋鱼,这个相传由宋嫂创制的传统名菜,经楼外楼名厨不断改进,风味更臻完美。1927年7月鲁迅在杭州游览时,曾两次登临楼外楼品尝西湖醋鱼,但事实上,西湖醋鱼的烹饪法创于太平天国农民起义之后,由绍兴的一位饭店老板首先发明。此外,还有叫花童鸡、龙井虾仁、蜜汁火方等招牌菜。又如,开业于1927年的天香楼,初名武进天香楼,1931年9月易名武林天香楼,新店主孟永泰是绍兴人,曾做过多年堂倌,颇晓顾客心理,且熟悉各地风俗、口味,为招揽上海和本地游客,特把津杭风味改为正宗杭菜,兼营宫保鸡丁、红烧划水、苏汁鱼片、贵妃鸡等京沪名菜。同时,不惜工本,装饰门面,厨师则分一至四类,一、二类厨师各有擅长,专供中上层的游客,三、四类厨师专做散客菜肴和零菜、柜菜等,天香楼因生意兴隆,赢得正宗杭菜名家的盛誉。

西餐时称番餐,西餐馆相应地称番餐馆,"国人食西式之饭,曰西餐,一曰大餐,一曰番菜,一曰大菜。席具刀、叉、瓢三事,不设箸,光绪朝,都会商埠已有之。至宣统时,尤为盛行"[1]。杭州有名的西餐馆首推延龄路上协顺兴,另有中央西餐社、冠生园、西园、天真消闲西菜馆、青年会大菜间以及中西兼营的蝶来饭店等,"但非纯粹外国式,唯烹调中西兼营,颇合国人口味,概称欧美大菜"。西餐就餐十分讲究,其中,餐主位必居中,外向,以主人右首为尊,面向主人者为末位,将吃时,先将白布一方平铺膝上,喝汤时,应左手按盆,右手用匙,吃毕将匙仰置盆右。[2]

杭州的点心也颇具知名度,如知味观就以风味小吃和精细点心吸引中外游客,店主是一名绍兴师爷,从"欲知我味,观料便知"的招牌中截取"知-味-观"三字做店名。原先只卖馄饨,又特制售猫耳朵、西施舌、幸福双、鲜肉小笼包、虾肉小笼包等;后招贤纳才,礼聘名师,扩大经营,供应杭帮菜,效益大增。1931年,营业额达到3万元,是初创时资本额的15倍。[3] 表5-5、表5-6系1929年、1931年杭州的餐馆。[4][5]

① 徐珂编:《清稗类钞》,北京:中华书局1986年版,第270页。
② 李乃文:《杭州通览》,第4页。
③ 建设委员会调查浙江经济所:《杭州市经济调查》(下编),第296页。
④ 王国平主编:《西湖文献集成》(第10册)《民国史志西湖文献专辑》,第1061—1062页。
⑤ 王国平主编:《西湖文献集成》(第10册)《民国史志西湖文献专辑》,第1197—1198页。

表 5-5　1929 年《西湖名胜快览》附录的杭州餐馆

牌　号	地　址	种　类
西悦	吴山路	京杭菜均有
三义楼	仁和路	京菜
杏花楼	花市路	广东菜
汇丰园	延龄路	京菜
宴宾楼	延龄路	京菜
明湖楼	延龄路	京菜
世季园	延龄路	本帮
聚丰园	杭县路	本帮
青年会	青年路	西餐
协顺兴	延龄路	西餐
天真消闲	湖滨路	西餐
福利	迎紫路	西餐
留庚	东坡路	酒馆菜
朱恒升	仁和路	酒馆
碧梧轩	迎紫路	酒馆
四美泰	延龄路	酒馆
老全瑞兴	延龄路	酒馆
舫社	花市路	酒馆
杏花村	岳庙东	酒饭
楼外楼	广化寺旁	酒饭
壶春楼	徐公祠旁	酒饭
一壶春	茅家埠口	酒饭
自然居	高庄后	酒饭
知味观	仁和路	苏杭面点兼炒菜
大达公司	延龄路	京扬面点兼炒菜

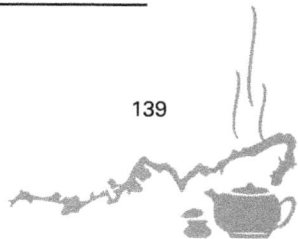

续表

牌　号	地　址	种　类
五芳斋	平海路	面点粉食
正兴馆	延龄路	苏锡面点
新兴馆	延龄路	苏锡面点
王顺兴	清河坊	本帮，俗称王饭儿
德升馆	延龄路	本帮饭店
赵长兴	荐桥街	本帮饭店
	灵隐门口	本帮，荤素菜备具

（二）茶楼

　　杭州茶楼或茶馆的功能与整个江南地区大同小异，是交流信息、洽谈生意、调解纠纷的中心，又因杭州秀丽的山水景致，成为游览、娱乐、休闲场所。

表 5-6　1937 年《杭州导游》所附杭州菜馆、饭店、点心店①

名　称	地　址	电话号码
小有天	新福元路七四号	二二九四
三义楼菜馆	仁和路一二一号	三五九一
大来川菜馆	英士街一一一号	一五九五
大同川菜社	英士街一一三号	二八七三
太和园菜馆(以醋熘鱼驰名)	南星桥五七号	南　六四
太和园菜馆	西湖公园路三一号	二三八七
天真消闲西菜馆	湖滨路六九号	二一九八
天香楼酒菜馆	花市路四九号	二二三三
北部	花市路五〇号	二八七八
礼堂		二二一一

---

　　①　王国平主编：《西湖文献集成》(第 10 册)《民国史志西湖文献专辑》，第 1197—1198 页。

续表

名　　称	地　　址	电话号码
西悦来菜馆（以卤鸭驰名）	迎紫路九〇号	二四一一
杏花村大菜馆（中菜）（以醋熘鱼及莼菜驰名）	西湖岳坟街三六号	一九三四
青年会大菜间	青年路四七号	一二七八
杭州功德林素食处	龙翔桥一九九号	三一一九
高长兴平津菜馆	延龄路二七号	一五〇三
聚丰园帐房（以神仙鸭、大拷鸭驰名）	迎紫路四三号	一二四二
楼上		一二四一
广东聚贤馆	花市路八一号	三三二四
精美菜馆（小吃）	仁和路五二号	二二〇二
楼外楼	外西湖三七号	二七九二
素香斋老店素菜面馆	延龄路三六号	一六四〇
王润兴饭店（家乡肉、鱼头豆腐）	延龄路七七号	三四九七
知味观（小吃）	仁和路一〇三号	二六〇二
冠生园西湖饮食都（中西餐）	花市路八八号	一六九〇
素馨斋素面馆	延龄路一一五号	三六〇五

　　柳浪闻莺附近的藕香居茶苑，三面临水，夏天荷花环绕，游客把盏眺望，远近山水一览无遗，室内柱上有楹联云：欲把西湖比西子，从来佳茗似佳人。湖滨一公园对面的西园茶楼，最吸引人之处在于二楼阳台座位，凭栏一眺，西湖胜景尽收眼底，抱湖诸山，冈峦起伏，历历可数，尤其于细雨蒙蒙之际，六桥烟柳，隐约可寻，是赏鉴雨西湖的绝胜之处。该茶楼的另一大特色是茶点精致可口，随唤随到，其中，脍炙人口的有猪油细沙大包，应时蟹黄虾仁大包、五香茶干，特制松子糖、花生糖、山核桃糖，外裹金黄色饴糖以玫瑰、桂花缀之，十分诱人。当时，西园茶楼是著名的文化沙龙，田汉在阳台上写过《名优之死》，胡适、徐志摩、沈从文在此商讨创刊《新月》，叶圣陶在此写过《倪焕之》中的若干片段，胡蝶、阮玲玉常在此品茗叙旧、赏湖光山色。三廊庙观海楼临江而建，远望大海，近观怒潮，每至观潮时节，必须提前数天预订，方可有座。城站的迎宾

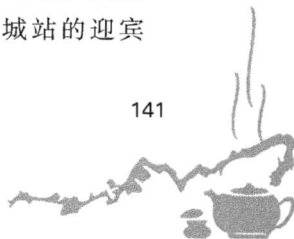

楼,楼上饮茶,可观看火车风驰电掣般来往,当时亦为新鲜之事。丰乐桥的悦来阁茶店,是帮会聚会的固定场所,但楼上是雅座,东向近河一侧,能见百舸争流,客货云集,一派繁忙景象。延龄路的喜雨台,内设榻椅,喝茶时可静静细谈,又有棋桌弹子房,能弈棋打弹等娱乐活动,楼上设极大之棋盘,名手对弈,可有多人围观。

(三)酒肆

近代杭州的酒肆以出售酒类为主,根据 1931 年调查,杭州大小酒肆 617 家,资本额 22.2 万余元,营业额 151.7 万余元。① 主要出售绍酒、烧酒,前者产自绍兴,有花雕、竹叶青、状元红等品种,装坛出售,大坛重 50 斤,小坛重 120 斤,以恒豫、章东明、陈正和、朱恒升等较有名;烧酒有苏烧和绍烧之分,绍烧酒质较佳,价格也贵,苏烧产自泰兴,因价格实惠而销量甚大,以合顺、元顺祥、公生昌等最为有名。

酒肆除出售酒类外,也作其他经营,是游客聚集的场所。其中,延龄路的碧枉轩知名度最高,很受文人雅士欢迎。

五、改进五:娱乐

在欧美发达国家,仅从娱乐的内容看,娱乐场所、休闲设施有室内和户外之分,前者包括赌场、夜总会、游乐场、影剧院等,后者包括斗鸡、跑狗、赛马、打猎、射击等。其发展同样是旅游近代化的重要标志之一。

在传统社会,杭州的娱乐场所素来普遍,尤其是南宋时,据称有瓦子 23 处,勾栏 13 处,日夜演出杂剧、说书、杂技、影戏、傀儡戏等,深受当地居民和外来游客的喜爱。但这不是近代意义上的娱乐场所。受上海等大城市影响,杭州的娱乐场所、休闲设施开始欣欣向荣,其中,最著名的是大世界游艺场和新新娱乐场,大世界游艺场由浙江省省长张载阳创办于 1922 年,坐落在仁和路西段。1934 年 10 月 10 日的《新闻报》用"建筑堂皇伟大,布置曲折精致,游艺高尚名贵,座价舒适低廉"四句话概括了游艺场的基本面貌——杭州大世界游艺场"建筑堂皇伟大"杭州大世界游艺场整体布局仿上海大世界修建,砖木结

---

① 建设委员会调查浙江经济所编:《杭州市经济调查》(下编),第 282—283 页。

构,3 层,占地面积 7 亩有余;"布置曲折精致",中间露天场子,走廊四周环绕,拥有大小剧场 8 个,包括 1 座千人剧场,另设溜冰场、杂技场、弹子房、说书场、无声电影场等,有茶摊、面馆、小卖部等服务设施;"游艺高尚名贵",演出内容包括京剧、越剧、话剧、昆剧等,并放映无声电影;"座价舒适低廉",全票 2 角,半票 1 角,下午进场,中途不检票和收票,可以连续观看日夜两场。大世界游艺场是当时杭州最大的综合性娱乐场所。

1924 年,杭州开办了首家专业电影院——城站旅馆屋顶的楼外楼露天电影院,放映国产无声影片。1925 年,杭州基督教青年会开办露天电影场,以美国出品为主,开杭州上映外国影片之先河。此后,杭州的电影院增长较快,甚至其他的娱乐场所如杭州影戏院、城站大戏院、大世界游艺场、西湖共舞台、浙江大舞台、西湖大礼堂,也在其室内装置放映设备,开始放映电影。

杭州的新式歌场和舞场也很兴盛,歌场著名者有西湖歌场、金国歌场、望湖楼歌场等,舞场则有中美咖啡馆舞场、久隆舞场、凤凰舞场、中国酒家舞场、西湖酒家舞场、西湖歌舞场等。这些娱乐场所时常聚集一些青年女子,由游客随便指名点唱或伴舞助兴。

对于城内欣欣向荣的娱乐场所,杭州市政府曾于 1928 年 2 月成立"影片戏剧杂艺审查委员会",专职委员 14 人,随时前往各电影院、游艺场、说书场等检查,"其表演之内容,常须予以指导或纠正"[1]。抗日战争胜利后,市政府为规范杭州娱乐场所的经营秩序,特制定《杭州市公共娱乐场所管理规则》,规定开设公共娱乐场所须有两家以上殷实商铺担保;须在适当地方分设男女厕所,每日清除一两次,并随时施行避疫药水;须于余地内开凿水井,并多备水缸蓄满清水,若装有自来水者应设消防龙头,备有各种救火器具;每日营业时间至迟不得超过午后 12 时;门票及各种游艺价格须明白揭示,不得额外多取;在营业时间之内大门、侧门、太平门均不得加锁或在旁堆积杂物等。[2]

六、改进六:购物

杭州购物环境良好,各类商店遍布全城,20 世纪 30 年代达到顶峰,市区

---

① 杭州市档案馆编:《民国时期杭州市政府档案史料汇编》,1990 年,第 153 页。
② 《杭州市公共娱乐场所管理规则》,卷号 3-3-209,杭州市档案馆藏。

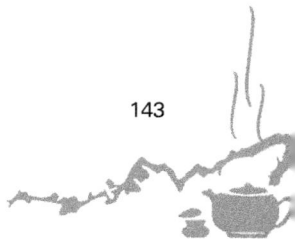

共有大小商店 1.1 万家,资本额 919.93 万元,营业额 9794.27 万元,从业人员 4.87 万人。[①] 而且形成东、西、南、北、中 5 处业态相对集中、稳定的商业区块:东市城站是客运、货运的总枢纽,主要有城站旅馆、清泰旅馆、小有天京菜馆、活佛照相馆等,是一处以接待外来游客为主的商业区;西市即湖滨一带新市场,旅馆有湖滨、环湖、清泰第二等,菜馆有聚丰园、知味观、天香楼等,商店有新新百货店、国货陈列馆等,具有服务旅游的潜力;南市江干在钱塘江北岸,有"十里江干,千艘风帆"的赞誉,沿江行栈林立,号称"半个杭州",其中,木行、过塘行、柴炭行、杂货行、缸磁瓷器行最多;北市湖墅是杭州北大门,有著名的"三行一市",即米行、纸行、箔行及鱼市场;中心市区鼓楼至官巷口,以中山中路最繁盛,名店荟萃,备货齐全,如著名的"五杭"即集中在此处。与之交叉的河坊街,是通往城隍山(吴山)的必由之路,游客尤其是春季庙会香客纷至沓来,商铺店家十分关注,"红顶商人"胡雪岩不仅把"胡庆余堂国药号"开在此街,且在 1878 年春季庙会来临之际,举办盛大落成仪式,开张之日,着一品黄马褂,服务游客,甚至还亲自替一位不满意的香客更换成药。此事一传十十传百,"胡庆余堂"声名鹊起,时称"北有同仁堂,南有庆余堂"[②]。杭州著名的化妆品商店——孔凤春香粉店,主要生产经营鹅蛋粉、生发油、雪花膏等化妆品,尤以鹅蛋粉、生发油最负盛名,该店借香客迷信吉利话语将给养蚕带来好运的心理,乘机推销商品,广告语是:"买块香脂粉,保您养蚕大丰收!"对此,1947 年,杭州市政府在其《杭州市政季刊》中说:

> 大抵言之,在未有火车以前,杭垣市面,城东南因有钱江水陆码头,商运繁荣,故易发展而成商业区。城西北因接近嘉湖农桑鱼米之乡,丝织原料,及粮食漕运利便,故易发展而成工业区及粮食市场。……自沪杭铁路通车之后……以城站为起点,由东迤西之干路为清泰街。以钱塘江边为起点,由南迤北之干路为中山路。由两大干路,贯接水陆交通码头,而交叉于城中,其交叉之处,亦即为本市之中心地区。从前商业市面侧重于上城者,今已以城中区为中心,作辐射形之伸张,而四向推展。又如城西一隅,从前因系旗兵营防禁地,无甚市面者,自拆除城垣,开辟新市场之后,今已一跃而为本市最繁华之

---

① 建设委员会调查浙江经济所编:《杭州市经济调查》(下编),第 209 页。
② 周峰主编:《元明清名城杭州》,杭州:浙江人民出版社 1990 年版,第 138 页。

地段,与西湖风景区有相得益彰之效。……现在城区市面,东有城站,西有新市场,南起中山路,北至体育场路,并为商业繁华之区。[①]

"商业繁华之区"商店林立,产品丰富,自然是理想的购物场所,那位携新婚妻子来杭州度蜜月的马尔智写道:

> 今天又是下雨天,午后我们到城里逛商店。尽管一周前我刚买了一对扇子,可现在我还想买一把心仪已久的竹扇,上面镂刻着竹叶,我想按照中国人的习惯,在扇子一面画上三潭印月图,另一面写上一首诗。我们一路逛到了扇子店,终于买到了我想要的那一把,另外也给多萝西买了一把新扇子,加上一些纸张。接着,我们又继续在其他店里搜寻,找到一把坚固而男性化的油纸伞,那可是杭州有名的,很久以前我就在期待,要是我最终来到这座城市,一定得买一把这样的伞。我们就这样走走停停,这儿看看,那儿瞧瞧。杭州城真是富有趣味。
>
> 下午,我们到城里逛逛,尽量多观察。我们买了一些糖果和几把扇子——这次是为了送人的,看了一家有名的火腿店。我们摸索着穿过许多迷宫一般的古老院落,来到一家药铺,药柜子里放着切成片的鹿茸,是珍贵的高价药品。我们花时间观察街面上一些有意思的东西。许多店铺制作那种用于公共或私人佛教礼拜活动的大木鱼,大多数是从大小不一的整块木料中凿出来的,最好的为樟木。在这些店铺附近的街道上飘浮着让人舒服的木料香味。有些店铺制作杭州漆器,不过质量不如福州漆器好。从这些店铺前面经过,看到外面摆放着的果盒刚上了第一层腻子,像灰泥一样,放在那里晾干。亲眼所见,感到很有意思。在刺绣店中,我们驻足观看人们正在制作富丽的外衫、窗帘以及其他的帘子织品。这些男人和男孩的灵巧手艺是难得一见的,只见一条条的金线在图案上游动,图案下往往连接着其他颜色的丝线,各种丝线穿插糅合在一起,整件刺绣便显得颜色得体。杭州还以生产剪刀而出名,剪刀店门面生辉,一排排明亮闪光的产品沿墙摆在匣子中。走在杭州城中很是开心。

---

① 黄丽生、金声白:《杭州市名称疆域沿革考》,载杭州市政府秘书处编印《杭州市政季刊》复刊号(1947年9月1日),第21—22页。

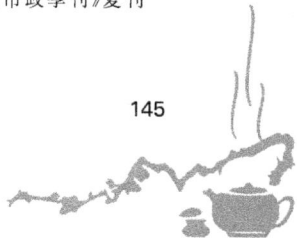

　　下午,我们再次逛了杭州城,在扇庄买了两个扇面和一把礼品扇。这家扇庄真是一个让人难以远离的地方。然后又到一家布庄,为多萝西选了旅行装的布料,她还挑了一匹非常漂亮并独具杭州特色的布料,准备明年夏天做裙子用。①

　　值得一提的是,杭州曾兴起一批专业购物场所,其中,最负盛名者是国货陈列馆。1918 年,浙省有识之士忧于洋货泛滥成灾,建议当局择新市场适中地点,创办国货陈列馆,以唤起民众使用国货之热情,而不使利权外流。当年 8 月 1 日,商品陈列馆正式成立,阮性宜为首任馆长,9 月 25 日附设的劝工场竣工,观者车水马龙,盛极一时。陈列馆、劝工场由 4 幢 2 层楼建筑群组成。此后,因新市场日渐繁荣,陈列馆、劝工场扩建,12 月 1 日扩建后的新屋落成,同时改名国货陈列馆。陈列馆主要向各省各埠征集国货产品轮流展览,并向南洋等地华侨征集。劝工场则出租房屋,有商店 24 家,主要经营绸缎、国药、茶叶、服装、棉布、时钟、眼镜、蜂蜜、火腿、剪刀、扇子、古玩、化妆品、丝织物、皮鞋皮件、金银首饰等,同时订立规章,互相制约,不许出售洋货,违者重罚。每天营业时间从 8 点到 22 点,游客进场可先参观,再购买自己需要的商品。不久,场内商店达 100 余家,生意异常红火。杭州沦陷期间,场内店家四处逃难,陈列馆、劝工场均告歇业,日本人把劝工场改名为"白木公司"。抗日战争胜利后,陈列馆、劝工场几经转手,元气大伤,复业者仅十余家。

---

　　① 《马尔智日记》,参见《杭州日报》2009 年 11 月 13 日。

第五章

近代杭州旅游资源保护与开发

在我国旅游理论的研究和应用中,一直存在这样一个概念:"旅游客体就是旅游资源"。但曾有学者提出异议,并借用日本立教大学前田勇《观光概论》一书中"素材"的概念,认为旅游客体应包括旅游素材和旅游设施两大类别。①那么,何谓旅游资源?民国时期余贵棠说:"凡自然或社会现象之足以构成诱致游客之因素者,统称之为旅游资源。自然现象如气候、山川、景山、特殊之动植物,社会现象如建筑、美术、体育、宗教、习俗皆有关于游客之诱致,网罗而整理以增游客之兴趣,为游览事业之课题。"②旅游资源是旅游活动的重要基础、前提条件。根据 2003 年 2 月 24 日颁布的中华人民共和国国家标准 GB/T18972-2003《旅游资源分类、调查与评价》界定,旅游资源是指"自然界和人类社会凡能对旅游者产生吸引力,可以为旅游业开发利用,并可产生经济效益、社会效益和环境效益的各种事物和因素",共分 8 个主类、31 个亚类和 155 个基本类③,分别属于自然旅游资源和人文旅游资源两大类,以上余贵棠所述"自然现象"就是自然旅游资源,"社会现象"就是人文旅游资源。

---

① 高苏:《走出旅游客体概念中的误区》,《北京联合大学学报》2001 年第 2 期。

② 余贵棠:《游览事业之理论与实际》,中国旅行社 1944 年,第 52 页。

③ 王德刚、何佳梅主编:《旅游资源开发与利用》,济南:山东大学出版社 2005 版,第 4、14 页。

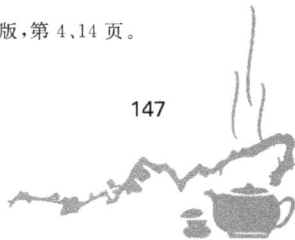

一、古迹遗存保护

（一）政策导向

客观地说，近代尤其是民国各届各级政府是较重视对古迹遗存保护的，而且，中央政府首先从国家层面颁布了一系列保护和利用的条例。1914年，内务总长朱启钤出于"古代建筑，及时宜与保存"的考虑，提出开放京畿名胜的建议，同时制定游览章程10条，建议获袁世凯批复："准予照办。除北海、景山、颐和园、玉泉山外，应由该部（内务部）酌择一二处，先行开放"，但是开放并非不讲规则，"亟应详定规条，申明约束。"①而且，随着京畿名胜、古迹遗存渐向社会公开开放，面对络绎不绝的游客，保护显得更加迫切和重要。1919年，内务部通令保护历代陵寝及名臣古墓，"凡被兵省分有损坏者修复"②。1920年，内务部又发文训令不准估价标卖名胜古迹，"本部近查各省，值此举行标卖结束之时，只需查出有属官产，并不问其是否名胜，往往估价标卖。以应规定比较，似此不但减损名胜，且与标卖官产之旨相背驰。本部现已会商财部酌定办法，凡各省城垣内外以及道县之一切名胜古迹，一概不得估价标卖。其环周或有楼阁台榭，以及池塘地基，即属年深代远、荆棘丘墟，亦不得藉口变废"③。

1928年，南京政府内政部颁布《名胜古迹古物保存条例》13条，并汇集各省市统计，列成专表下发各地，"所称名胜古迹古物"包括：名胜古迹，下分湖山类、建筑类、遗迹类；古物，下分碑碣类、金石类、陶器类、植物类、文玩类、武装类、服饰类、雕刻类、礼器类、杂物类。其中，第三条是"各省区民政厅应饬市县政府，将辖境内所有名胜古迹古物，依照部令调查表式，逐一详确查填，呈由该管省区政府，转函内政部备查"。第四条是"各市县政府于辖境内，所有名胜古迹，应分别情形，依照下列方法，妥为保护：①湖山风景之处，非于必要时，不得任意变更，致损本来面目。②古代陵寝坟墓，应于附近种植数株，围绕周廊，或建立标志，禁止樵牧。其他有关名胜之遗迹，及古代建筑，应商同地方团体，赞

---

① 《朱总长请开放京畿名胜》，《申报》1914年6月2日。
② 《内务部通令保护历代陵寝及名臣古墓》，《申报》1919年4月23日。
③ 《内务部训令不准估价卖名胜古迹》，《申报》1920年8月14日。

资随时修葺,其有足资历史考证,或渐就湮没。遗迹仅存者,宜树碑记,以备查考。③历代碑板造像画壁摩崖之属,应责成地方团体,或其他适当之人,认真保护。不得任意拓摹毁坏,或私租售运。凡可拓印者,无论完全残缺,一律拓印二份,直接邮寄内政部备案。仍将所拓寄之种类数目,分别呈报该管长官。④古代植物之属,应责成所在地适当团体或个人如意防护,严禁剪伐。⑤其他金石陶器雕刻,并各类古物,应调查收集,就地筹设陈列所,或就公共场所,附人陈列。并严定管理规则,俾免散失"。第八条是"名胜古迹古物,如应保护疏忽,至毁损或消减时,各该市县政府负责人员应受惩戒处分"。第九条是"对于名胜古迹古物,有毁损盗窃诈欺或侵占等行为者,依照刑法所规定最高之刑处断"①。1932 年成立中央古物保管委员会,直属行政院(1935 年并入内政部),专门计划全国文物古迹的保管、研究及发掘事宜,又为谋工作便利起见,在各地设立办事处。

　　近代中国是一个变迁、转型的社会,但多数政策、措施仍有自上而下贯彻落实的做法。1927 年杭州市政府组建后,在中央政府重视古迹遗存保护、利用的政策导向之下,根据杭州优先发展旅游业的总体思路,"莫不以布置风景,造成庄严灿烂之杭州市为主旨"②,在市政府工务局内设保管股,并在《杭州市工务局章程法规》中专列《杭州市工务局第四科分股办事细则》,明文规定保管股办理"市内古迹及名胜公园之保管,并保存美术上有价值的公用建筑物"③。"鉴于杭州为中国唯一名胜之区,若非厉行限制其建筑物,不足以维护固有之风景,遑论增益湖山之美观"④,为确保湖山之美,取缔妨碍西湖风景的建筑,制定了诸如《杭州市工务局取缔建筑暂行章程》、《杭州市取缔西湖建筑规则》、《杭州市建筑规则》、《杭州市广告取缔规则》、《杭州市广告管理规则》之类的条例,"各项设施,务求整齐美化"⑤,"冀促成杭州为东方之瑞士、中华之乐园"⑥。兹引录《杭州市取缔西湖建筑规则》如下,字里行间可见对西湖建筑管理之严格程度:

---

①　《内政部公布名胜古迹古物保存条例》,《申报》1928 年 9 月 16 日。
②　杭州市档案馆编:《民国时期杭州市政府档案史料汇编》,1990 年,第 86 页。
③　杭州市政周刊特刊:《三个月之杭州市政》,第 306 页。
④　杭州市档案馆编:《民国时期杭州市政府档案史料汇编》,1990 年,第 89 页。
⑤　杭州市档案馆编:《民国时期杭州市政府档案史料汇编》,1990 年,第 94 页。
⑥　杭州市档案馆编:《民国时期杭州市政府档案史料汇编》,1990 年,第 90 页。

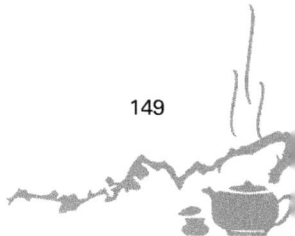

第一条 私人于沿湖建筑者,除遵守《杭州市取缔建筑章程》外,须受本规则之制限;

第二条 沿湖修筑湖礅者,须先报由市政府工务局,勘定界限,发给许可证,以免侵占;

第三条 沿湖建筑者,须距离湖礅二十公尺,以备修筑公路,而免遮断湖景;

第四条 贴临湖岸已完成之建筑物,遇有翻造坍塌或被毁时,须照前条缩让二十公尺;

第五条 孤山全部关于私有土地,市政府预备依法征收,建设大规模之公园。自本规则公布后,禁止一切建筑;

第六条 凡建筑地点,如有遮蔽名胜或风景者,禁止建筑;

第七条 沿湖及临湖山上建筑物之高度,以不遮蔽名胜或风景为限,其外表装饰应采取东方风景式(如本国宫殿亭榭等古式),或西方建筑如 Bungalow 及 Dalifornia 等式,务须注意美的方面。该建筑人绘呈图样,经工务局认为有碍风景时,得令更正之;

第八条 沿湖及临湖山上之旧有建筑物,应及时粉刷整齐,其有妨碍风景者,工务局得酌量情形,指令业主修改之;

第九条 沿湖建筑者,应设备窨缸及粪池,不得将任何污水流入湖内;

第十条 本规则呈奉浙江省政府核准后,公布施行。①

(二)维护修缮

即使从隋改钱唐为杭州开始,迨及近代,杭州也有千余年的历史。漫长的历史、灿烂的文化,为杭州留下了大量古迹遗存。杭州市政府工务局按照“在可能范围内,大致以保留原有形式”、“以求率真”的维护修缮原则②,仅在1927—1936年的10年间就维护修缮了花港观鱼、平湖秋月、三潭印月、双峰插云、曲院风荷、苏小小墓、放鹤亭、先烈祠、镇海楼、梅花碑、六和塔、保俶塔、武松墓、湖心亭、竹素园、岳庙等古迹遗存,“公私园墅祠墓陆续添新,建筑多参欧制,要而言之,西湖今又面目焕然矣”③。

① 《杭州市取缔西湖建筑规则》,《浙江省政府公报》第423期,第1—2页。
② 杭州市档案馆编:《民国时期杭州市政府档案史料汇编》,1990年,第86页。
③ 白云居士:《游杭快览》,浙江正楷书局1936年版,第16页。

兹举几处,简单述之。

1. 灵隐寺

亦称云林禅寺,由天竺高僧慧理始建于东晋咸和元年(326)。吴越国时有
9 楼 18 阁 72 殿,僧房 1300 间,僧众 3000 多人。宋室南迁,香火更盛,殿堂亭
阁,数以千计。元末明初,日益衰败。清顺治六年(1649)具德弘礼担任方丈
后,重振寺院,扩建或新建了祖堂、法堂、斋堂、天王殿、轮藏殿、伽蓝殿、直指
堂、东戒堂、西戒堂、大雄宝殿、金光明殿、五百罗汉殿、大悲殿七殿等 12 堂,以
及华严、联灯、梵香、青莲 4 阁等,所谓百栱千栌,金碧丹黝,为东南之冠。康
熙、乾隆两帝多次游览灵隐,题匾赋诗,声誉日隆。尽管嘉庆二十一年(1816)
被大火所毁,但因清廷拨帑金重建,仍复旧观。

清咸丰十一年(1861),灵隐寺毁于兵火,仅存天王殿、罗汉堂。贯通法师
重建库房、联灯阁、工务寮、慧日塔院;昔征禅师又锐意整顿,扩建禅寺,再经盛
宣怀大力支持,重建大雄宝殿,共 7 楹,高 13.5 丈,气象宏伟壮观。据说重建
大雄宝殿的柱木是从美国进口的红松原木,由美国实业家、慈善家大来
(Robert Dollar)所捐赠。大来在日记中记述:

> 西湖的水面平滑如镜,这是一个划船的好去处。我们本想坐船
> 去建于公元 326 年的千年古庙灵隐,但是时间却不允许。我急于想
> 看一眼我们从哥伦比亚河运来的,用于重建灵隐大雄宝殿的那些巨
> 大原木,后者长达 120 英尺,底部直径 5 英尺。灵隐这座号称中国
> 最大的佛教寺庙被太平天国的军队所焚毁,现在盛宣怀(宫保)正在
> 组织重建。那些原木都已经在大殿内竖起来了,人们正在建造大雄
> 宝殿的屋顶。为了把这些原木从西湖边运到灵隐,不得不动用一支
> 庞大的队伍,尽管这段距离只有区区 3 英里。完全不依靠机械的力
> 量而要把这些巨大的原木直竖起来,也是一项非常艰难的任务。它
> 们的体积远远超过了此前中国进口的任何木材。①

又在回忆录中做了更详细的描述:

> 灵隐寺最早建于公元 326 年,它坐落在一个山谷里茂密的树丛

---

① Robert Dollar. Private Diary of Robert Dollar on His Recent Visits to China. San Francisco:
W. S. Van Cott & Co. 1912:112.

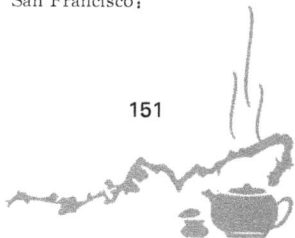

151

之中，周围的小山上到处都是石灰岩，山上有各种奇形怪状的洞穴和神龛。1280年时，马可·波罗曾经访问过这个地方。据史书记载，1729年时，寺院曾得以大规模的修缮，四周的环境和花园也有很大的改善。其主殿为大雄宝殿，250英尺长，80英尺宽。主殿的旁边是五百罗汉堂，因为那里面有500罗汉的塑像。那些塑像要比真人大得多。主殿后面的那个后殿长225英尺，宽50英尺，如今这儿是香客们最多的地方，因为大雄宝殿在1861年时便被太平军一把火给烧了。实际上，当时寺院内所有的建筑都遭到了劫掠和烧毁，但是有一个和尚告诉我说，当太平军来到这儿的时候，他们看到这儿有那么多的菩萨，都被惊呆了，所以还来不及放火烧寺庙就逃走了。后殿的建筑和里面的佛像目前都焕然一新。

当盛宣怀阁下听说美国人要在离这儿不远的地方为中国男孩子们建造一个大学堂时，便下决心要把灵隐寺的大雄宝殿按原样修复——这个寺庙曾经是这个佛教寺院中最富丽堂皇的。出于这个目的，他便订购了美国所能够找到的最大的28根圆木，它们分别长达150英尺，底部的直径为5.48英尺。每一根圆木都是笔直的，是美国所出口的最好的木材。其中最大一根圆木的重量超过了20吨。我捐献了这些圆木，并将它们放在"M.S.大来号"货船的甲板上，从美国运到了上海。然后它们被做成木筏，沿着京杭大运河走了两百英里的路程，来到了杭州。从西湖边到灵隐寺，有五英里的路程它们是一根根地由250名苦力，即每一边125名，用竹杠抬过来的。每一根由两个人抬的竹杠都是用细绳索系住圆木，竹杠跟原木的角度略成锐角，以便使一边的苦力能用右肩来抬，而另一边的苦力则用左肩来抬；所有的人都要按照指挥者的口令一起稳步地往前走，而工头们则要不停地前后跑动，以监督每个人都全力以赴，不退缩和偷懒。工头行使其职责的标志是一根长达6英尺，头上削尖的竹竿。如有谁偷懒，他便会用它戳其肋骨，或砸其肩膀。他们使我回想起旧时采伐木场里那些赶着公牛拉木材的牛仔。①

---

① Robert Dollar. Memoirs of Robert Dollar. San Francisco：W. S. Van Cott & Co. 1917，1918，1921，1922：148.

曾任之江大学校长的美国传教士费佩德(Robert Fitch)也说过,"我们即将离开的这个大雄宝殿是在宣统三年花费了十五万两银子重新修建的。建筑中所使用的木材绝大部分都是用进口的美国俄勒冈州红松。这些粗大的木柱是原始工程技术的绝好范例"[1]。1917年建大悲阁。1930年修建翠微亭、春淙亭。不久以钢骨水泥翻建天王殿。1932年重塑弥勒佛、四天王像。正因灵隐寺殿堂及周围古迹遗存多次得到整葺刷新,深获中外游客喜爱:

> 继续前行,我们看到了一片房屋,有商店,也有餐馆,簇拥在灵隐寺巍峨的山门前。走进这道门,我们便仿佛置身于一个稀有的森林公园之中,而不是在寺院里。前方道路上坡的地方,伫立着冷泉亭,旁边横卧着回龙桥,桥下溪水潺潺,欢快地在路的右边流淌。路的左边是飞来峰,可见一个个山洞的洞口和一些石雕,其中有一些是杭州市最古老的纪念碑。我们在山洞间徜徉,并不在乎那些佛祖和罗汉。有一个山洞的洞顶刚好能透进一束阳光,强烈的阳光直射洞底,然后又反射到了佛像上,像火一样把它们照得通明。
>
> 我们穿冷泉亭而过,漫步在云林禅寺前的小径上。路旁是山水冲刷而成的溪涧,各式佛像也都从山壁上的藤蔓和绿叶间探出了身来。寺前有两座亭子和一个大池塘,这池塘倒像是个游泳的好地方。一路上绿荫环绕,山谷中层层叠叠的树木高大挺拔,有柏树、松树、银杏、榆树、梧桐等等。嫩绿的竹子如一片片淡雅的羽毛,穿插在万阴丛中。
>
> ……
>
> 今天真是美好的一天。灵隐一处就充分证实了杭州的美名。这里虽然没有日本的高野山或世界其他一些地方那般引人入胜,却别有一番景致。这里的美,既有自然天成,也有匠心独运。在它的神奇魅力面前,除了由衷赞叹,我不能有别的表示。很高兴,我们把最好的留到了最后。[2]

可惜,1936年罗汉堂失火烧毁时,历代所遗文物大多付之一炬,保留的仅有天王殿木刻韦驮菩萨像。次年,日本侵略军进入杭州,难民麇集灵隐、天竺

---

① Robert F. Fitch. Hangzhou Itineraries. Shanghai: Kelly & Walsh. 1918:29.
② 《马尔智日记》,参见《杭州日报》2009年11月13日。

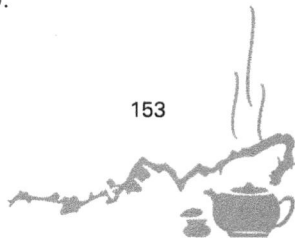

诸寺,半夜不慎失火,灵隐寺的客堂、伽蓝殿、东山门以及梵香阁等被焚毁。1949年,大雄宝殿的一根主梁被白蚁蛀空,殿一角倒塌,殿内佛像被压坏。

2. 岳王庙

系南宋抗金将领岳飞的墓地,亦称岳坟或岳飞墓,始建于南宋嘉定十四年(1221)。岳飞被冤杀后,狱卒隗顺将其遗体背出杭州,安葬在钱塘门外九曲丛祠旁。宋孝宗即位后,朝廷以隆重的礼仪将其遗骸迁葬栖霞岭下,并将西湖显明寺改为祭祀岳飞的祠宇。历元明清,时废时兴。

清咸丰十一年(1861),岳王庙毁于兵火,坟墓荒芜,祠宇颓圮。同治四年(1865),浙江布政使蒋益澧询故老,访残碣,捐资重建。1918年,浙江督军杨善德为笼络浙人,责令财政局拨款,由黄元秀督修。次年,继任督军卢永祥"复募款以益之"。1923年竣工,规模宏丽,居于西湖诸祠之冠。墓四周围以短墙,采明嘉靖莆田人洪珠"尽忠报国"4字,刻石立于墓阙照壁,又采昔人句刻"青山有幸埋忠骨,白铁无辜铸佞臣"联于阙门里楹,镌刻《复官改葬并赐谥告词碑》《重修宋岳忠武王祠墓碑》,分立于忠烈祠大殿前的月台上。原先较简陋的坟墓和窄小的祭祀厅,经过扩建,变成了周围有高墙并且很宽敞的墓场,外加几间宫殿式的大厅。[①] 1931年设岳王庙产保管委员会,由原浙江省省长张载阳任主席,是时,庙墓之地20亩1分3厘8毫。1933年张载阳募集民间资金数万,主持重修,从正殿、两庑、启忠左右各祠,到岳飞父子墓,都修整一新,并于精忠泉南、碑廊之北添筑两座轩亭式建筑南枝巢和正气轩,作为游客休憩之所。1945年春,因庙地潮湿,加上白蚁为害,大殿左梁突然折断,后以两根大柱作为支撑,若逢大雪,只得雇工上屋扫雪。1945年继任保管委员会主席黄元秀筹款法币119955800元,重修正殿、启忠祠、翊忠祠、五侯殿、五夫人殿,改建牛皋、张宪墓道,修缮杭州城内有关岳飞古迹遗存。

3. 钱王祠

亦称表忠观,系祭祀吴越国三世五王的庙堂。两宋时在龙山(今玉皇山)。南宋亡国,遇兵燹而俱废。明嘉靖三十九年(1560),浙江督抚胡宗宪等以西湖涌金门外灵芝寺旧址之地重建,并被历代最高统治者所关注,经一再修建蔚成西湖一大建筑群。其中,主体建筑按照传统祭祀建筑格局布排,中轴线上由西而东先后为功德坊、门庐、门廊、前殿(御书堂)、正殿、后殿(彭祖阁)、尾殿(庆

---

① 周瘦鹃:《湖上》,1929年,第56页。

系堂);中轴线两侧设庑殿,殿外侧另建杂用房;建筑群四周筑墙垣(围墙);墙内殿堂之间为庭院,植树木花草。

清咸丰十一年(1861),钱王祠毁于兵火。同治六年(1867),署理浙江巡抚蒋益澧"拨款重兴"钱王祠。次年,钱氏后裔请求每年由浙江省盐运司库拨银五十两作为钱王祠常年修缮之资。[1] 光绪三十年(1904)重立功德坊,右题"光绪三十年甲辰孟秋"后跋"抚浙使者衡山聂缉椝布政使常熟翁曾柱盐运使长白惠森候补知县湘潭翁光奎"。

民国期间,钱王祠两起两落。1912 年,杭县政府经勘丈后,"填给二二八六号户折",明确了钱王祠用地"计地三十六亩七分二厘五毫、荡一十九亩一厘二毫九丝"。次年秋,"风雨为灾,钱王祠大殿左右墙垣与彭祖阁均已毁坏",钱镠第三十二世裔孙钱文选"召集族人,商请官绅,发起募捐"。重修筹备历时两年,于 1923 年 1 月兴工重建,历时一年余竣工,"计改造者后殿五间、左右碑亭两间、大门楼三间、祠丁室外三间、厨房三间、门外八字墙、塘礅、湖礅及前后围墙;新造者大殿三间两翼,殿外石平台及栏杆。又花圃内宴会厅五间两层,旁连走廊,门房三间,祠左管理室六间。修理者思井轩楼房三间","捐款结至甲子年终,共得四万另五百余元"。《重修西湖钱王祠碑记》详尽记载了本次重修后钱王祠的变化和格局,"旧祠室三楹,殊陋。今为正殿五楹,垂拱四阿,唐宋殿廷,存古制也。后殿五楹如之。殿内广袤各倍寻仞。殿之前阶级砰台,制求相称。凡木材、砖石、雕楼、丹镬之属,务求精良。湖地质软善陷,今以三合炼土填注,深及寻丈,用固基址,盖一殿占工费之半焉。旧祠塑像无可依据,今武肃王像,乃后唐凌烟阁本⋯⋯ 四王像则摹自嵊县祠藏真迹。皮《碑》、苏《记》所谓王'龙章凤目,晔如神人'者,庶几近之。旧祠门枋甚隘,今高大之,务称全祠,外增护墙当马之属。滨湖建坊,下为甬道,道之左右,改浚二池,植荷树柳,点缀风景。祠之北,原有思井轩。轩有楼,今葺新之,而移固有 彭祖楼于此,以存旧制。池旁旧有废圃,今拓广之,构造 园林,附属于祠,名曰'西园'。园中新建之堂名曰'阅礼堂'。其楼名曰望湖楼。凡此名迹,悉从图经、郡志"[2]。抗日战争期间被日伪占为马厩。抗日战争胜利以后又被国民党军队占用,祠内建筑"破损已极"。1947 年,经阮毅成"提请浙江省政府,拨款 5000 万元,为

① 李榕撰:民国《杭州府志》卷九《祠祀一》。

② 《钱氏家乘》,上海书店,1996 年,以上参见钮因莉、张珏《杭州钱王祠变迁述略》,《浙江工贸职业技术学院学报》2004 年第 1 期。

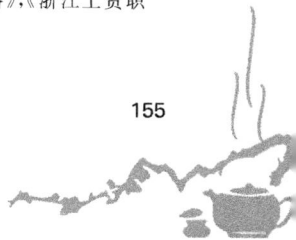

庙貌重新之用"。为保证修复之后不再被占为他用,又将两厢屋舍"借与"浙江省地政局做办公用房,从而使修复后的钱王祠"保管有人,修护有责"①。

4.于谦祠

明天顺己卯年(1459),于谦养子于康将其遗骸运回杭州,葬于三台山麓于氏祖茔。弘治二年(1489),弘治帝命有司立祠,赐额曰"旌功"。墓旁建祠,形成了祠墓合一的格局。嘉靖尤其是万历时,御史杨鹤捐献俸禄,令人"鸠聚工料,式增廓之",使"如陋巷矮屋"之祠宇"岿然"挺立,"属镂之剑赐而胥涛立,风波之狱构而岳庙尊,迎立外藩之冤酷而于墓修",伍子胥、岳飞、于谦三足鼎立,"遂成湖上伟观"②。在清代,于谦祠墓亦多次修建。其中,道光二年(1822),林则徐第二次为官杭州,捐献了自己的官俸,倡议集资四百金,整修于谦祠墓,事成,作联"公论久而后定,何处更得此人",亲撰《重修于忠肃公祠墓记》。③

清咸丰元年(1851),杭州地方乡贤以林则徐修于谦祠墓"已逾卅载,飘摇风雨,岁久阙修",部分建筑"倾圮成墟","栋折榱崩",四处杂草丛生,垃圾成堆,大门岌岌可危,即将倒下,瞻拜祠下,颇觉"心伤",自发组织起来,花钱二百九十千缗,费时一月,重新修葺飨堂,装修神像,但因时间紧、经费缺,仅为"扶持之计,未及全庙重新,所有后堂并大门工程不得不有望同志之踵而行之也"④。太平天国期间,于谦"祠堂被毁,宰木无存"。同治八年(1869),郡人吴煦、濮诒孙等请款重建。现存三进建筑以及南北厢房即此旧迹。光绪三十四年(1908)浙江布政使颜钟骥、1914年浙江都督朱瑞先后两次修建于谦祠墓,使之得到了较好的保存,并在祠堂的东北方向建祈梦殿,"明兵部尚书谥忠肃于谦墓,在三台山麓,乔木千寻,丰碑百尺,庭东隅有井曰'忠泉'"。自称是于谦22代裔孙的于学勤在《于忠肃公史迹》稿本中回忆道:

> 民国十一年(公元1922年)农历四月二十七日,随父幼章公步往拜祭谦公墓。其时,墓道起于杭州清波门外净慈寺相近,建有"于公墓道"石坊一座,循小道屈折而进,达赤山埠三台山,祠、墓在焉。祠名"旌功",祠外有旌功石坊一座;祠分前后三进,悬有名人匾额、碑碣;后进,塑公座像于龛,座前置供桌,陈设烛台、香炉等;祠后左侧门

---

① 阮毅成:《三句不离本杭》,杭州:杭州出版社2011年版,第33页。
② 《于忠肃公祠墓录》卷四《重修于公祠碑记》。
③ 《于忠肃公祠墓录》卷四《重修旌功祠记》。
④ 《于忠肃公祠墓录》卷四《重修于公祠碑记》。

外，即公墓座。当时据居当地本宗乃玉公说起："此处原系于氏祖上墓地，旧有坟墓七座，惟所葬何人？既未立碑示明，谱上亦无载出，因此无由得知。"自谦公葬于此，人们始称："于少保墓"，或曰："于坟"。墓前竖碑，镌文曰："大明少保兼兵部尚书赠太傅谥忠肃于公墓"十八字，碑前设玄色石质祭桌、油麻石香炉、烛台，墓最前，左右两行，列立翁仲、石马等等。①

5.保口塔

亦称保叔塔、宝石塔、保所塔、宝所塔，始建于五代后周吴越忠懿王钱俶年间，历经宋、元、明、清，屡毁屡建，共计 6 次。天晴之时，浮屠撑云，金碧排空，七宝玲珑，足可观赏，素有"雷峰似老衲，保俶如美人"之说，为西湖之标志。

1924 年，保俶塔倾斜，重修，系八面七级砖砌实心塔，高 45.3 米，底层边长 3.26 米，塔刹铁构件为明代旧物。1933 年由市长赵志游、乡绅王锡荣、王祖耀、徐行恭、程学銮等集资重新拆建，3 月 1 日开工，6 月 30 日竣工，费时 122 天。塔顶有铜制物一圈，上刻前次修建时输资者姓名。此次修建于铜圈中置一木箱，并以科学方法抽取空气，外裹铁皮，再用水泥涂敷。箱中存放余绍宋书法，钱士青《钱氏家乘》1 函，吴兴某女士所绘观音像 2 帧，程学銮《脉望仙馆十三经注疏》全部以及其母《禅门日诵》1 函。

6.六和塔

亦称六合塔，取"天地四方"之意，始建于北宋开宝三年（970），历元、明、清，屡毁屡建。

清道光、咸丰年间，六和塔日渐颓败朽衰，外部木结构部位甚至败落无存。光绪二十五年（1899），杭人朱智重修，在尚存的砖结构塔身外部添筑了 13 层木构外檐廊，其中，偶数六层封闭，奇数七层分别与塔身相通，塔芯里面，则以螺旋式阶梯从底层盘旋直达顶层，形成"七明六暗"格局。此次重修，工程浩大，仅搭脚手架一项，就花了 3 年时间。1934 年，梁思成应浙江省建设厅厅长曾养甫的邀请，对六和塔进行了 10 余天的现场勘测，"觉得六和塔的现状，实在是名塔莫大的委曲"，编写了"杭州六和塔复原计划"，拟将其恢复至绍兴年间的原状。后因曾养甫调职，复原一事不了了之。

---

① 于学勤：《于忠肃公史迹》，杭州于谦祠藏。

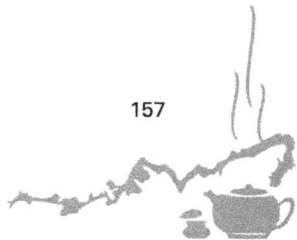

二、旅游资源开发

杭州利用自然旅游资源和人文旅游资源,开发了新的旅游景点。

(一)开辟公园

"论市政者,皆言太繁盛之市,若无相当之公园,则于卫生上于道德上皆有大害,吾至纽约而信。一日不到公园,则精神混浊,理想污下"①。公园(Public Park)最早是作为西方舶来品被引入中国的,黄以仁《公园考》认为,"语不云乎,一国之花,都市也。都市之花,公园也。惟公园为都市之花,故伦敦、柏林、巴黎、维也纳、纽约、东京、暨他诸都会,莫不设有公园",并通过对西方公园介绍,指出公园"匪特于国民卫生与娱乐有益,且于国民教育上,乃至风致上,有弘大影响焉","至若国中都会,无一完全公园,非特方诸东西列强,大有逊色,其余国民卫生上及娱乐上,亦太不加之意哉"②。清同治七年(1868)在上海苏州河与黄浦江交界处滩地上修建的外滩公园,时称"公家花园",是中国最早的公园③,其游览规则则是颇有争议的话题,规则属《公共租界工部局巡捕房章程》第二十四项,6条,中文译文:①脚踏车及犬不准入内;②小孩之坐车应在旁边小路上推行;③禁止采花捉鸟巢以及损害花草树木,凡小孩之父母及佣妇等理应格外小心,以免此等情事;④不准入奏乐之处;⑤除西人之佣仆外,华人一概不准入内;⑥小孩无西人同伴则不准入内花园。④ 此后尤其是清大臣端方、戴鸿慈奏请设立图书馆、博物院(馆)、万牲园(动物园)、公园四大公共文化设施以后,各地公园明显增加,据不完全统计,抗日战争前夕,公园达400余座。⑤

杭州近代意义上的公园开辟于民国初期,最早当数湖滨公园和孤山公园。

---

① 梁启超:《新大陆游记》,长沙:湖南人民出版社 1981 年版,第 42 页。

② 黄以仁:《公园考》,《东方杂志》第 9 卷,第 1—3 页。

③ 上海通讯社编:《上海研究资料》,上海:上海书店 1984 年版,第 473 页。

④ 上海租界志编纂委员会编:《上海租界志》,上海:上海社会科学院出版社 2001 年版,第 703 页。

⑤ 李德英:《城市公共空间与社会生活:以近代城市公园为例》,载《城市史研究》第 19—20 辑,天津:天津社会科学院出版社 2000 年版。

湖滨公园因商业中心与西湖风景的衔接而开辟,最初由 5 块大小不一的园地连缀而成,自南向北,依次称一公园、二公园、三公园、四公园、五公园,全长近 1 公里,公园砌筑石磡、码头、栏杆,种植花木和草坪等绿化。只因草创伊始,因陋就简,加上疏于管理,渐形荒芜。杭州市政府组建后,对湖滨原有的 5 块园地进行改建,修建园路,新筑花坛,栽植草木,尤其是在沿湖一侧配置铁链水泥栏杆,安装灯罩电灯,增设凳椅,以方便游览和休憩。① 1930 年春又在长生路口至钱塘门头沿湖之地,用浚湖之淤泥,填为平地,约 21 亩余,加筑亭榭花棚,种植花木,开辟成为湖滨第六公园。

孤山公园傍山临水,区位极佳,早在宋代,此地已兴建了西太乙宫、望海阁、四圣延祥观,康熙帝巡游江南时改为行宫,建有亭台楼阁、假山荷池。雍正帝改为圣因寺,与灵隐寺、净慈寺、昭庆寺并称"杭州四大丛林"。乾隆帝南巡杭州时,在圣因寺西另建行宫,俗称外行宫,后以行宫藏经堂改文澜阁,与扬州"文汇阁"、镇江"文宗阁"并称江南三阁,藏《四库全书》。清咸丰十一年(1861),行宫被毁。辛亥革命后开辟为公园。公园左侧为浙江忠烈祠,利用圣因寺残存屋宇祀浙军攻克金陵阵亡将士,祠前立纪念碑,东面山麓 1912 年迎葬徐锡麟、陈伯平、马宗汉烈士,其旁为竺绍康烈士,西部由杨虎新建了青白山居别墅。孤山东麓,1912 年 10 月辟为浙军攻克金陵阵亡将士墓,7 座墓穴环列,俗称"七星坟"。平湖秋月以西沿湖陆地,1918 年由犹太商人哈同修建了罗苑别墅。1914 年重修西泠桥,桥西 1913 年归葬秋瑾烈士,原墓址新建风雨亭,由孙中山书"巾帼英雄"匾额,冯玉祥撰"丹心应结平权果,碧血长开革命花"联。秋瑾墓西有陶成章、杨哲商、沈由智烈士墓。桥东是诗僧苏曼殊墓,由柳亚子等集资,于 1924 年修建。② 为纪念孙中山先生,1927 年更名中山公园,并在后孤山造中山纪念林、中山纪念亭,同时由市政部门对原有公园进行改造,拆除后山围墙,使里外西湖的景色尽收眼底。公园中的"西湖天下景"亭,原为行宫一角,修整后更显得风景独秀,四周壁岩环抱,其间凿池架桥,配以假山叠石,上下参差,左右拱卫,曲折疏密,挺拔雄浑,极为奇绝,对联"水水山山处处明明秀秀,晴晴雨雨时时好好奇奇",可顺读,可倒读,名闻遐迩。

苏堤、白堤原是游客观赏西湖的通道,杭州市政府在两岸或砌筑石磡,或钉椿编篱,加宽堤身,铺装水泥路面,种植花草树木,并立游亭,使苏、白二堤

---

① 杭州市档案馆编:《民国时期杭州市政府档案史料汇编》,1990 年,第 85 页。
② 杭州市旅游事业管理局编:《杭州市志·旅游篇(送审稿)》,第 9 页。

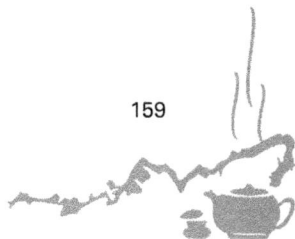

"几全部改为公园矣"①。诗人在杭州参观时,看到"现在的堤的两旁,绿树荫浓,桃柳相间。市府正利用空地,开辟公园,游人散步其中,如置身世外"②。1934年夏天,杭州大旱,西湖几近干涸,"为数十年来所未见。都市如此,乡镇可知;省会如此,外县可知"③。杭州市政府又一次以疏浚西湖的葑泥扩增苏堤堤身,种植花木,辟为苏堤公园,御碑亭也重建一新。此外,1929年,杭州市政府在城区东郊,利用铁路车站隙地20余亩,就原有池沼之地修建城站公园,是为城东有公园之始,改变了该地区长期缺乏公共娱乐设施的状况。

为改变公园分布不甚均衡的现状,杭州市政府还对杭州公园建设提出了总体规划,计划将前清抚署建成上城公园,将城隍山开辟吴山公园,在城区北部择一适当地点建城北公园,将丁家山择要布置公园,在九溪十八涧至钱塘江边,利用天然之山水,加以人工布置,筑成一大公园,吸引游客。④ 这些设想均已拟具计划,准备依次实施,只因抗日战争爆发,杭州沦陷,规划未能付诸实现。

(二)添建景点

据明田汝成《西湖游览志》统计,杭州有旅游景点450多处,而按清翟灏、翟瀚《湖山便览》记载,又增至1016处。清末民初以来,因历届政府保护古迹遗存、开发旅游资源,旅游景点更加丰富,除苏堤春晓、花港观鱼、柳浪闻莺、曲院风荷、雷峰夕照、平湖秋月、三潭印月、断桥残雪、南屏晚钟、双峰插云"西湖十景"外,新增六桥烟柳、九里云松、灵石樵歌、浙江秋涛、北关夜市、冷泉猿啸、葛岭朝暾、孤山霁雨"钱塘八景",及湖山春社、玉带晴虹、吴山大观、梅林归鹤、湖心平眺、宝石凤亭、玉泉鱼跃、天竺香市、黄龙积翠、云栖梵径、蕉石鸣琴、凤岭松涛、韬光观海、西溪探梅、小有天园、漪园湖亭、留余山居、篁岭卷阿、吟香别业、瑞石古洞、香台普观、六和塔、澄观台、述古堂24景。至于西湖春夏秋冬四时景物也是别有一番滋味,春天可在孤山月下看梅、虎跑泉试新茶、登双高峰望桑麦,夏天最宜在飞来峰避暑、压堤桥夜宿、湖心亭采莼,秋季游客喜欢在西泠桥畔醉红树、宝石山下看塔灯、满觉陇雨赏桂花,冬季杭州最惬意的当数三茅山顶望江天雪霁、山居听人说书、除夕登吴山看盆景。⑤

① 杭州市档案馆编:《民国时期杭州市政府档案史料汇编》,1990年,第87页。
② 唐应晨:《杭州市政的鸟瞰》,《市政评论》第4卷第8期。
③ 《东南日报》1934年9月7日。
④ 杭州市档案馆编:《民国时期杭州市政府档案史料汇编》,1990年,第86页。
⑤ 干人俊等编纂:《民国杭州新志稿》卷二五。

1925 年,刘再苏在编辑《西湖快览》时说:"西湖地极幽胜,高人奇士,往往开数弓之地,购屋三楹,以为避嚣终老之计。"西湖周围建了一些庄园别墅,规模较大者如夕照山麓汪庄,1923 年由上海裕泰茶庄主汪自新兴建,三面临湖,面积 17.958 亩,为西湖游览胜景之一。丁家山下刘庄,20 世纪初由刘学询兴建,因在西湖水边,园内有修竹千竿,字称"水竹居",面积 36 公顷,分祠、园、宅、墓等区,背山濒湖,环境优美,"水竹居,这是湖上的名园,西湖所有缀饰品中的尤物,四十年来,没有衰落的现象,且年年加以修葺,年年有新的布置、新的器具出现于游客的眼中"①。另有丁家山上康庄、卧龙桥下郭庄、万松岭上万松园,涌金门北澄庐,苏堤南端蒋庄、高庄、陈庄、钱庄等,主人不在时,也接待游客观赏。多少年后,这些庄园别墅有些还在,有些已被拆除,既是杭州城市文化的内涵,也是人文旅游资源的组成,仅就《杭州名人名居》所录 74 处现存的庄园别墅分析,有如下几个特点:在区位上,西湖周围 44 处,占 59.5%,城内 30 处,占 40.1%,其中,西湖北线 27 处,占 36.5%,南线 22 处,占 29.7%;在形式上,西式 37 处,占 50%,中式 22 处,占 29.7%,中西式 15 处,占 20.3%;在规模上,原先占地面积一亩以上者占绝大多数,随着城市化进程的纵深发展,花园、天井等被蚕食,仅剩主体建筑,其中,不足一千平方米的 21 处,占 28.4%;在材料上,除极少数为木结构,基本是砖木结构甚至用青砖砌就;在来源上,自建 44 处,占 59.5%,购买、租用 30 处,占 40.1%。②

值得一提的是,民国以来,西湖周围陆续修筑了一系列纪念先烈的建筑群,如,前述的孤山原系清代行宫,被开辟成纪念辛亥革命烈士的园地。1928 年,浙江省政府在三公园码头建立辛亥革命元老、上海都督陈英士铜像,身着戎装,披风飞舞,骏马仰首疾奔,十分英武。次年,国民党浙江省党部在第二码头建北伐阵亡将士纪念塔,塔顶使用炮弹造型,塔形庄严。1934 年在五公园码头,著名雕塑家刘开渠为 1932 年一·二八淞沪抗战牺牲的将士创作淞沪战役国军第八十八师阵亡将士纪念碑。碑的台座镶嵌着 4 块浮雕,分别是"纪念"、"冲锋"、"抵抗"、"继续杀敌",表现了爱国志士英勇杀敌以及人民哀悼为国殉难者的情景;碑顶竖立两人立像,一位是一手指前方,一手持望远镜的军

---

① 大乔:《谈大刘庄》,《越风》1937 年增刊。

② 杭州市政协文史资料委员会编:《杭州名人名居》(上、下),杭州:杭州出版社 2006 年版。该书所录共计 87 处名人名居,因其中 13 处不在杭州城内,分布在萧山、富阳、余杭、桐庐、临安、建德、淳安,故按 74 处统计分析。

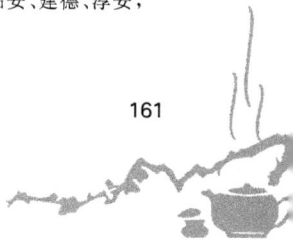

官,一位是手持刺刀,随时准备冲锋陷阵的士兵,两人表情坚毅果敢,周围是 4 颗落地的重磅炸弹。这些富有鲜明时代特色的建筑群,不是普普通通的旅游景点,为柔美的西湖注入了"时代的英气",如时人周行保所说,"湖上新建的革命阵亡将士纪念碑和埋葬着忠骨的坟墓,表现了奋斗的光荣,使一向称作'淡妆浓抹总相宜'的软绵绵的湖山,充满着可歌可泣、悲壮的情调"①,由此西湖成为中外游客缅怀先烈、接受教育的场所。

(三)疏浚西湖

自唐至清,疏浚西湖较重要者 23 次,其中,白居易、苏东坡、杨孟瑛、李卫、阮元的 5 次规模最大。

清同治三年(1864),浙江布政使蒋益澧创立西湖浚湖局,委钱塘丁丙主其事。北洋军阀统治年间,1917 年,西湖浚湖局改为西湖工程局,隶属省会工程局。鉴于西湖荒草丛生,湖水淤浅,开始使用机器疏浚泥塞,略有成效,"清波门外,净慈寺前,那几块湖中的淤滩,从前远远望去,仿佛是几座荒岛,如今已全没有了,全给工程局的挖泥机器挖去,湖面因此阔了好些。游船向西湖的西北角上去,没有胶滞的障碍,也便当许多。这一件事,我们游客,和爱西湖的人,不能不向官厅表示一种感谢的态度"②。但因战争连绵不断,政局动荡不安,对西湖的治理"仅稍加整理而已",葑草淤泥壅涨日甚,水位极浅,尤其是里西湖以及长桥一带全是芦草,外西湖的游船航道需立竹竿作为标记方可通行,终因"湖身淤浅,湖水混浊"而遭批评,"虽有挖泥之举,惜无整个之计划以资遵守,而规模微小终属无补"③。

西湖淤积日益严重,不仅影响杭州旅游业的发展,而且关乎杭县、海宁一带的农田灌溉。1927 年杭州建市后,"庶政革新,建设事业,尤有突飞猛进之势",西湖工程局被裁撤,由省会工程局、杭州市政府工务科负责西湖疏浚事宜,常设由 30 余人组成的浚湖队,配置机器挖泥船 2 艘、捞草机船 2 艘、小船 18 艘,每日可挖湖泥及捞除水草各 110 平方米。但因淤塞严重,加上湖面宽广,疏浚深度十分有限,市政当局曾考虑进行大规模疏浚,"湖泥淤积,杂草丛生,日就淤浅。现虽设置挖泥及捞草机船从事疏浚,惟收效有限,故极有疏浚

---

① 周行保:《西湖史话》,载《浙江省立博物馆馆刊》,1935 年,第 100 页。
② 毕倚虹:《湖上探春记》,载周瘦鹃编著《湖上》,大东书局 1929 年版,第 62 页。
③ 杭州市政周刊特刊:《三个月之杭州市政》,第 71 页。

之必要"①,却限于财力而无法实施,"只能维持现状,免其继续淤涨而已"②。因此,从 1936 年起,市政当局在每年征工服役工事中,列入浚湖工作,以增加浚湖力量,提高浚湖效率。

杭州沦陷期间,原有的浚湖队星散,泥草淤塞更加严重。1938 年,日伪杭州市政府恢复成立浚湖队,负责捞草以及清淤工作。但因人工、船械不敷使用,很难维持现状,只能在外西湖南部壅塞最严重的湖区疏浚。1939 年可以说是沦陷期间浚湖工作最有成效的一年,共捞草 5987 立方米,开挖污泥 1.03 万立方米,以后逐年减少,1941 年仅捞草 868 立方米。③

抗日战争胜利后恢复浚湖队,当时西湖日显淤塞,湖水平均深度只有 0.6 米,从 1945 年至 1949 年 3 月,共挖湖泥 10232 立方米,割除湖中残荷水草累计 3320 亩,清除积污水草 39323 吨,但浚湖工作"仅能拔除湖草,挖取最浅处污泥,不至恶化"而已。④

综上,清末以及民国时期杭州地方政府从未停止疏浚西湖,其中,市政当局功不可没,"杭市过去种种设施,实赖该局之力"⑤。但因财力有限,无法进行大规模整治,西湖壅塞呈日趋严重之势,1949 年 5 月杭州解放前夕,西湖平均深度仅 0.55 米,蓄水 300 万立方米,游船过后,泛起阵阵泥浆;湖底水草遍生,游船只能循航道行驶而不能畅行漫游;堤基塌陷,一遇汛期,湖水漫至堤上,桃柳如陷泽国;西湖西南部成为沼泽地,杂草丛生,蚊苍孳聚,一片荒芜。

(四)整治环境

按照现代城市管理理念,环境分成自然环境和社会环境两部分,前者包括地质、地貌、水文、气候、土壤、动植物诸要素,后者由经济、政治、文化、历史、人口、民族、行为等基本要素构成。因此,本章所述环境整治是一系统工程,涉及污染、卫生、绿化、亮灯、畅通、违章建筑等多方面,事实上,在追溯近代杭州旅游资源保护与开发时,也应涉及杭州市政建设的许多方面,由于道路、建筑、广告等前已述及,此处仅对绿化、营葬、河水污染做一简述。

1927 年市政府组建前,杭州行道树、园景树不过 2600 余株。由于植树绿

---

① 杭州市政府秘书处编:《杭州市政府十周年纪念特刊》,序。
② 杭州市档案馆编:《民国时期杭州市政府档案史料汇编》,1990 年,第 87 页。
③ 杭州市档案馆编:《民国时期杭州市政府档案史料汇编》,1990 年,第 260—261 页。
④ 杭州市档案馆编:《民国时期杭州市政府档案史料汇编》,1990 年,第 498 页。
⑤ 傅荣恩:《江浙市政考察记》,新大陆印刷公司 1931 年版,第 24 页。

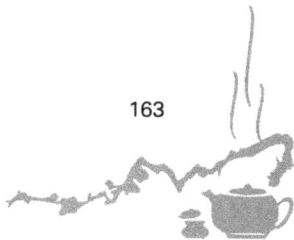

化对于市容、卫生有重要的正面影响,更能美化以风景明丽著称的杭州,市政府尤重视此项工作,把它作为市政设施建设的重要方面。杭州建市后,增设花圃苗圃,培植各种苗木,又由市工务局负责对风景区、公路人行道及西湖周围植树绿化,经过种植,1931 年有行道树 7900 余株,园景树 3600 余株。① 及 1937 年,共植行道树 25143 株,各风景名胜处植树 18494 株,西湖夕照山、宝石山、南屏山、丁家山 4 山造林栽植树苗 7164587 株。② 工务局专门设立树艺队,负责整修公园名胜花木以及行道树木。为了适应大规模种植树木花草的需要,又在拘桔弄辟苗圃 58 亩,在松木场辟花圃 18 亩,培育各种花卉、树木数以万计。

由于杭州"营葬坟墓,向无地域之限制,故一出城区,触目者尽属累累墓冢,耗失土地,损坏风景,莫甚于此"③。尤其在西湖环湖一带,坟墓营葬更是杂乱无章,从而严重影响西湖甚至杭州的整体形象。1929 年 4 月,杭州市政府为整顿西湖风景、保护旅游资源,强制规定在西湖名胜景点 150 米以内禁止营葬,明显改观了西湖景区沿线的市容风貌。

前已述及,清末民初杭州城内的河的数量、大小变化并不大,但随着城市化的推进,同样是治理河水污染,晚清与民国的目的、方法却迥异。在晚清 5 次较大规模的治河中,无论薛时雨、丁丙、潘炳南、曾韫浚河,还是梅启照开凿新横河,目的都是保障舟楫畅通,用的方法是疏。民国时期 8 次较大规模的治河,目的是灌溉、修路,用的方法除疏,还有填;就河水污染,则加强监管、发出预警,提醒居民注意饮水卫生,如,"本市城区河流,本周寥寥,而多淤浊浅塞,以小车桥下长寿路西大街至武林门间之一段尤甚,⋯⋯入夏以来,适值久晴,奇热亢旱,该处积水浊腐,水色由绿变黑,臭气滔天,各种微生虫及孑孓繁生,日以数万万计,不但该处居民饮料用水已直接受影响,且将来全市居民疫疾之蔓延,又何堪设想? 当此厉行新生活时期,市府卫生当局盖不以公共卫生市民健康关键为前提,而注意及之"④。一旦发生河水污染,卫生部门及时关注,如,1936 年《东南日报》刊登《湖墅饮水有否毒质》一文,质疑某化学工厂排放的工业污水流入河中,恐怕有毒。市政府卫生科马上派人查验,认为其生产的

---

① 建设委员会调查浙江经济所编:《杭州市经济调查》(上编),第 67—68 页。
② 杭州市档案馆编:《民国时期杭州市政府档案史料汇编》,1990 年,第 87 页。
③ 程远帆:《十年来杭州市之进展与今后之展望》,《市政评论》第 5 卷第 7 期。
④ 《东南日报》1934 年 7 月 22 日。

产品是醋酸木炭、元明粉等,原料是木材,滤出之水流入河中,没有毒质,但会引起河水浑浊不洁,希望当地居民不要随便饮用。①

在结束本章前,尤其需要说明的是,1937年12月杭州沦陷后,西湖蒙难,园林名胜"摧残殆尽"。② 日本侵略者一度禁止赴西湖游览,没有特别许可证不得进入风景区,以致佳景荒芜,古迹遗存失修,庄园别墅废弃。日本侵略者推倒湖滨公园北伐阵亡将士纪念塔、陈英士铜像及淞沪战役国军第八十八师阵亡将士纪念碑,抛入西湖;焚烧白云庵以及灵隐寺的梵香阁、伽蓝殿等多间殿宇;拆毁西湖博览会桥、西湖大礼堂及吴山上的大观台等;捕吃玉泉观赏巨鱼,砍去理安寺的参天古木;把钱王祠作为马厩,并在烟霞洞口修筑防御工事;拔去苏堤的桃柳,种植象征大和民族的樱花。杭州居民因生活燃料缺乏,被迫到西湖周围群山砍柴挖根,万松岭、九里松的松林几乎被砍尽,水土严重流失,加速西湖淤塞。许多风景荒芜废弛,花港观鱼仅剩3亩园地,曲院风荷只留1亭1碑,半亩大小,柳浪闻莺垃圾成堆,破旧不堪。日伪杭州市政府成立后,成立浚湖队、树艺队、西湖名胜管理处,拟订整理西湖名胜计划,但因时局、经费影响,成效甚微,如,整理西湖名胜计划的预算经费只是一纸空文,至1941年仍然无法落实到位。整个沦陷期间,几乎没有任何园林建设可言,只在1938年、1939年两年,由日军驻杭最高部队"赠送"日伪市政府日本国花——樱花4500株,分植于万松岭之阳及湖滨公园、中山公园、苏堤、白堤等处。③ 1945年9月,沈松林作为浙江省政府返杭的先遣人员之一,进杭城安排好住宿,就迫不及待地去湖滨公园走了一圈,他看到的却是满目疮痍的湖山:

> 只见公园内铁栏杆和沿湖的铁索极大多数被拆掉了,路灯全毁,靠椅不见,到此杂草丛生、粪便遍地,秽气逼人,我不禁感叹"湖山遭殃,西子蒙羞"。灵隐寺的僧房也被日军烧光,竹木砍尽,其他庙宇也颓败不堪,特别是铁栏杆、铁门全被拆除。平湖秋月、三潭印月以及各个庄子里面的家具古玩均被敲光搬光,苏堤上的石椅一只不留,石碑也被打碎不少,甚至玉泉、花港的鱼,也都不见了,真是面目全非,一片荒凉。由于日军时常藉口搜索"支那兵",经常封锁西湖,游人视

---

① 参见项文惠、钱国莲编著《杭州运河治理》,杭州:杭州出版社2013年版,第105—114、132—133页。

② 杭州市档案馆编:《民国时期杭州市政府档案史料汇编》,1990年,第262页。

③ 杭州市档案馆编:《民国时期杭州市政府档案史料汇编》,1990年,第262页。

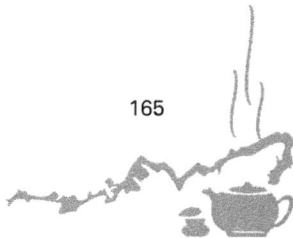

为畏途,沦陷 8 年,西湖风景被日寇糟蹋得不像样了。①

抗日战争胜利后,市长周象贤将宝石山塔儿头的日本领事馆收回,改造为外宾招待所,把苏堤上的日本樱花全部移植到招待所内,并在苏堤补种桃柳,恢复"间株杨柳间株桃"的美景。杭州市政府重新整修园林名胜,割除里西湖北及苏白二堤、外西湖边等处残荷杂草近千亩;修理湖滨公园铁栏杆及柱子,并在五公园、六公园新建钢筋混凝土的坐凳;修理秋瑾墓,重建风雨亭;改建西泠印社,重建中山公园万菊亭;新建白云庵革命纪念馆,修理张苍水祠墓;补植市区开元路等 40 余条重要街道的行道树,种植了至郊区如庆春门至笕桥、净寺至梵村、武林门至小河等处及远郊钱塘江边至梅家坞、翁家山至四眼井、茅家埠至龙井等处行道树;制定《西湖造林计划大纲》,决定分期、分批绿化西湖周围群山,尤其是夕照山、葛岭山、南屏山、丁家山,大纲开宗明义地说:

> 西湖环湖诸山,蜿蜒起伏,名称不一,如凤凰山、玉皇山、将台山、青龙山、九曜山、南高峰、三台山、棋盘山、天马山、栖霞山、北高峰、美人峰、天竺山、狮子峰、五云山,及万松岭等,面积之广,无虑数十万亩,年久未经整理,悉付童秃,于湖山美观及国家经济,均受窒碍。兹值政事改革之始,凡百事业,悉待建设,如是名胜之区,为中外人士所观仰,似宜积极整理,施行造林,俾湖山景色,益臻完美。

并具体分"清理官山"、"造林方法"、"收支概算"、"结论"4 部分,详细计划了未来 10 年之内西湖的造林绿化。按照《西湖造林计划大纲》,此后三四年间,夕照山、葛岭山、南屏山、丁家山 4 山造林 600 余亩,植马尾松、枫杨、乌桕、侧柏、刺槐等树苗 330 余万株,并派林警巡逻保护。② 另在西湖周围公园种植花草几十万株。为配合大规模绿化和植树造林的需要,又增辟苗圃、花圃 100 余亩。

---

① 沈松林:《抗战胜利后返杭见闻》,载杭州市政协文史资料委员会编《杭州文史资料》(第 23 辑)第 18-19 页。
② 《西湖造林计划大纲》,《国立第三中山大学教育周刊》,第 9—24 页。

第六章
近代杭州客源市场分析

  对旅游客源市场的理解,可以简化到外出旅游的"人",即游客。随着旅游近代化进程的推进,旅游成为习以为常的事,大众旅游即将来临,"旅游是某种社会身份或生活方式的标志,不出门旅游就像没有一辆车或一座房子一样是令人尴尬的事情"[①]。人员大规模、高频率的流动,形成若干相对固定、有规律的客流量,从一个国家或地区的层面看,分境内旅游、出境旅游、入境旅游三部分,而且从全球旅游发展的普遍规律看,一个国家或地区的旅游首先肇始于本国或本地区居民在境内的旅游活动,等到时机和条件成熟后,再扩展为本国或本地区居民的出境旅游。其中,境内旅游无论是客流量还是消费支出,将占一个国家或地区整个旅游的 80％～90％ 左右。至于入境旅游则与客源地的对外经济、贸易交往、人口数量、个人收入、闲暇时间,也与目的地的资源禀赋、交通距离、政局治安等影响因素相关联。要对近代杭州境内旅游、出境旅游、入境旅游的客流量及其旅游收入做详细的叙述,几乎不太可能。造成这一困难的原因很多,主要在于缺乏相应的统计数据。但分析近代杭州的旅游客源市场,客流量及旅游收入这一现实问题显然无法回避。本章不得不采取变通的方法,首先从人们的旅游需求出发,考察近代杭州旅游主体丰富多彩的活动;再使用已有的统计数据,对近代杭州境内旅游、出境旅游、入境旅游的状况和水平予以概括性分析,得出相近的面貌。

---

  ①　Urry J. The Tourist Gaze. London：Sage.

一、旅游活动

（一）观光旅游

从妇孺皆知的文人雅士如白居易到默默无闻的中外游客如马尔智,无不惊叹杭州人间天堂般的美丽,白居易作诗云:

> 湖上春来似画图,乱峰围绕山平铺。
>
> 松排山面千重翠,月点波心一颗珠。
>
> 碧毯线头抽早稻,青罗裙带展新蒲。
>
> 未能抛得杭州去,一半勾留是此湖。①

马尔智日记说:"西湖是中国最美丽的景点,杭州因之而遐迩闻名,"并且广而告之:"'上有天堂,下有苏杭',说的果然没错,除了苏、杭之外,难道还有更适合度蜜月的地方吗?"②的确,杭州有丰富的旅游资源,据田汝成《西湖游览志》统计,旅游景点 450 多处,翟灏、翟瀚《湖山便览》又增至 1016 处。这些景点是观光游览的主要对象,其中,知名度较大者如灵隐、岳庙、三潭印月等又是游客必到之点。近代以来,因政府加强对古迹遗存保护、旅游资源开发,杭州的旅游景点更加绚丽多彩,从而使观光游览有了新的内涵。

1. 探梅赏荷

(1)探梅

寻梅吊古,趣味幽深。近代以来,苏州邓尉、无锡梅园、杭州超山仍是江南三大探梅胜地。邓尉梅花名噪天下得益于康熙帝、乾隆帝的六下邓尉,"每年春初,仍能吸引各地游人纷纷前去探梅,因为除了剩余的梅花散在各处,仍可饱看外,那边的明山媚水,也是值得游赏一下的"③。梅园于 1912 年以小桃园旧址改建,系荣氏的私家花园,以老藤、古梅、新桂、奇石显示其高雅古朴,植梅5500 多株,"日来风和日丽,春色宜人,荣氏梅园正值万梅竞放之际。远近仕

---

① 《全唐诗》卷四四六白居易《春题湖上》。

② 《马尔智日记》,《杭州日报》2009 年 11 月 13 日。

③ 周瘦鹃:《苏州游踪》,南京:金陵书画社 1982 年版,第 70 页。

女游览者,开原路上车水马龙,络绎不绝。又值星期休假,以故游人更众。名伶梅兰芳亦远道戾止,于昨日前赴该园作探梅之举"①。早在五代后晋时,超山当地农村居民家家户户以植梅为副业,环山 15 公里,汇成梅海,有"十里梅花香雪海"之赞誉,且多唐梅、宋梅。初春时节,梅花盛开,满山艳翠,是探梅最佳胜地。过去限于交通,加上山路崎岖,一日不能往返,故梅虽著,游客却少。林纾雇舟超山寻梅,其香"远馥",其形"近偃",其色"玉雪",引人入胜:

> 夏容伯同声,嗜古士也,隐于栖溪。余与陈吉士、高啸桐买舟访之,约寻梅于超山。由溪上,易小舟,循浅濑,至超山之北,沿岸已见梅花。里许,遵陆至香海楼,观宋梅。梅身半枯,侧立水次;古干诘屈,苔蟠其身,齿齿作鳞甲,年久,苔色幻为铜青。旁列十余树,容伯言皆明产也。景物凄黯无可纪,余索然将返。容伯导余过唐玉潜祠下,花乃大盛,纵横交纠,玉雪一色;步武高下,沿梅得径;远馥林麓,近偃陂阤;丛芬稿缟,弥满山谷,几四里始出梅窝。阴松列队,下闻溪声,余来船已停濑上矣。余以步,船人以水,沿溪行,路尽适相值也。是晚仍归栖溪。
>
> 迟明,复以小舟绕出山南,花益多于山北。野水古木,渺晶滞翳,小径岐出为七八道,抵梅而尽。至乾元观,观所谓水洞者。潭水清冽,怪石怒起水上,水附壁而止。石状谽閜,阴绿惨淡,石脉直接旱洞。旱洞居观右偏。三十余级及洞口,深窈沉黑中有风水荡击之声。同游陈寄湖、涤寮兄弟,爇管入,不竟洞而出。潭之右偏,镌"海云洞"三大字,宋赵清献笔也。寻丁酉轩父子石像,已剥落,诗碣犹隐隐可读。容伯饭我观中,余举箸叹息,以生平所见梅花,咸不如此之多且盛也。容伯言:冬雪霁后,花益奇丽,过于西溪。然西溪余两至,均失梅候。今但作《超山梅花记》,一寄容伯,一寄余友陈寿慈于福州。寿慈亦嗜梅者也。②

沪杭公路通车以后,杭州、上海等地游客纷纷来此探寻唐宋之梅。1930年,杭州旅行社推出超山探梅旅游,发布"试组超山探梅团"的信息,并预定于3 月 9 日出发,当日返回。但 3 月初连日风雨,深恐梅花凋零,不敢组团。又

---

① 《新无锡》1933 年 3 月 20 日。
② (清)林纾:《畏庐文集》之《记超山梅花》,民国二十四年铅印本。

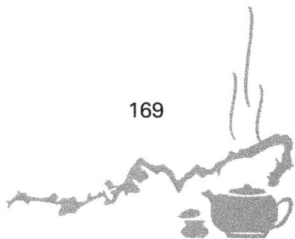

因问者终日不绝,派人前往孤山就近探梅无恙,9日上午备两辆汽车前往,费时90分钟。雨洗后的梅花自然分外妖娆,清香四溢,幽静恬美,游客莫不乐而忘返。

吴昌硕与超山梅林结下不解之缘,曾多次赴超山探梅,有"十年不到香雪海,梅花忆我我忆梅"的唱叹。及84岁高龄,仍偕子吴东迈、学生王个簃等人,手持木杖赴超山探梅。1927年去世以后,亲属遵其遗愿,在超山大名堂香雪坞中筑陵安葬,实现其永居梅林之夙愿。1931年3月,教育家蒋维乔邀同文学家、《孽海花》作者之一的金松岑等多人,乘公用局汽车前往超山探访宋梅。车至超山西村,换乘篮舆进山,一路已见梅林半里,及报慈寺前不远处有香海楼,数百株梅花含苞怒放,真乃"十里梅花香雪海",宋梅老干虬枝,斜倚湖石,分为两支,一上张如伞盖,一蟠屈至地而复起,皮皱若鳞,苔纹斑驳,呈深青色,古色古香,耐人寻味。游后,蒋维乔作《超山探梅记》,金松岑亦有《超山观宋梅》五言诗。1933年3月5日,蒋维乔、金松岑等又应之江大学诗社社友邀请,一行十余人,由邵祖平为导游,先往安隐寺探唐梅,再赴报慈寺探宋梅,尽兴而归。

郁达夫曾探访超山宋梅,并作《超山的梅花》一文:

　　……

　　超山脚下,塘栖附近的居民,因为住近水乡,阡陌不广之故,所靠以谋生的完全是果木的栽培。自春历夏,以及秋冬,梅子、樱桃、枇杷、杏子、甘蔗之类的出产,一年总有百万元内外。所以超山一带的梅林,成千成万由我们过路的外乡看来,只以为是乡民超味的高尚,个个都在学林和靖的终身不娶,殊不知实际上他们却是正靠此而养活妻儿的哩?

　　超山的梅花,向来是开在立春前后的。梅干粗极大,枝叉离披四散,五步一丛,十步一坂,每个梅林,总有千株内外,一株花朵,又有万颗左右,故而开的时候,香气远传十里之外的临平山麓,登高而远望下来,自然自成一个雪海,近年来虽说梅减少了一点,但我想比到罗浮的仙境,总也只有过之,不会不及。

　　从杭州的超山去的汽车路上,过临平山后,两旁已经有一处一处的梅林在迎送了,而汇聚得最多,游人所必到的看梅胜地,大抵总在汽车站西面,超山东北麓,报慈寺大明堂前头,梅花丛里有一个周梦坡筑的宋梅亭在那里的周围五六里地的一圈地方。

　　……

　　大明寺前的所谓宋梅,是一棵曲苍老,根脚边只剩了两条树皮围拱,中间空心,上面枝干四叉的梅树。因为怕有人折,树外面全部是用一铁线网罩住的。树当然是一株老树,起码也要比我的年纪大一两倍,但是不是宋梅,我却不敢断定。去年秋天,曾在天台山国清寺的伽蓝殿前,看见过一株所谓隋梅。

　　前年冬天,也曾在临平山下安隐寺里看见过一枝所谓唐梅。但所谓隋,所谓唐,所谓宋等等,我想也不过"所谓"而已,究竟如何,还得去问问植物考古的专家才行。

　　……①

　　经上述诗文妙笔生花的描述、渲染,超山探梅果然名不虚传,引得各地游客跃跃欲试,杭州旅行社等抓住时机,每年适时安排旅行团,组织游客赴超山探梅。

（2）赏荷

　　理学大师周敦颐的《爱莲说》仅 119 字,却不像多数文人对荷清姿素容的惊叹,托物言志,以荷喻人,歌颂了"出淤泥而不染,濯清涟而不妖"的美德,表达了不与世俗同流合污的高尚品德和对于追名逐利世态的鄙视,关键词系"花之君子者也"。② 夏季赏荷,历来就是游客尤其是文人雅士情有独钟的观光游览内容。在杭州西湖断桥内侧的北里湖,种有大片荷花,每到盛夏时节,"接天莲叶无穷碧,映日荷花别样红"③,是西湖夏季一道独特的景观。西湖赏荷当数曲院风荷。曲院原系南宋宫廷酿酒作坊,濒临西湖湖岸,湖面种植荷花;莲叶田田,菡萏妖娆,从造型各异的小桥且行且看,人倚花姿,花映人面,赏心悦目;和风徐来,淡淡荷香,四处飘逸,沁人肺腑,飘然若仙。难怪阮毅成一直在回忆:

---

　　① 李杭春、陈建新主编:《郁达夫全集》(第四卷),杭州:浙江大学出版社 2007 年版,第 157—159 页。

　　② (宋)周敦颐:《爱莲说》,载王水照选注《宋代散文选注》,上海:上海古籍出版社 1978 年版,第 47 页。

　　③ (宋)杨万里:《晓出净慈寺送林子方》,载《杨万里诗文集》(上),南昌:江西人民出版社 2006 年版,第 402 页。

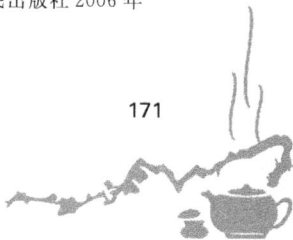

六月西湖忆旧游,荷香遍绕小瀛洲。
燕支水煮新莲粉,染得诗心别样柔。

六月西湖忆昔年,荷香吹动晚风前。
短篷每系苏堤下,爱听邻舟唱采莲。

六月西湖忆昔时,荷香十里正催诗。
人来曲院花前立,水上新开并蒂枝。

六月西湖忆昔人,荷香廿载隔丰神。
情怀高洁如君子,来岁花时应可亲。①

2.钱江观潮

钱塘秋潮是闻名全球的奇观,之所以形成惊涛汹涌的壮观景象,则因钱塘江入海口外宽内窄的地势所致。涨潮时,海水从宽达 100 公里的杭州湾入海口涌入,因受狭窄江岸约束,形成涌潮。涌潮又受江口拦门沙坎阻挡,翻起巨浪,后推前涌,汹涌奔腾,涨成潮头,壁立江面最高可达 3.5 米,潮差 8.9 米。

钱江观潮始于汉魏六朝,盛于唐宋,南宋临安江干,号称潮势最盛,"浙江之潮,天下之伟观也,自既望以至十八日为最盛。方其远出海门,仅如银线,既而渐近,则玉城雪岭,际天而来,大声如雷霆,震撼激射,吞天沃日,势极雄豪"②。近代以来,因地貌地形的变迁,钱江观潮最佳胜地已移至海宁县盐官镇东南一段海塘尤其是八堡。在沪杭铁路开通前,游客是坐蒸汽拖船去的,"若欲前往最佳观潮地海宁,游客可以在满月那一天从上海随去杭州的拖船队出发,但是有三条不同的路线。第一条路线就是随拖船队到嘉兴之后便下船,然后换乘住家船沿着长水塘(Hay Zay Creek)南下。这条路风景最好,但是距离也最长。第二条路线是随拖船队一直到石门镇,出镇之后在镇子左面的第一座桥处换摇橹的住家船,继续前行到河右面的送子桥时,左拐走上塘河(Hay Ning Creek)直达海宁。第三条路线是过了送子桥之后再前行大约40 分钟,接着左拐直至新坡和老坡。这些是指翻坝,翻坝上面的那条运河一

---

① 阮毅成:《三句不离本杭》,杭州:杭州出版社 2011 年版,第 211 页。
② (宋)周密:《观潮》,载四水潜夫辑《武林旧事》,杭州:西湖书社 1981 年版,第 44 页。

端是去海宁,另一端离杭州很近。走这条水路的话不用担心船会碰上又窄又低的桥洞。此外,它还是一条最近的路线,从石门镇到海宁只需三个小时。如果旅客不想将自己的船拖过坝的话,他可以在上面那条河另租一条船,并赶在两小时内抵达海宁,这样就可以节省时间"①。

沪杭铁路开通后,游客有了更多的交通选择,铁路部门抓住时机,"开驶海宁观潮专车",如,1919年10月10日,"为沪杭铁路开驶海宁观潮专车之第一日。上午五点四十五分由上海北站出发。天气既极晴朗复值双十佳节,故中西士女以及学界团体到者非常拥挤,综计乘客及该路办事员役人等约四百余人","沿途所经各站除梵王渡徐家汇略停以待观客上车外,其余客站皆不停留"。抵斜桥车站后,"由铁路招待员指引观客步行至船埠分别登舟"。到海宁后,"各宾客舍舟登陆,沿途由警察指引以达围场,该围场即在沿塘接官亭旧址上搭竹篷,周围竹栏,门口国旗与路旗交叉并悬有万国旗。围场券每张大洋二元。场中备有椅桌,观客可随意休息。午餐由铁路大餐车承办,以极精致之纸盒贮存各种冷餐。每客一具,其味既佳且颇美观,故观客甚为满意"②。由于游客报名踊跃,沪杭铁路路局该项收益颇丰,"于此三天内售出专车票共九百张左右,每张六元,计之约洋五千余元。又售出职票百余张,每张三元,共洋三百元。又售出西餐票三百张,每张三元五角,约一千元。又在海宁围场售出围场票三十余张,约六十元,统计共收入洋六千三百余元。费约一千数百元,出入相抵净余五千元左右"③。从此,沪杭铁路路局开专车行"钱江观潮之举,久成习惯"④。

在1930年3月沪杭公路杭平段(杭州沿海塘到金丝娘桥)通车以后,各地开行观潮旅游专车,"历年观潮,均由沪杭铁路开驶专车。兹以公路完成,预计乘汽车前往海宁者必众,故特备观潮专车数辆,自乍浦直达海宁,每日往返数次"⑤。该路4月正式通车营业,4—12月的营业额分别为2312元、3857元、3575元、5250元、6875元、7476元、17082元、6806元、5797元,共计59030元。其中,10月份收入最高,占全年9个月的28.93%,"收入之骤加,为海宁

①　William Kahler. The Hangchow Bore, and How to Get to It. Shanghai: "Union" Office 1905:5-6.
②　《沪杭路观潮车始发》,《申报》1919年10月11日。
③　《沪观潮专车增加》,《申报》1919年10月15日。
④　《卢督军沈省长准沪杭路开驶海宁观潮专车》,《申报》1920年9月26日。
⑤　《平湖公路站备观潮专车》,《申报》1933年9月10日。

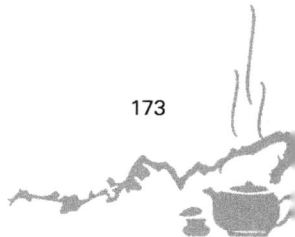

173

观潮专车之收入"①。

即使如此,仍有不少游客因车挤路堵不能赴海宁观潮,败兴而归,"浙江之潮,雄伟奇观甲天下,虽洋海之大,无以及其怪也。故每届秋令潮汛,往观者不远千里而来。铁路特有观潮专车之增,轮船汽车莫不加班,而仍有车满舟塞后至者失望。其盛况固无与论也"②。

为了便于观潮,时人撰写《海宁观潮指南》:

钱塘江之潮,名闻全国,本埠各国人士前往观者,甚为踊跃。阴历八月十八,系潮神诞日,前清是日,由州长(光复后改州为县)具三牲神烛,礼于江边之祭潮亭,潮来则投之江中,光复以后,已废此迷信之举,而有演剧等事。……沪杭甬路局之观潮专车,即在阴历十七十八两日,盖循旧俗。并到江边之时间,可稍宽裕也。往年之专车,开至长安站为止。但该处河道较狭,遇旱年且有河涸之患,故已改至斜桥站。该处系运河支流,终年不涸,且海宁方面之河埠,与由长安往者较近也。……往海宁观潮者,不可不游诸遗迹名胜。兹略述之于后:潮神庙、陈阁老故居、啸园、安澜园故址、北寺及西寺。……不乘专车而往观潮者,日期最好定在中秋左右,先一日购车票至长安,长安各车均停,故较斜桥便利。是晚宿于长安,长安有旅馆约五六个。二三人房间,每日约一元足亦。翌晨乘小轮船约一小时至海宁。午后返长,乘七时夜车返沪。既可畅游,又得观较大之潮头。如第一日由长安即往海宁者,可在江边赏月,又可观夜潮。唯海宁旅馆不多,必有人满之患耳。……自长安至海宁,亦可雇小船,平时往返只须一元。观潮期内则无定价。大船亦有,必早日托人预定也。③

海宁观潮一直在漫画家丰子恺脑海里翻腾,他本要看"潮辰"的惊心动魄,无奈脚疾发作,"行步维艰",只得改地点在杭州的三廊庙,潮却迟迟不来,"以后看潮就看好了",似乎目的尚未达到,大失所望,败兴而归:

阴历八月十八,我客居杭州。这一天恰好是星期日,寓中来了两位亲友,和两个例假返寓的儿女。上午,天色阴而不雨,凉而不寒。

---

① 陈体诚:《本局车务统计之研究》,《浙江省公路汇刊》1930年第2期。

② 《申报》1927年9月16日。

③ 尊庸:《海宁观潮指南》,《申报》1925年10月1日。

有一个人说起今天是潮辰,大家兴致勃勃起来,提议到海宁看潮。但是我左足趾上患着湿毒,行步维艰还在其次;鞋跟拔不起来,拖了鞋子出门,违背新生活运动,将受警察干涉。但为此使众人扫兴,我也不愿意。于是大家商议,修改办法:借了一只大鞋子给我左足穿了,又改变看潮的地点为钱塘江边,三廊庙。我们明知道钱塘江边潮水不及海宁的大,真是"没啥看头"的。但凡事轮到自己去做时,无论如何总要想出它一点好处来,一以鼓励勇气,一以安慰人心。就有人说:"今年潮水比往年大,钱塘江潮也很可观。""今天的报上说,昨天江边车站的铁栏都被潮水冲去,二十几个人爬在铁栏上看潮,一时淹没,幸为房屋所阻,不致与波臣为伍,但有四人头破血流。"听了这样的话,大家觉得江干不亚于海宁,此行一定不虚。我就伴了我的两位亲友,带了我的女儿和一个小孩子,一行六人,就于上午十时动身赴江边。我两脚穿了一大一小的鞋子跟在他们后面。

我们乘公共汽车到三廊庙,还只十一点钟。我们乘义渡过江,去看看杭江路的车站,果有乱石板木狼藉于地,说是昨日的潮水所致的。钱江两岸两个码头实在太长,加起来恐有一里路。回来的时候,我的脚吃不消,就坐了人力车。坐在车中看自己的两脚,好象是两个人的。倘照样画起来,见者一定要说是画错的,但一路也无人注意,只是我自己心虚,偶然逢到有人看我的脚,我便疑心他在笑我,碰着认识的人,谈话之中还要自己先把鞋的特殊的原因告诉他。他原来没有注意我的脚,听我的话却知道了。善于为自己辩护的人,欲掩其短,往往反把短处暴露了。

我在江心的渡船中遥望北岸,看见码头近旁有一座楼,高而多窗,前无障碍。我选定这是看潮最好的地点。看它的模样,不是私人房屋,大约是茶馆酒店之类,可以容我们去坐的。为了脚痛,为了口渴,为了肚饥,又为了贪看潮的眼福,我遥望这座楼觉得异常玲珑,犹似仙境一般美丽。我们跳上码头,已是十二点光景。走尽了码头,果然看见这座楼上挂着茶楼的招牌,我们欣然登楼。走上扶梯,看见列着明窗净几,全部江景被收在窗中,果然一好去处。茶客寥寥,我们六人就占据了临窗的一排椅子。我回头喊堂倌:"一红一绿!"堂倌却空手走过来,笑嘻嘻地对我说:"先生,今天是买坐位的,每位小洋四角。"我的亲友们听了这话都立起身来,表示要走。但儿女们不闻不

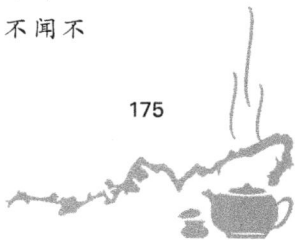

问，只管凭窗眺望江景，指东话西，有说有笑，正是得其所哉。我也留恋这地方，但我的亲友们以为座价太贵，同堂倌讲价，结果三个小孩子"马马虎虎"，我们六个人一共出了一块钱。先付了钱，方才大家放心坐下。托堂倌叫了六碗面，又买了些果子，权当午饭。大家正肚饥，吃得很快。吃饱之后，看见窗外的江景比前更美丽了。我们来得太早，潮水要三点钟才到呢。到了一点半钟，我们才看见别人陆续上楼来。有的嫌座价贵，回了下去。有的望望江景，迟疑一下，坐下了。到了两点半钟，楼上的座位已满，嘈杂异常，非复吃面时可比了。我们的座位幸而在窗口，背着嘈杂面江而坐，仿佛身在泾渭界上，另有一种感觉。三点钟快到，楼上已无立锥之地。后来者无座位，不吃茶，亦不出钱。我们的背后挤了许多人。回头一看，只见观者如堵。有男有女，有老有少，更有被抱着的孩子。有的坐在桌上，有的立在凳上，有的竟立在桌上。他们所看的，是照旧的一条钱塘江。久之，久之，眼睛看得酸了，腿站得痛了，潮水还是不来。大家倦起来，有的垂头，有的坐下。忽然人丛中一个尖锐的呼声："来了！来了！"大家立刻把脖子伸长，但钱塘江还是照旧。原来是一个母亲因为孩子挤得哭了，在那里哄他。

江水真是太无情了。大家越是引颈等候，它的架子越是十足。这仿佛有的火车站里的卖票人，又仿佛有的邮政局收挂号信的，窗栏外许多人等候他，他只管悠然地吸烟。三点二十分光景，潮水真的来了！楼内的人万头攒动，象运动会中决胜点旁的观者。我也除去墨镜，向江口注视。但见一条同桌上的香烟一样粗细的白线，从江口慢慢向这方面延长来。延了好久，达到西兴方面，白线就模糊了。再过了好久，楼前的江水渐渐地涨起来。浸没了码头的脚。楼下的江岸上略起些波浪，有时打动了一块石头，有时淹没了一条沙堤。以后浪就平静起来，水也就渐渐退却。看潮就看好了。楼中的人，好象已经获得了什么，各自纷纷散去。我同我亲友也想带了孩子们下楼，但一个小孩子不肯走，惊异地责问我："还要看潮哩！"大家笑着告诉他："潮水已经看过了！"他不信，几乎哭了。多方劝慰，方才收泪下楼。

我实在十分同情于这小孩子的话。我当离座时，也有"还要看潮哩！"似的感觉。似觉今天的目的尚未达到。我从未为看潮而看潮。今天特地为看潮而来，不意所见的潮如此而已，真觉大失所望。但又疑心自己的感觉不对。若果潮不足观,何以茶楼之中,江岸之上,观者动万,归途阻塞呢?以问我的亲友,一人云:"我们这些人不是为看潮来的,都是为潮神贺生辰来的呀!"这话有理,原来我们都是被"八月十八"这空名所召集的。怪不得潮水毫没看头。回想我在茶楼中所见,除旧有的一片江景外毫无可述的美景。只有一种光景不能忘却:当波浪淹没沙堤时,有一群人正站在沙堤上看潮。浪来时,大家仓皇奔回,半身浸入水中,举手大哭,幸而大人转身去救,未遭没顶。这光景大类一幅水灾图。看了这图,使人想起最近黄河长江流域各处的水灾,败兴而归。①

南社创始人之一的柳亚子因赴海宁观潮,激情满怀,写下古体诗《浙江观潮》一首:

　　奇愁郁郁何由快?缠绵歌泣真无奈。浇愁百斛都能消,来观八月钱江潮。时维中秋后三日,人言此是潮生日。当其初至潮未来,水静无声浪不发。西兴渡口镜面平,月轮山下江身折。船分日色红半帆。波映山光分两浙。忽然隐隐一线白似银,从天接处滚滚无停。轰雷掣电不可遏,吞天沃日谁能名。儿童吐舌不敢顾,浪人拍手争相迎。长鲸奋勇老龙舞,咆哮喧哗万马奔。无端一变水尽黑,排空汹涌似山倾。蜿蜒直卷彼岸蜂腰只一擎,砰然喷作浪花分。然后奔腾澎湃势震荡,呜呜咽咽难为情。不知此声果何理?或言中有子胥神。从来怨毒能为厉,斯语倘亦非无因。我向其中侧耳听,锵锵似有环声。为言狱成莫须有,此事千载埋怨愤,同诉上帝已得伸。许歼此獠褫其魄,旋当犁庭再歌胡无人。言终一笑拂衣去,素车浩荡何处寻?闻君涛头片时之快语,消我胸中万叠之愁城。②

　　柳亚子以浪漫主义的情怀,在浩瀚澎湃的钱塘秋潮中,会见鉴湖女侠秋瑾的英魂,为伪满洲国的灭亡做出了预言。
　　观潮被普遍地认可,杭州地方政府、团体、居民也把它当作了招待自己客

①　丰子恺:《钱江看潮记》,《论语》1935 年第 73 期。
②　高吹万:《武林旧游草》,载高吹万等《三子游草》,民国四年印本,第 14 页。

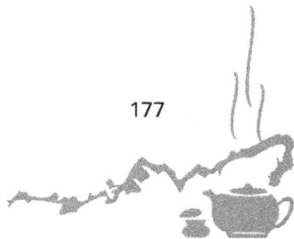

人的旅游产品,游了西湖,还要观潮:

> 第二天从早到晚美国客人们都是在西湖风景区游览,早上参观寺庙,中午在一个官府衙门吃了午餐,下午乘船在西湖上游览著名的景点——西湖是中国风景最美丽的一个湖泊。接着又赶到了钱塘江边的一个寺庙,在那儿观看闻名遐迩的钱江大潮,后者每年只是在春天和秋天各出现一次。12~15英尺高的水墙以摧枯拉朽之势从杭州湾向钱江上游呼啸而来,此情此景惊心动魄,令人难以忘怀。①

3.四时游湖

"湖的情趣,比较游山格外,因为湖上泛舟,俯仰自得,天是那样高,山是那样远,烟水迷茫,一望无尽,这其中,有淡泊宁静的意境"②。虽然可以观光游览的场所或地点颇多,但在最值得"游"的名山、大湖与园林3类旅游资源中,秀丽的西湖自然有无限魅力。

而在西湖之春"湖"、月"湖"、烟"湖"及落日余晖下的"湖"中,最美的似乎是春天,由断桥至苏堤一带二十余里,桃红柳绿,"艳冶极矣"③。1921年春,湖畔诗人汪静之的《西湖杂诗》第一首写道:

> 山是亲昵地抚着水,
> 水也亲昵地拍着山。
> 山充满热烈的爱,
> 把湖水抱在胸前;
> 湖水荡漾着笑的波浪,
> 不息地吻着山。
> 东风来看望湖光山色,
> 柳儿招招手弯弯腰地招待。④

诗采用拟人的手法,把西湖的情景刻画得淋漓尽致,是五四运动以来新诗中十分罕见的。

---

① Robert Dollar. Memoirs of Robert Dollar. San Francisco:W. S. Van Cott & Co. 1917,1918,1921,1922:161.
② 《我所爱游的名湖》,《旅行杂志》第15卷,第1页。
③ (明)袁宏道:《袁中郎全集》卷八之《西湖二》,明崇祯刊本。
④ 飞白、方素平编:《汪静之文集·诗歌卷》(上),杭州:西泠印社2006年版,第118页。

西湖的夏,烈日炎炎,酷热难耐,唯有初夏清凉的夜让人陶醉,"雾消月中,湖纯水碧","堤柳蓊郁","夜景澄澈",暑热于不知不觉中消失殆尽。林纾很得意,记下了这次初夏的夜游,郑重其事地向人们推荐这一旅游产品,预言定有"袭我者":

> 杭人佞佛,以六月十九日为佛诞。先一日,阖城士女皆夜出,进香于三竺诸寺,有司不能禁,留涌金门待之。
>
> 余食既,同陈氏二生霞轩、诒孙亦出城荡舟为湖游。霞轩能洞箫,遂以箫从。月上吴山,雾霭溟蒙,截然划湖之半。幽火明灭相间约丈许者六七处,画船也。洞箫于中流发声,声微细,受风若咽而凄悄哀怨。湖山触之,仿佛若中秋气。雾消月中,湖纯水碧,舟沿白堤止焉。余登锦带桥,霞轩乃吹箫背月而行,入柳荫中。堤柳蓊郁为黑影,柳断处乃见月。霞轩著白袷衫立月中,凉蝉触箫,警而群噪;夜景澄澈,画船经堤下者,咸止而听,有歌而和者。诒孙顾余,此赤壁之续也。余读东坡《夜泛西湖五绝句》,景物凄黯。忆南宋以前,湖面尚萧寥,恨赤壁之箫弗集于此。然则今夜之游,余固未袭东坡耳。夫以湖山遭幽人踪迹,往往而类;安知百余年后,不有袭我者?宁能责之袭东坡也?
>
> 天明入城,二生趣余急为之记。①

果然不出所料,因农历六月十八日生日,红学家俞平伯与友人夜游西湖,从夕阳背山打桨湖中,看白沙堤上车如流水马如龙,热闹喧阗。到月上中宵,听远处船上缓歌《南吕·懒画眉》,在三潭印月停泊,再于白沙堤恋恋徘徊,直到东方渐白,方才依依离去。后作《西湖的六月十八夜》记之:

> ……
>
> 归途车上白沙堤,则流水般的车儿马儿或先或后和我们同走,其时已黄昏了。呀,湖楼附近竟成一个小小的市集。楼外楼高悬着眩目的石油灯,酒人已如蚁聚,小楼上下及楼前路畔,填溢着喧哗和繁热。夹道树下的小摊儿们,啾啾唧唧在那边做买卖,如是直接于公园,行人来往,曾无间歇,偏西一望,从岳坟的灯火瞥见人气的浮涌,

---

① （清）林纾:《畏庐文集》之《湖心泛月记》,民国二十四年铅印本。

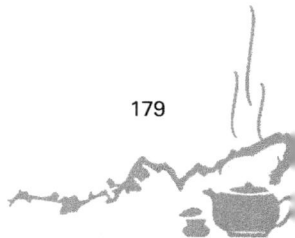

与此地一般无二。这和平素萧萧的绿杨,寂寂的明湖大相径庭了。我不自觉的动了孩子的兴奋。

饭很不得味的匆匆吃了,马上就想坐船。但是不巧,来了一群女客,须得尽先让她们耍子儿;我们惟有落后了。H君是好静的,主张在西泠桥畔露坐憩息着,到月上了再去荡桨。我们只得答应着,而且我们也没有船。大家感到轻微的失意。

西泠桥依然是冷冷清清的。我们坐了一会儿,听远处的箫鼓声,人的语笑都迷蒙疏阔得很,顿遭逢一种凄寂,迥异我们先前所期待的了。偶然有两三盏浮漾在湖面的荷灯飘近我们,弟弟妹妹们便说灯来了。我瞅着那伶俜摇摆的神气,也实在可怜的很呢。后来有日本仁丹的广告船,一队一队,带着成列的红灯笼,沉填的空大鼓,火龙船的在里湖外湖间穿走着。似乎抖散了一堆寂寞。但不久映入水心的红意越宕越远越淡,我们已没有船赶它们不上,更添许多无聊。——淡黄月已在东方涌起,天和水都微明了。我们的船尚在渺茫中。

月儿渐高了,大家终于坐不住,一个一个的陆续溜回俞楼去。H君因此不高兴,也走回家。那边倒还是热闹的。看见许多灯,许多人影子,竟有归来之感,我一身尽是俗骨吧?嚼着方才亲自买来的火腿,咸得很,乏味乏味! 幸而客人们不久散尽了,船儿重系于柳下,时候虽不早,我们还得下湖去。我鼓舞起孩子的兴致来:"我们去,我们快去吧!"

虹明的莲花飘流于银碧的夜波上,我们的划子追随着它们去。其实那时的荷灯已零零落落,无复方才的盛。放的灯真不少,无奈抢灯的更多。他们把灯都从波心里擢起来,摆在船上明晃晃地,方始踌躇满志而去。到烛尽灯昏时,依然是条怪蹩脚的划子,而湖面上却非常寥落;这真是杀风景。"摇罢,上三潭印月。"

西湖的画舫不如秦淮河的美丽;只今宵一律装点以温明的灯饰,嘹亮的声歌,在群山互拥,孤月中天,上下莹澈,四顾空灵的湖上,这样的穿梭走动,也觉别具丰致,决不弱于她的姊妹们。用老旧的比况,西湖的夏是:"林下之风",秦淮河的是"闺房之秀"。何况秦淮是夜夜如斯的;在西湖只是一年一度的美景良辰,风雨来时还不免虚度了。

公园码头上大船小船挨挤着。岸上石油灯的苍白芒角,把其他的灯姿和月色都逼得很黯淡了，我们不如别处去。我们甫下船时，远远听得那边船上正缓歌《南吕·懒画眉》，等到我们船拢近来，早已歌阑人静了，这也很觉怅然。我们不如别处去。船渐渐的向"三潭印月"划动了。

中宵月华的皎洁，是难于言说的。湖心悄且冷；四岸浮动着的歌声人语，灯火的微芒，合拢来却晕成一个繁热的光圈儿围裹着它。我们的心因此也不落于全寂，如平时夜泛的光景；只伴着少一半的兴奋，多一半的怅惘，软软地跳动着。灯影的离乱，波浪的皴皱，云气的奔驰，船身的动荡……一切都和心象相溶合。柔滑是入梦的惟一象征，故在当时已是不多不少的一个梦。

及至到了"三潭印月"，灯歌又烂漫起来，人反而倦了。停泊了一歇，绕这小洲而游，渐入荒寒境界；上面欹侧的树根，旁边披离的宿草，三个圆尖石潭，一支秃笔样的雷峰塔，尚同立于月明中。湖南没有什么灯，愈显出波寒月白；我们的眼渐渐饧涩得抬不起来了，终于摇了回去。另一划船上奏着最流行的《三六》，柔曼的和音依依地送我们的归船。记得从前 H 君有一断句是"遥灯出树明如柿"，我对了一句"倦桨投波密过饧"；虽不是今宵的眼前事，移用却也正好。我们转船，望灯火的丛中归去。

梦中行走般的上了岸，H 君夫妇回湖楼去，我们还恋恋于白沙堤上尽徘徊着。楼外楼仍然上下通明，酒人尚未散尽。路上行人三三五五，络绎不绝。我们回头再往公园方面走，泊着的灯船少了一些，但也还有五六条。其中有一船挂着招帘，灯亦特别亮，是卖凉饮及吃食的，我们上去喝了些汽水。中舱端坐着一个华妆的女郎，虽然不见得美，我们乍见，误认她也是客人，后来不知从哪儿领悟出是船上的活招牌，才恍然失笑，走了。

不论如何的疲惫无聊，总得挨到东方发白才返高楼寻梦去；我们谁都是这般期待的。奈事不从人愿，H 君夫妇不放心儿女们在湖上深更浪荡，毕竟来叫他们回去。顶小的一位 L 君临去时只咕噜着："今儿玩得真不畅快！"但仍旧垂着头踱回去了。只剩下我们，踽踽凉凉如何是了？环又是不耐夜凉的。"我们一淘走吧！"

他们都上重楼高卧去了。我俩同凭着疏朗的水泥栏，一桁楼廊满载着月色，见方才卖凉饮的灯船复向湖心动了。活招牌式的女人

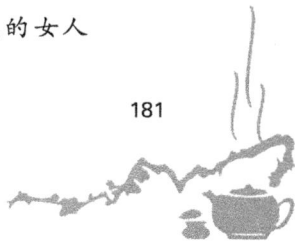

必定还支撑着倦眼端坐着呢，我俩同时作此想。叮叮当，叮叮冬，那船在西倾的圆月下响着。远了，渐渐听不真，一阵夜风过来，又是叮……当，叮……冬。

……①

秋高气爽，惠风和畅，西湖迎来游览旺季。1931年，友人汤爱理在约蒋维乔赴海宁八堡观潮后，建议"平日困于笔墨，脑筋过劳，当此秋色晴明，正可往西湖盘根数天，不必乘观潮车，过于迫促"。蒋维乔欣然从命，于10月8日由沪抵杭，先在湖滨公园散步，"是夜月明如镜，因岸上电灯繁密，侵夺月色，不能十分畅玩，爱理乃提议泛舟"。两人共乘小船入湖中央，"时已十一点钟。湖中寂静，仅有我等一叶扁舟。荡入深处，愈近湖心，月光愈朗，直至三潭印月，而月光分分皎洁，乃为生平所罕见。于是命舟子停浆徘徊久之。徐徐荡浆而返，抵岸，已十二时"。蒋维乔感慨道："若此次爱月眠迟，亦一年中仅有者也。"②

早期白话诗词的倡导者刘大白有许多描写秋日西湖的佳作，其中，突出者是民国11年8月16日作的两首诗：

《西湖秋泛 一》
苏堤横亘白堤纵：横一长虹，纵一长虹。
跨虹桥畔月朦胧：桥样如弓，月敧如弓。
青山双影落桥东：南有高峰，北有高峰。
双峰秋色去来中：去也西风，来也西风。

《西湖秋泛 二》
厚敦敦的软玻璃里，倒影着碧橙橙的一片晴空：
一叠叠的浮云，一羽羽的飞鸟，
一弯弯的远山，都在晴空倒映中。
湖岸的，叶叶垂杨叶叶风：
湖面的，叶叶扁舟叶叶蓬：
掩映着一叶叶的斜阳，

---

① 俞平伯：《西湖的六月十八夜》，载彬彬选编《俞平伯散文》，呼和浩特：内蒙古文化出版社2006年版，第93-95页

② 蒋维乔：《八堡观潮记》，《旅行杂志》第5卷第10期。

摇曳着一叶叶的西风。①

这两首诗和谐生动地显示西湖秋日的美好风光,令人神往。

　　冬日雪后的西湖别具淡妆之美,知名度颇高。历代文人雅士游西湖赏雪景,最出名的当推张岱,因他的《湖心亭看雪》将赏雪时如痴如醉的情景写得逼肖传神,吸引了后来无数游客前去探寻湖山雪景,"莫说相公痴,更有痴似相公者"②。1928 年,民俗学家钟敬文两游西湖雪景,第一次是在雪后的第三天,雪已消融,等到再下雪时重游西湖雪景。在雪中白堤,眺望内外湖风景,"但见一片迷蒙的水气弥漫着,对面的山峰,只有一个几乎辨不清楚的薄影。葛岭、宝石山这边,因为距离比较密迩的原故,山上的积雪和树木,大略可以看得出来;但地位较高的保俶塔,便陷于朦胧中了。到西泠桥前近时,再回望中湖中,见湖心亭四围枯秃的树干,好似怯寒般的在那里呆立着";过西泠桥,经灵隐山门,到韬光寺,登观海亭,"在平日是可以近瞰西湖,远望浙江,甚而至于飘渺的沧海的,可是此刻却不能了";纷纷的雪霰中,又在岳王庙前登舟,过西泠桥,缓泛里西湖中,"孤山和对面诸山及上下的楼亭、房屋,都白了头,在风雪中兀立着。山径上,望不见一个人影;湖面连水鸟都没有踪迹,只有乱飘的雪花堕下时,微起些涟漪而已",仿佛进入唐代诗人柳宗元《江雪》勾画描绘的境界。不过"这次的薄游,虽然也给了我些牢骚和别的苦味,但我要用良心做担保的说,它给予我的心灵深处的欢悦,是无穷地深远的!可惜我的诗笔是钝秃了。否则,我将如何超越了一切古诗人的狂热地歌咏了它呢!好吧,容我在这儿诚心沥情地说一声,谢谢雪的西湖,谢谢西湖的雪"!③

　　宁可饿死不领美国救济粮的诗人朱自清写有《静》:

淡淡的太阳懒懒地照在苍白的墙上;
浅浅的花枝绵绵地映在那墙上。
我们坐在一间"又打、又静、又空"的屋里,
慢慢腾腾地,甜蜜蜜地,看着
太阳将花影轻轻地,秒秒地移动了。
屋外鱼鳞似的屋;螺髻似的山;

---

①　刘大白:《刘大白诗集》,北京:书目文献出版社 1983 年版,第 266—268 页。
②　(明)张岱:《陶庵梦忆》卷三《湖心亭看雪》,清粤雅堂丛书本。
③　季羡林:《百年美文·游记卷·上》,天津:百花文艺出版社 2009 年版,第 45 页。

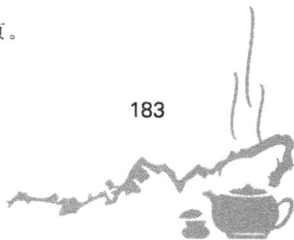

白练似的江；明镜似的湖。

地上的一切，一层层屋遮了；

山上的，一叠叠青掩了；

水上的，一阵阵烟笼了。

我们尽默默地向着，都不曾想什么；

只有一两个游客们外过着，

"珠儿"，"珠儿"地，雏鹰远远地唱着。①

这首诗刻画了冬日里清冷的早晨，登城隍山四景园，观光四周水色山光的感受，不论内容还是风格，都显得幽静清丽，自具特色。

人们喜爱西湖的自然美，为现代文明无孔不入的侵蚀忧心忡忡。诗人徐志摩在陪同泰戈尔游览西湖后，唏嘘不已，写下著名的《丑西湖》一文：

"欲把西湖比西子，浓妆淡抹总相宜"。我们太把西湖看理想化了。夏天要算是西湖浓妆的时候，堤上的杨柳绿成一片浓青，里湖一带的荷叶荷花也正当满艳，朝上的烟雾，向晚的晴霞，哪样不是现成的诗料，但这西姑娘你爱不爱？我是不成，这回一见面我回头就逃！什么西湖这简直是一锅腥臊的热汤！西湖的水本来就浅，又不流通，近来满湖又全养了大鱼，有四五十斤的，把湖里袅袅婷婷的水草全给咬烂了，水浑不用说，还有那鱼腥味儿顶叫人难受。说起西湖养鱼，我听得有种种的说法，也不知哪样是内情：有说养鱼干脆是官家谋利，放着偌大一个鱼沼，养肥了鱼打了去卖不是顶现成的；有说养鱼是为预防水草长得太放肆了怕塞满了湖心，也有说这些大鱼都是大慈善家们为要延寿或是求子或是求财源茂盛特为从别的地方买了来放生在湖里的，而且现在打鱼当官是不准。不论怎么样，西湖确是变了鱼湖了。六月以来杭州据说一滴水都没有过，西湖当然水浅得像个干血痨的美女，再加那腥味儿！今年南方的热，说来我们住惯北方的也不易信，白天热不说，通宵到天亮也不见放松，天天大太阳，夜夜满天星，节节高的一天暖似一天。杭州更比上海不堪，西湖那一洼浅水用不到几个钟头的晒就离滚沸不远什么，四面又是山，这热是来得去不得，一天不发大风打阵，这锅热汤，就永远不会凉。我那天到了

① 朱乔森：《朱自清全集》（第五卷），南京：江苏教育出版社1996年版，第63页。

晚上才雇了条船游湖，心想比岸上总可以凉快些。好，风不来还热得，风一来可真难受极了，又热又带腥味儿，真叫人发眩作呕，我同船一个朋友当时就病了，我记得红海里两边的沙漠风都似乎较为可耐些！夜间十二点我们回家的时候都还是热乎乎的。还有湖里的蚊虫！简直是一群群的大水鸭子！我一生定就活该。

这西湖是太难了，气味先就不堪。再说沿湖的去处，本来顶清淡宜人的一个地方是平湖秋月，那一方平台，几棵杨柳，几折回廊，在秋月清澈的凉夜去坐着看湖确是别有风味，更好在去的人绝少，你夜间去总可以独占，唤起看守的人来泡一碗清茶，冲一杯藕粉，和几个朋友闲谈着消磨他半夜，真是清福。我三年前一次去有琴友有笛师，躺平在杨树底下看揉碎的月光，听水面上翻响的幽乐，那逸趣真不易。西湖的俗化真是一日千里，我每回去总添一度伤心：雷峰也羞跑了，断桥折成了汽车桥，哈得在湖心里造房子，某家大少爷的汽油船在三尺的柔波里兴风作浪，工厂的烟替代了出岫的霞，大世界以及什么舞台的锣鼓充当了湖上的啼莺，西湖，西湖，还有什么可留恋的！这回连平湖秋月也给糟蹋了，你信不信？"船家，我们到平湖秋月去，那边总还清静"。"平湖秋月？先生，清静是不清静的，格歇开了酒馆，酒馆着实闹忙哩，你看，望得见的，穿白衣服的人多煞勒瞎，扇子□得活血血的，还有唱唱的，十七八岁的姑娘，听听看——是无锡山歌哩，胡琴都蛮清爽的……"那我们到楼外楼去吧。谁知楼外楼又是一个伤心！原来楼外楼那一楼一底的旧房子斜斜的对着湖心亭，几张揩抹得发白光的旧桌子，一两个上年纪的老堂倌，活络络的鱼虾，滑齐齐的莼菜，一壶远年，一碟盐水花生，我每回到西湖往往偷闲独自跑去领略这点子古色古香，靠在阑干上从堤边杨柳荫里望滟滟的湖光，晴有晴色，雨雪有雨雪的景致，要不然月上柳梢时意味更长，好在是不闹，晚上去也是独占的时候多，一边喝着热酒，一边与老堂倌随便讲讲湖上风光，鱼虾行市，也自有一种说不出的愉快。但这回连楼外楼都变了面目！地址不曾移动，但翻造了三层楼带屋顶的洋式门面，新漆亮光光的刺眼，在湖中就望见楼上电扇的疾转，客人闹盈盈的挤着，堂倌也换了，穿上西崽的长袍，原来那老朋友也看不见了，什么闲情逸趣都没有了！我们没办法移一个桌子在楼下马路边吃了一点东西，果然连小菜都变了，真是可伤。泰戈尔来看了中国，发了很大的

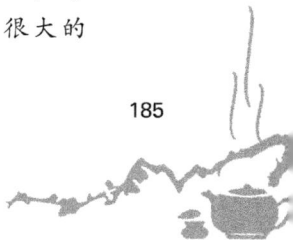

感慨。他说，"世界上再没有第二个民族像你们这样蓄意的制造丑恶的精神"。怪不过老头牢骚，他来时对中国是怎样的期望（也许是诗人的期望），他看到的又是怎样一个现实！狄更生先生有一篇绝妙的文章，是他游泰山以后的感想，他对照西方人的俗与我们的雅，他们的唯利主义与我们的闲暇精神。他说只有中国人才真懂得爱护自然，他们在山水间的点缀是没有一点辜负自然的；实际上他们处处想法子增添自然的美，他们不容许煞风景的事业。他们在山上造路是依着山势回环曲折，铺上本山的石子，就这山道就饶有趣味，他们宁可牺牲一点便利。不愿斫丧自然的和谐。所以他们造的是妩媚的石径；欧美人来时不开马路就来穿山的电梯。他们在原来的石块上刻上美秀的诗文，漆成古色的青绿，在苔藓间掩映生趣；反之在欧美的山石上只见雪茄烟与各种生意的广告。他们在山林丛密处透出一角寺院的红墙，西方人起的是几层楼嘈杂的旅馆。听人说中国人得效法欧西，我不知道应得自觉虚心做学徒的究竟是谁？这是十五年前狄更生先生来中国时感想的一节。我不知道他现在要是回来看看西湖的成绩，他又有什么妙文来颂扬我们的美德！

　　说来西湖真是个爱伦内。论山水的秀丽，西湖在世界上真有位置。那山光，那水色，别有一种醉人处，叫人不能不生爱。但不幸杭州的人种（我也算是杭州人），也不知怎的，特别的来得俗气来得陋相。不读书人无味，读书人更可厌，单听那一口杭白，甲隔甲隔的，就够人心烦！看来杭州人话会说（杭州人真会说话！），事也会做，近年来就"事业"方面看，杭州的建设的确不少，例如西湖堤上的六条桥就全给拉平了替汽车公司帮忙；但不幸经营山水的风景是另一种事业，决不是开铺子、做官一类的事业。平常布置一个小小的园林，我们尚且说总得主人胸中有些丘壑，如今整个的西湖放在一班大老的手里，他们的脑子里平常想些什么我不敢猜度，但就成绩看，他们的确是只图每年"我们杭州"商界收入的总数增加多少的一种头脑！开铺子的老班们也许沾了光，但是可怜的西湖呢？分明天生俊俏的一个少女，生生的叫一群粗汉去替她涂脂抹粉，就说没有别的难堪情形，也就够煞风景又煞风景！天啊，这苦恼的西子！但是回过来说，这年头哪还顾得了美不美！江南总算是天堂，到今天为止。别的地方人命只当得虫子，有路不敢走，有话不敢说，还来搭什么臭绅士的架子，挑什么够美不够美的鸟眼？①

4.西溪芦花

西溪河渚清溪，潆流环绕，鱼塘栉比如鳞，诸岛棋布，梅、竹、芦、花，自唐而著，是杭州又一处荡桨、赏梅、看芦花的幽处。清光绪二十五年（1899）深秋，林纾等5人同游西溪，并非寻梅吊古，而是饱览芦花晶光摇曳、皎灿炫目之美，"隔芦望邻船人，但见半身，带以下，芦花也"，刻画了芦苇之密、芦花之浓的寓目景观：

> 西溪之胜，水行沿秦亭山十余里，至留下，光景始异。溪上之山，多幽茜，而秦亭特高崒，为西溪之镇山。溪行数转，犹见秦亭也。溪水潆然而清深，窄者不能容舟。野柳无次，披丽水上，或突起溪心，停篙攀条，船侧转乃过。石桥十数，柿叶蓊薆，秋气洒然。桥门印水，幻圆影如月，舟行入月中矣。
>
> 交芦庵绝胜。近庵里许，回望溪路，为野竹所合，截然如断，隐隐见水阁飞檐，斜出梅林之表。其下砌石，可八九级。老柳垂条，拂扫水石，如缚帚焉。大石桥北趣入乌桕中，渐见红叶。登阁拜厉太鸿栗主，饭于僧房。易小艒绕出庵后。一色秋林，水净如拭。西风排竹，人家隐隐可辨。溪身渐广，弥望一白，近涡水矣。
>
> 涡水一名南漳湖，苇荡也。荡析水为九道，芦花间之。隔芦望邻船人，但见半身；带以下，芦花也。溪色愈明净，老桧成行可万株，秋山亭亭出其上。尽桧乃趣余杭道，遂桌船归。不半里，复见芦庵，来时遵他道纤，归以捷径耳。
>
> 是行访江村高竹窗故址，舟人莫识。同游者为林迪臣先生，高啸桐，陈吉士父子，郭海容及余也。己亥九月。②

1931年秋，赵景深夫妇、戴望舒夫妇、钱君陶等8人荡桨西溪，心轻神畅，"我们的心也愉快得欲飞了"；"起初还只是稀疏的芦苇，慢慢的船行到蒹葭深处，恨不身化为水鸟，出没其间也"，船停交庐庵，抢着欣赏庵中的画；又上船穿过芦花水弄，到秋雪庵，看见浙中百余位词人的木主；登弹指楼，栏前品茗，"赏

① 原刊《晨报副刊》1926年8月9日，载梁永安主编《徐志摩散文全集》，上海：学林出版社2010年版，第265—268页。
② （清）林纾：《畏庐文集》之《游西溪记》，民国二十四年铅印本。

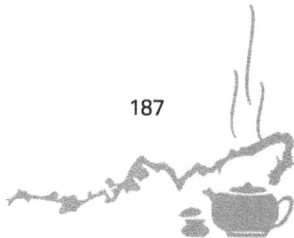

着一望无际的芦花,有如白雪,另有一番银世界";戴望舒的夫人杜衡采了许多
芦花,分给每人一支。"这样平淡的聚会,也是难得的聚会了!西溪之游不可
贵,可贵的是它充满趣味。"①1935年秋,郁达夫陪友人两游西溪,一雨一晴,
风味殊异。前一次是"微雨里下西溪","天色是阴阴漠漠的一层","从留下下
船,回环曲折,一路向西向北,只在芦花浅水里打圈圈;圆桥茅舍,桑树蓼花,是
本地的风光,还不足道;最古怪的,是剩在背后的一带湖上的青山,不知不觉,
忽而又会移上你的面前来,和你点一点头,又匆匆地别了",虽"在雨里,带水拖
泥",但很尽兴。后一次日暖风和,是在午后日斜,本为访芦花而来,但见"一片
斜阳,反照在芦花浅渚的高头,花也并未怒放,树叶也不曾凋落,原不见秋,更
不见雪,只是一味的晴明浩荡,飘飘然,浑浑然,洞贯了我们的肠腑"②。

5. 运河古韵

撇开铁路、公路或航空带来的种种便捷,乘船在流淌了数千年的古运河
中,仿佛穿越历史的隧道,重回过去的时空,那份从容、悠闲自然无与伦比。
1906年,刚出任岭南学堂监督的美国传教士晏文士(Charles K. Edmunds)从
上海出发至海宁观潮,因坐拖船去的,对京杭大运河的印象是:

> 在整个旅途中,我们都发现运河上生机盎然。一艘艘载满了柴
> 火的大货船从我们的船队旁经过,向上海方向驶去,而装有日常百
> 货和其他货物的小船则忙忙碌碌地来回穿梭,经常在一些小村庄跟
> 我们交会。还有大型的木排或竹排,头尾相连,一眼看不到尽头。
> 令我们感到惊叹的是,仅凭四五个人,他们究竟是如何做到随心所
> 欲地驾驭这些庞然大物的。此地模样奇特的乌篷船取代了珠江三角
> 洲的小舢板,成为一种快速的客船。这是一种体形细长的船只,其
> 驱动方式颇为奇特。船上只有一个船夫坐在船尾,手上划着一支大
> 尾桨,而同时又用双脚摇着一支绑在侧挡板上的大橹,其方式就是
> 用一只脚抵住大橹的圆杆,另一只脚则抵住一块与橹杆成直角相连
> 的扁平木柄。这些乌篷船被用来在那些没有拖船航线服务的小乡
> 镇之

① 赵景深:《西溪》,载范桥等编《20世纪中国文化名人散文精品》,贵阳:贵州人民出版社1994年版。
② 李杭春、陈建新主编:《郁达夫全集》(第四卷),杭州:浙江大学出版社2007年版,第197页。

间运送旅客、邮件和包裹。

在运河的两岸，尤其是在嘉兴附近，都可以看到用花岗岩精雕细刻的石牌坊，还有几个逃脱了太平军之手，引人瞩目的宝塔。尽管该地区的其他大部分建筑都受到了太平军的破坏。在一个拐弯之处，我们注意到有三个造型优雅的宝塔并排矗立在运河的旁边。

然而，在运河旅行中最经常遇见和具有最明显特征的就是我们所经过的那一系列设计精巧的桥梁建筑。有木桥、花岗岩石桥、简陋的桥、做工精良造型漂亮的桥，摇摇欲坠的桥、维修一新的桥。这儿无论是多孔圆拱桥，或是单孔圆拱桥，全都不用拱顶石。还有顶上有商店或亭子的桥。两边有绿色长青藤覆盖，两端长有小树丛的桥。桥顶上坐着用抄网捕鱼的渔夫，眼巴巴地盼着鱼儿入网，并责怪来往船只赶走了鱼群。有的桥因其巨大的桥墩和狭窄的桥洞阻塞了水道和加剧了湍急的水流，使稍微大一点的船增加了航行中的危险。

在河道笔直的运河段，有时候一下子就能见到河道上有三座桥，因为每一个村庄都必须要有它自己的桥。而运河边上的村庄一个接一个，使它名副其实地成为了"关卡重重的斯特灵市"。当运河穿越城镇或乡村时，当地人会费尽心机，通过在桥上建造廊柱和亭子，或是不计后果地在桥洞边上停船，最大限度地阻塞本来就已经很狭窄的河道空间。在很多情况下，这些石拱桥不仅仅只是一个半圆形的桥洞，而且还是显示石匠精湛技艺的一个经典范例。①

无独有偶，1910年大来首次来杭时，因沪杭铁路尚在建设中，全程都是坐船，同样对京杭大运河留下深刻印象：

接着，我们访问了杭州，美国长老会正在那儿创建之江大学堂，我做出了一些安排，准备从物质上给予他们一些支持。当时沪杭铁路还没有开通，所以我们不得不坐住家船去杭州。……我们乘坐的住家船50英尺长，15英尺宽和4英尺深。载人之后吃水2英尺。下甲板是直接铺设在船架上的，离船壳有10～12英寸的距离。

---

① Charles K. Edmunds. A Visit to the Hangchow Bore. The Popular Science Monthly , Feb 1908:102—103.

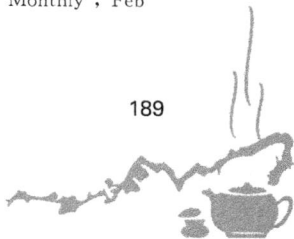

上甲板则是离水面有六英尺高,所以有一道 3 英尺宽、4 英尺高的门通向船舱里最好的一个房间。这个被称做官房的地方是一个正方形的空间,四个边各为 12 英尺。我们花了 12 个鹰洋租下了这个房间。船舱里其余的空间被分隔成可供两人、四人和六人住的小房间。那些房间都很拥挤,连转身的空间都没有。后者房间里装设有上下铺,上铺留有足够的空间可以让一个人躺下,这个铺位的价格是八角钱。下铺则像是装在罐子里的沙丁鱼,连转身的余地都没有。头等舱的旅客可以在列车上享用中餐,但要自己带铺盖。我们自己也带了食品,所以过得还不错。这些住家船都是由吃水 3 英尺的拖船拖着走的。刚出发时,我们一起拖着的有三条船,但是其他两条船在我们经过其他城市的时候都离开了。我们在路上经过了一条日本人的轮船,所以你可以看到日本人总是无孔不钻,无论航道有多小。在大运河上设有四条不同的航线。

我们从上海出发,沿着苏州河航行了 70 英里之后,便进入了大运河的嘉兴段。杭嘉湖地区是一个人口稠密的地方。我们经过了许多有城墙围住的城镇。在有些地方,运河的两边即是民居,所以乍看上去,船就像是在经过一条街道。运河的宽度从 50 英尺至 100 英尺不等。在有些地方,运河跟水面有几百英尺宽的小湖泊融为一体。除了正规航线上的拖船之外,其他所有的船只都是靠纤夫们拉着走的。纤绳是系在船上一根长竹竿的顶端的,以方便船只交会时可能会给纤夫们引起的麻烦。我看到运河中有一些由原木组成的木筏,20 英尺宽,300 英尺长。那些原木的直径分别为 2~10 英寸,所有的原木都是 20 英尺长,而且都是剥了皮的。为了使人们能沿着运河边上走路,所以在运河的支流上建了许多的桥。许多小支流上仅是搁了一块 30 英尺长、8 英尺宽和一英尺厚的大石板。其他较宽的支流上便建起了漂亮的石拱桥。那些横跨运河的石拱桥则建造得尤其精美和对称,显示出那些建造者掌握了最新的技术。尤其是考虑到大运河和河上的石拱桥已经连续不断地被人们使用了上千年。

我可以断言,京杭大运河是世界上的奇迹之一。它从北京一直延伸到杭州,中间相距有 700 英里的路程,所以一条船可以从北京一直航行到杭州。而且在大运河中的有些段落,商业贸易非常发达。我经常看到运河中的船队就像是一条拥挤街道上的车队，船上装载着每一种能够想象得到的东西。我们的住家船在有些运河段不得不挤着往前走，跟其他有些船发生碰撞，就像一个人在拥挤的街道上用胳膊肘来为自己开路。人们在运河上可以看到各种各样的船只，从油漆精美、带有铜炮的兵船，到体积较小的舢板和只能一个人划的独木舟。然而对于那些穿越中国进行旅行的外国人来说，一个超越一切的想法就是，无论走到哪里，我们都能够看到极为拥挤的人群，而且这些中国人的数目究竟有多少，还从来没有人计算过，因为人口普查在中国还闻所未闻。

运河沿线可以看到一片片的桑树林和众多从运河底部打捞淤泥的船只，以用于给桑树施肥。人们在两根竹竿的顶端装上一个可以手工开合的罱，颇似捞蛤蜊的那种网兜，但要略小一点。那些船的船头和船尾都有密封的舱壁，可以增加浮力，船舱的中间部分就被用来堆积捞上来的淤泥。这些淤泥运到岸上之后，人们就用桶将它们培在桑树的根部。我注意到，由于人们不断地用淤泥来给桑树施肥，结果使得那些桑园都要比周围的农田要高出一截，甚至可以达到比周围的田地高 4 英尺。

我们的船从上海出来，路上走了整整 24 个小时，直到晚上才到达杭州。我们借住的基督教传教使团驻地位于城墙之内，是一座建造精美的欧式洋房，楼房前的草坪共有 120 平方英尺，四周还有高墙围住。周围的街道都是 6 至 8 英尺宽的石板路，颇为平整，但是却看不到有轮子的车辆。所有的一切都是用肩扛手提的人工方式来搬运的。城里运河纵横，每隔三四个街区就可以看到一条运河。这些运河提供了方便而价格低廉的运输方式。这儿的街道都很狭窄，而且有的还弯弯曲曲，人口非常稠密。跟其他城市一样，这儿的气味很重。由于没有阴沟和下水道，粪便等污物要用船运到乡村，当做肥料卖给农民。生活用水是从城里无数个水井里提取，并用水桶挑到各家去的。①

---

① Robert Dollar. Memoirs of Robert Dollar. San Francisco：W. S. Van Cott & Co. 1917，1918，1921，1922：144.

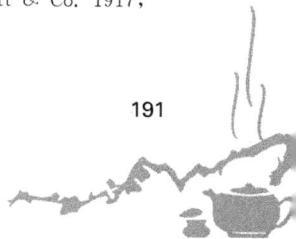

相比于来华的西方人,中国人则多了对京杭大运河过去辉煌的感慨,丰子恺说:

> 我的故乡石门湾,真是一个好地方。……每天早晨从石门湾搭轮船,溯运河走两小时,便到了沪杭铁路上的长安车站。由此搭车,南行一小时到杭州,北行一小时到嘉兴,三小时到上海。到嘉兴或杭州的人,稍有余闲与逸兴,可摒除这些近代式的交通工具,而雇客船走运河。……无数朱漆栏杆玻璃窗的客船,麇集在这湾里,等候你去雇。你可挑选最中意的一只。一天到嘉兴,一天半到杭州,船价不过三五元。倘有三四个人同舟,旅费并不比乘轮船火车贵。胜于乘轮船火车者有三:开船时间由你定,不像轮船火车的要你去恭候。一也。行李不必用力捆扎,用心检点,但把被、褥、枕头、书册、烟袋、茶壶、热水瓶,甚至酒壶、菜榼……往船舱里送。船家自会给你布置在玻璃窗下的小榻及四仙桌上。你下船时仿佛走进自己的房间一样。二也。经过码头,你可关照船家暂时停泊,上岸去眺瞩或买物。这是轮船火车所办不到的。三也。倘到杭州,你可在塘栖一宿,上岸买些本地名产的糖枇杷、糖佛手;再到靠河边的小酒店里去找一个幽静的座位,点几个小盆:冬笋、茭白、芥菜、毛豆、鲜菱、良乡栗子、熟荸荠……烫两碗花雕,你尽管浅斟细酌,迟迟回船歇息……这样,半路上多游了一个码头,而且非常从容自由。这种富有诗趣的旅行,靠近火车站地方的人不易做到,只有我们石门湾的人可以自由享受。……只有石门湾,火车不即不离,而运河躺在身边,方始有这种特殊的旅行法。①

幼时多次从苏北南下浙江余姚的阮毅成说:

> 我记得费时最长的一次,是随先祖母坐"南湾子"四进舱大船,自兴化出发,到邵伯过坝,经扬州瓜洲,过长江,而后在大运河中行驶,共行三十三天,方到杭州。……在大运河中航行,顺风扬帆,逆风背纤,却也别有风味。……先祖母下江南,是一种消闲式的旅行,所以从不计较行程。船家是包送到杭州为止,也不限定要赶路。因以每

---

① 苑兴华编:《丰子恺自叙》,北京:团结出版社 1996 年版,第 3 页。

天走多少里,都无所谓。每次自兴化开船以后,就爱走就走,爱停就停。遇到河旁有新鲜的鱼虾蔬菜出售,就停船现买现煮现吃。风大不走,雨大不走。天明开行,黄昏靠岸。走过有什么名胜古迹之处,或是先祖母昔年曾到之处,更必停船不走,或则凭吊,或则重访,待尽兴始再行下船。所谓"潮平两岸阔,风正一帆悬",那种旷达的胸襟,幽娴的趣味,是我以后所不易再得的了。①

除了追求从容、悠闲,更多的或许还是怀旧的感慨。

（二）宗教旅游

宗教旅游一般表现为朝圣、祭祀、祈祷等宗教活动,似与宗教信仰、民间习俗密切相关。在生产力欠发达的传统社会,人们因无力抗衡或无法解释自然界和人类社会的许多现象,而把自己的各种愿望寄托于虚无缥缈的神灵世界,以致民间弥漫浓厚的泛神论色彩,且表现为寺院遍布,祠祀兴盛。当然,这一现象不独杭州特有,在中国尤其是整个江南地区该现象甚至已经遍及村村镇镇的每个角落,成为人们日常生活不可或缺的重要组成部分。

杭州,城内城外,庙宇、神殿颇多,苏东坡说杭州有寺360所,宋室南渡以后,增至480所。弘一法师即李叔同曾对友人谈及自己1918年在杭州虎跑寺剃度出家的经过,第一句话就是"杭州这个地方实堪称为佛地,因为寺庙之多约有两千余所,可想见杭州佛法之盛了"②。郁达夫也说:"杭州西湖的周围,第一多若是蚊子的话,那第二多当然可以说是寺院里的和尚尼姑等世外之人了。若五台、普陀各佛地灵场,本来为出家人所独占的共和国,情形自然又当别论;可是你若上湖滨去散一回步,注意着试数它一数,大约平均隔五分钟总可以见到一位缁衣秃顶的佛门弟子,漫然阔步在许多摩登士女的中间;这,说是湖山的点缀,当然也可以。"③无论赞许抑或讽刺,所反映的是杭州拥有较多庙宇、神殿的客观事实。据1932年调查统计,杭州时存庙宇676所。④杭州之所以拥有如此之多的庙宇、神殿,画家林风眠以果推因,道出了个中缘由:

① 阮毅成:《阮毅成自选集》,台北:黎明文化事业有限公司1978年版,第13、15、16页。
② 弘一法师口述,高文显笔录:《我在西湖出家的经过》,《人物》1991年第2期。
③ 郁达夫:《闲书》,上海良友图书印刷公司印行1936年版,第42页。
④ 杭州市地方志编纂委员会编:《杭州市志》(第九卷),第421页。

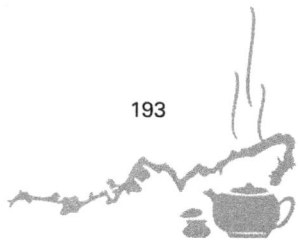

"杭州西湖之寺观林立,正是杭州西湖比别的地方更为富于天然美的证明。"①也就是说,因为杭州风景独好,庙宇、神殿颇多;大凡天下庙宇、神殿,总是建在山水佳境,先是风景吸引去了和尚僧人,然后他们建起的庙宇、神殿,在经历许多年代后就成了名胜古迹。

杭州风光秀丽,娱乐活动兴隆,吸引了无数有钱、有闲者诸如官宦、商贾、士人之类为之流连忘返,乐不思蜀。但一般居民的旅游目的并非观光游览、娱乐消遣,最重要的大事,莫过于来杭州朝圣,即参与所谓的宗教旅游。来杭州宗教旅游的人们以香客居多,每年达 10 万人次其中,大部分来自浙北杭州、嘉兴和湖州 3 府,少部分来自苏南苏州、松江和常熟 3 府,里面包括广大农村妇女。这些每年尤其是春天必来杭州参与朝圣、祭祀、祈祷等宗教旅游的游客,多通过烧香这一形式,希想消灾避难、风调雨顺、大吉大利。他们早则正月末,迟则二月初,皆由京杭大运河乘船来杭州,船上装饰特制黄旗,上书"朝山进香",船只一般停泊在松木场、拱宸桥一带。上岸以后,成群结队,数十乃至一两百人不等,或西行至灵隐、天竺,或步行到城隍山上,故这个时候,庙宇、神殿内外都是他们的身影。清光绪二十三年(1897),英国女旅行家毕晓普夫人(Mrs. J. F. Bishop)从上海坐船到杭州,在其游记《扬子江流域及其周边地区》中,除讲到西湖美景外,灵隐是香客的必到之处:

> 在西湖的附近有一个幽深的,被茂密树林所覆盖的山谷,那儿的山壁悬崖上雕刻着众多的神像和神龛,而且山谷中还坐落着好几个著名的庙宇,其中之一就是"五百罗汉堂",殿堂内宽敞的走廊两旁挤满了那些比真人还要大的罗汉菩萨。每天都有大批的人群从杭州来到这个幽静而美丽的山谷,以便参观这儿的寺庙和神龛。灵隐的菩萨以其神圣和灵验而闻名遐迩,每年都会吸引来十万名香客。山谷的入口处有两个巨大的神像守卫,它们就是有神龛为其遮挡风雨的风神和雷公两大金刚,木雕精美而传神,旁边还有一座古老的经塔。②

比毕晓普夫人迟来杭州三年的大来也看到了灵隐熙熙攘攘的香客:

---

① 林风眠著,朱朴选编:《林风眠艺术随笔》,上海:上海文艺出版社 1999 年版,第 122 页。

② Mrs. J. F. Bishop. The Yangtze and Beyond. London:John Murray,1899:38.

通往灵隐的路上挤满了前去烧香的佛教信徒。许多职业乞丐在路旁搭建了窝棚,大声地向路上经过的香客们乞讨。饭馆的顾客一拨接着一拨,生意兴隆。灵隐寺占地数百英亩,这儿的地形并非一马平川,而是怪石林立,变化多端。在山岩上雕刻着数百个佛像。人们在洞穴内雕刻佛像,这样便可以保护它们不受风吹雨打。没有一座佛像是比真人更小的,有的佛像要比真人大三四倍。关于这个寺庙有许多传说和奇妙的故事。其中有一个传说讲的是如来佛将飞来峰这整座山从印度搬到了这儿。其他故事也都认同这一说法。①

这些游客并非朝来夕回,他们将在杭州待上一段时间,把他们认定了该去烧一炷香的庙宇、神殿都光顾到了,还了愿,买了符,如此尽兴地过完春节之外一年中最隆重的节日,方肯回家。他们或上岸歇入庙宇,或宿在自家船内,每人虽然在杭州只花了一点小钱,但因人数众多,聚沙成塔,也能让杭州的商业火上一把。灵隐、玉泉、龙井、虎跑、云栖等本是寺院,后成为杭州著名的旅游景点,除了寺院建筑本身,并没有旅馆、店铺等专门配套的旅游服务设施,春秋之季,游客猛增,许多寺院就利用自身资源,或兼做客栈,或供应素食,希望在无限商机中分一杯羹,庙宇、神殿成了旅游服务中心:

> 自轮轨通行,外省来杭游湖者日益众。各庙寺僧,又视为谋利之一大好机会。每在禅房而外,添筑精舍,以供游人之住宿,如塔儿头之上善院,里湖之兜率院、招贤寺、智果寺,葛岭之抱朴庐,湖堤之广化寺,岳坟之香山洞、紫云洞,玉泉之清涟寺,虎跑之定慧寺,均已新建高楼大厦,其余招庆、净慈、云栖等寺,更无论矣。春季则住香客,夏季则住富户之避暑者。地极幽雅,饮食亦清洁,但膳宿费则无一定。要之较住旅馆,尤为昂贵。此又僧人谋利之别开生面者。②

> 在西湖游山的人,随地可以见到庙宇,也就随时可以进入禅房。最少,可以喝一杯用本山茶叶新泡的好茶。需要进餐时,也可以随时嘱咐准备素斋。因为沿途的庙宇很多,走累了就随时可以有地方休

---

① Robert Dollar. Memoirs of Robert Dollar. San Francisco: W. S. Van Cott & Co. 1917, 1918,1921,1922:148.

② 范祖述:《杭俗遗风》,上海:上海文艺出版社 1989 年版,第 7 页。

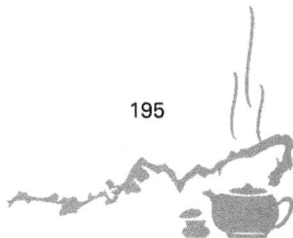

息,并且有茶、有面、有菜、有饭。所以游山,真是很不费力,也更不费事。①

　　而庙宇、神殿作为朝圣的中心,由于游客纷至沓来,熙熙攘攘,人流带动物流,还起着商品交换和流通的作用,甚至作为商品交换的场所存在,其表现形式就是香市。根据《杭俗遗风》记载,西湖香市分为"天竺香市""下乡香市"和"三山香市"3类,香客各不相同。"天竺香市"最早,因农历二月十九系观音生日,杭州全城老的少的,丑的俏的,无不前去朝圣,道路为之拥堵不堪,部分居民早一晚就出城,自茅家埠开始,一路夜灯,至庙不绝;"下乡香市"以苏锡常、杭嘉湖种桑养蚕者为主,一乡一村,结伙成队,乘坐香船来杭,泊于松木场、拱宸桥一带,多时达千百只,河道堵塞无隙;"三山香市",三山即天竺山、小和山、法华山,各地均有"香会"组织,由长者领队或带路,头裹白巾,腰系红带,肩挂黄香袋,数百十成群,要在一天之内,来回百余里,烧遍三山之香,故称"翻三山"。在西湖香市中,时间最长、规模最大的是"天竺香市",计有农历二月十九、六月十九、九月十九三期观音生日,游客绵延数里,摩肩接踵,且以春市最盛,"四处老少云集,途为之塞……而游人往往不屑金钱,以示阔绰",灵隐一带的茶楼、餐馆等,"莫不利市三倍"②。香市甚至带动了整个杭州的商业,"商品销售激增,商业极形发达,杭市商人有云'三冬靠一春',诚非虚语也"③。时人曾感慨道:"三四五三日天朗气清,四日又为星期,五日又为清明节,故游客倍行拥挤,酒楼饭店,莫不利市十倍。"④"连整个杭州的经济生命,都还叨这个香市的光呢。要是没有这个香市,杭州的市面乃至市府的收入,都是不可想象的。"⑤香市被当作杭州工商业兴衰的晴雨表,"近年庆余堂销货最旺时,每日售价,竟达国币二万余元,余业亦可想见;其他如旅馆,菜馆,吃店,宿店,客栈,戏院,以及火车,汽车,人力车,轿行,皆告客满,应接不暇,无不利市三倍,香客之多,为近数年所罕见!杭城商市,渐有转机,山影湖光,为之生色不少,不可不谓之好现象"⑥。因此,也不难理解杭州地方政府对于香市的积极态度,"为

　① 阮毅成:《三句不离本杭》,杭州出版社 2001 年版,第 217—218 页。
　② 阮毅成:《三句不离本杭》,杭州出版社 2001 年版,第 217—218 页。
　③ 浙江省商务管理局编:《杭州之特产》,1936 年,第 35 页。
　④ 《上海银行游杭专车经过详情》,《申报》1926 年 4 月 7 日。
　⑤ 申屠奇:《西湖古今谈》,杭州:浙江人民出版社 1982 年版,第 108 页。
　⑥ 仲寅:《杭州市香汛琐谈》,《市政评论》第 4 卷第 5 期。

什么？等香汛！""原来杭州是靠西湖为命的,打个不好听的譬喻,杭州是鸨母,西湖是摇钱树,世界上那有不打扮摇钱树反而打扮鸨母的道理？"①

沪杭铁路开通以后,上海游客 4 小时就可由沪抵杭,往庙宇、神殿烧香的大军,不再是清一色的"烧香老太",而有了 20 世纪初叶上海"十里洋场"的摩登男女,如,1924 年香汛期间,"本埠中西士女前往杭州游览者人数矣多,以致客车均挂往杭州"②;"又在香烟缭绕之场,遇一油头少年,西装入时,上服已卸,仅御黑色马甲,显露雪白衬衫之两袖,跪把签筒,奋力干其类似机械的摇撼工作,筒内竹签,踊跃如跳舞"③。香客中夹杂着"烫发高跟玻璃鞋,和蝉翼玻璃袜,西装裤子的一九四七式的时代女郎"④。客源构成趋向多元。

(三)会展旅游

国际上常把参与节庆、会议、展览等相关的旅游活动称作会展旅游 MICE(Meetings,Incentives,Conventions,Exhibitions)。⑤ 会展旅游始于 19 世纪中期的欧美发达国家,是旅游近代化的产物,且与世界博览会(World Exposition,World' Fair)结下了不解之缘。⑥ 1851 年,英国在伦敦海德公园举行的万国工业博览会是全球第一场世界博览会,主题为世界文化与工业科技,其定名中的"Great"在英文中有伟大的、很棒的、壮观的意思,有 300 万名游客前往参与。从此,欧美各国每隔几年就举办一次国际性的博览会。因会展旅游具有树立城市形象,产生经济效益,完善基础设施,加强对外交流等多项功能,为许多国家或地区高度重视。在国内,较早的会展旅游是 1909 年的武汉奖进会暨直隶展览会和 1910 年的京师出品会。规模最大的是清宣统二年(1910)6－11 月,由清廷农工商部在江宁(今南京)举办的南洋劝业会。该博览会耗银 150 余万元,历时半年,会址南起丁家桥,北至三牌楼,东邻丰润门(今玄武门),西达将军庙口,占地面积 700 余亩。场内共设 34 个展区,主要分为"分省馆"、"专业馆"两大类。前者包括东三省、直隶、山陕、湖北、湖南、四

① 品品:《西湖笔记》,《茶话》1947 年第 12 期。
② 《昨日龙华香汛之热闹》,《申报》1924 年 4 月 19 日。
③ 萧梅性:《西湖快游录》,《旅行杂志》第 6 卷,第 29 页。
④ 陈其英:《我从湖上归来》,载赵明《钱塘遗韵》,天津:百花文艺出版社 2001 年版,第 160 页。
⑤ 肖星主编:《旅游策划教程》,广州:华南理工大学出版社 2006 年版,第 156 页。
⑥ 刘耿大:《会展旅游概念内涵及发展历史探析》,《桂林旅游高等专科学校学报》2007 年第 2 期。

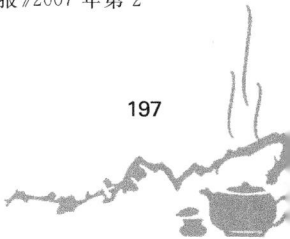

川、河南、云贵、山东、浙江、福建等外省自建的陈列馆,以东道主所在地两江馆规模最大;后者包括江宁缎业、湖南瓷业、博山玻璃 3 个实业馆,上海江南制作局兰锜、广东教育出品、江浙渔业公司水产等特别馆,南洋华侨出品陈列的暨南馆,外国出品陈列的第一、第二、第三 3 个参考馆,共计 24 部 86 门 442 类约百万件展品,几乎涵盖了当时社会生活的各个方面。场面盛极一时,客流量 30 多万,总成交额达数千万银元,客观上推动了经济社会发展。《申报》先在举办前做了介绍,"若日之东京大阪、美之圣路易、意之米廊,皆以地方为名,而实含内国与世界性质,本会虽名南洋劝业会,实与全国博览会无殊"①;举办后又做了高度评价,"此会之开,大可惊动全国人民之观感而触发实业界诸君子","视近世界之大势论之,所谓实业者若以其有关国家财政人民生计者而言则以工艺为最要。而工艺之所藉以发达者,惟博机械。则操源立论欲兴工艺又以多制机械为前提"②。

此后,分别于 1921 年、1922 年、1923 年及 1928 年,在上海举办了四届国货博览会,但无论规模还是气势,均不及下述之西湖博览会。

1. 西湖博览会

早在 1924 年 7 月,浙江军务善后总督卢永祥、省长张载阳建议并准备举办西湖博览会,拟请时任段祺瑞北洋政府财政总长的李思浩为筹办主任,预算经费 150 万,赞者颇众。但因齐、卢之战爆发,筹办西湖博览会之事遂宣告流产。南京国民政府成立后,及 1928 年秋,才决定举办西湖博览会。10 月 3 日,浙江省政府 163 次会议通过筹备西湖博览会提案;10 月 15 日,在浙江省政府建设厅内设筹备处;10 月 27 日成立西湖博览会筹备委员会,由建设厅长程振钧出任主任,分设总务、场务、征集 3 股。总务股掌理职员任用、经费收支、预算决算编制等事项,场务股掌理会场选择、布置及产品陈列、装饰、园景及修建房屋等事项,征集股掌理展出产品调查、征集及保管、运输、免税、车船减费交涉等事项。下设总务、财务、工程、场务、交际、宣传、各馆所筹备、驻沪办事、驻京通讯等处。此外还在安徽、湖北、上海及浙江省内 75 个市、县、镇设西湖博览会筹备委员分会,在苏州、无锡、常州、镇江以及安南(今越南)、爪哇(今印度尼西亚)、万隆等地设立西湖博览会出口委员会,力求展品周备详尽。

经过大半年筹备,1929 年 6 月 6 日下午 2 时,西湖博览会举行盛大的开

---

① 《申报》1910 年 3 月 9 日。

② 《申报》1910 年 11 月 17 日。

幕仪式。参加典礼的有国民党中央政府代表孔祥熙，中央党部代表朱家骅，中央委员林森、褚民谊，行政院代表蒋梦麟，监察院院长蔡元培，浙江省政府主席张静江以及中央各部、各省市代表和来宾共数万人，观众、游客达 10 万人，"参加典礼者万余人，参观者十余万人"①。开幕仪式首先奏乐、鸣炮，由林森升会旗，孔祥熙行启门礼；各馆所也同时于鸣炮 5 分钟以后各燃爆竹万响及天地炮；然后正式启门，来宾由军乐队前导入场；接着致开幕词、唱歌、奏乐、摄影、散发标语，参观各馆所及观看各种游艺节目。晚上，在西湖举行盛大的水陆提灯大会，并放焰火。据博览会报告记载，大礼堂、音乐亭及各游艺场所，弦管嗷嘈，繁音迭奏；满湖灯船，欢歌四起；各馆所及环湖堤岸，华灯万盏，尽放光明；火树银花，光争皎月。是我浙江旷代之盛典、湖山空前之嘉会。

西湖博览会会址在孤山与里西湖一带，包括断桥、孤山、岳王庙、北山、宝石山麓与葛岭沿湖地区，周长 4 公里，面积约 5 平方公里。大门在白堤断桥堍，中设陆行的正门、船进的水门，有阶梯型高大门楼，悬一对联："地有湖山，集二十二省出口大观，全国精华，都归眼底；天然图画，开六月六日空前盛会，诸君成竹，早在胸中"②。共设革命纪念馆、博物馆、艺术馆、农业馆、教育馆、卫生馆、丝绸馆、工业馆 8 馆，特种陈列所、参考陈列所 2 所和铁路陈列处、交通部电信所陈列处、航空陈列处 3 个特别陈列处，荟萃全国物品精华，又兼以征集海外华侨以及外国出品，展品丰富，蔚为大观，计 14.76 万件。并在大礼堂（位于今葛岭南麓）左右及西泠桥、白堤附近一带，设有商店百余家，展销各种国产物品，供参观游客选购。

西湖博览会本系浙江省政府为"促物产之改良，谋实业之发达"而举办，1929 年 6 月 6 日开幕，10 月 20 日结束，历时 128 天。对于西湖博览会的成败功过，有或褒或贬、或扬或抑的种种评说。有人说，西湖博览会最大的成功在于，一是以一省一市的力量办成如此规模的会，花费少而影响大；二是给萧疏的工商业注入了新鲜的活力和血液；三是起了晨钟警世的作用，唤起民众提倡国货的爱国热情；四是为以后的博览会留下了一份借鉴。有人却相反，总结出 4 条缺点：一是经费预筹不足；二是人才没有早日多方罗致；三是过于偏于委员会制，责任不专，响应不灵；四是地面太寥廓，容积太狭小，布置管理不易，游

---

① 《西湖博览会开幕》，《申报》1929 年 6 月 7 日。
② 王国平主编：《西湖文献集成》（第 11 册）《民国史志西湖文献专辑》，第 880-881 页。

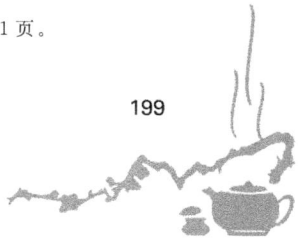

客疲于奔命,却看不到多少展品。① 真是千秋功过,谁人曾与评说。

但无论如何,历时 128 天的西湖博览会给杭州带来了十分庞大的客流量。据《西湖博览会总报告书》统计,前来参观考察和洽谈业务的全国各地各行各业代表团有 1997 个,各馆参观游览达 17617711 人次,观众游客,熙来攘往,络绎于途,"不远千里而至者尚接踵于途"。最后应孔祥熙提议,将原定于 10 月 10 日闭幕的西湖博览会,继续开放 10 天,并且一律免费参观。② 参观游览的代表团以学校最多,小学、中学、大学都组织,如,浙江大学、湘湖师范、上海劳动大学、厦门集美学校、暨南大学商学院等;工商企业的有上海天衣电机绫绸厂、美亚公司、纬成公司等。辽宁、山东、四川、上海、江苏等省市也组织代表团前来参观和考察,这个时候接待外省、外市代表团成了杭州省、市政府的一项沉重负担,"在西湖博览会期内,各机关招待外省参观人员,及在会内有所宣传,俱函借本局车辆以供使用。迨后凡学校旅行也,军队野操也,以致各机关游览名胜也,无不函借车辆,甚至派人坐索,应之则妨日常交通,拒之又不得各方谅解。种种困难,笔难尽述"③。此外,尚有海外华侨和外国代表团,如,美国华侨参观团、南洋华侨参观团、英国商务考察团、朝鲜考察团、万隆考察团等,其中,以日本最踊跃,"本会此次开幕,不特系全国之观听,抑且为全世界人士所注意","东邻日本,对于我国工商极为注意,以本届大会,系继南洋劝业会而起。二十年来之成绩,当亦大可研究,故纷纷组织参观团,络绎来杭"④,包括东京府立第一商业学校参观团、山口商业学校参观团、东京外国语学校参观团、日本农学会参观团、大阪市教育会参观团、日本杭州西湖博览会考察团等,"溯自开幕以来,不辞远道来杭者,不下数十起"⑤,"公私团体、商人、学者纷至沓来,不绝于黄海中也"⑥。

庞大的客流量带来了可观的经济效益,在一定程度上促进了杭州乃至整个浙江经济社会的发展,"开会期间,参观者遐迩毕集,举凡舟车之供,居食之需,无一非仰赖于本地;不特大商巨贾得藉以畅销货品,即下至贩夫走卒,亦无

---

① 赵福莲:《1929 年的西湖博览会》,杭州:杭州出版社 2000 年版,第 189-190 页。

② 《西湖博览会总报告书》第 2 章,第 57 页。

③ 吴琢之:《车务进行之报告》,载《浙江省公路局汇刊》,1929 年,报告第 26 页。

④ 《日本参观团昨日莅会》,《西湖博览会日刊》1929 年 6 月 20 日。

⑤ 《日本又有参观团来杭》,《西湖博览会日刊》1929 年 9 月 27 日。

⑥ 《日人团体来会参观》,《西湖博览会日刊》1929 年 8 月 22 日。

不共沾其惠,于本省经济,裨益尤多"①。故而有人曾乐观地估算,"假定说有二千万人到杭,每人用一块钱在杭州,就有二千万,至少有数百万元用在杭州"②。

2.浙江省国术游艺大会③

1928年初,南京国民政府令改武术为"国术",并在同年4月成立"中央国术馆",同时要求各地建立"国术馆",目的是推动全民习武强身。1929年7月,杭州成立"浙江省国术馆",省长张静江为馆长。1929年初,中央国术馆副馆长李景林致信各地武林掌门以及耆宿,建议"举行一次全国性的国术表演大会",获得各方热烈响应。经过多次磋商,1929年5月3日,浙江省务委员会223次会议决定,于该年10月在杭州举办一场全国性的"浙江省国术游艺大会",并由浙江省国术馆具体承办筹备事宜。

10月11日,浙江省国术游艺大会于西湖博览会闭幕的次日隆重开幕,来自全国10省、4特别市的各路武林高手395人到杭州。与此同时,从全国各地赶来观看擂台赛的游客,成群结队地涌入杭城,市区旅馆为之客满。赛场设在通江桥畔原清抚台衙署旧址。走进大门,是一圆形广场,可容2万余人,中间偏右筑起一座高4尺、阔60尺、深56尺的水泥大擂台,基本呈正方形,但台前两角为圆形,台后方是评判员和检察员席位,后方两头,右为军台,左为新闻记者席位,台左右两侧各为梯形特别观众席,正面为扇形普通观众席。大门口有两座牌楼,上悬"提倡国术,发扬民气"8个大字。擂台上方悬"欲全民均国术化"的大横幅,两旁对联:

　　一台聚国术英雄,虎跃龙骧,表演毕生功力,历来运动会中无此举。

　　百世树富强基础,顽廉懦立,转移千载颓风,民众体育史上有余思。

正中挂有孙中山像,两旁也有对联:

---

① 《西湖博览会总报告书》第1章,第4页。
② 《西湖博览会总报告书》第2章,第40页。
③ 时人尤其是武术界人士对"浙江省国术游艺大会"之名大惑不解,曾建议改称"国术比武大会"或"国术运动大会",但官方鉴于武术界门派林立,比武打擂台,都想争第一,恐怕闹出人命,故而不改。这次大会,民间俗称"全国武术擂台赛"。

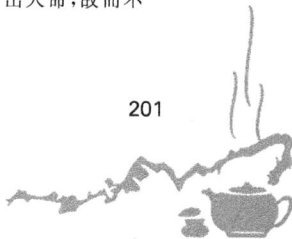

五洲互竞,万国争雄,丁斯一发千钧,愿同胞见贤思齐,他日供邦家驱策;

一夫善射,百人挟拾,当今万方多难,请诸君以身作则,此时且资民众观摩。

大会分表演、比武两阶段。表演阶段3天,集体拳术由中央国术馆学员分初级、中级、高级进行,名家表演包括武当"剑侠"李景林表演太极剑,蒋介石侍卫官孙禄堂表演太极拳,"江南第一腿"刘百川表演哨子盘龙鞭,浙江省国术馆张文标、萧品三表演大喜拳和五虎拳,万国自由车金牌获得者李成斌表演自由车特技。比武打擂台虽由浙江省主办,但经中央国术馆和国有考试院认可,是一次全国性比赛,擂台得主不仅享有全国冠军荣誉,且有5000银元(折合黄金160余两)高额奖金,故在赛前,评委会已向打擂者再三阐明"以武会友,以技争长,不得故意伤人"的原则,又具体宣布几项规则,如,不准挖眼、扼喉、打太阳穴、撩阴等,不准故意逃遁、拖延时间等。然后由实到的109名高手分组抽签,抽到相同号码者成对作战,最后再选各组优胜者进入决赛。经过激战,河北保定选手王子庆力挫群雄争得冠军。在王子庆以下,按次取"最优等"9名:第2名朱国禄、第3名章殿卿、第4名曹晏海、第5名胡凤山、第6名马承智、第7名韩庆堂、第8名宛长胜、第9名祝正森、第10名张孝才;从第11名起,依次又取20名为"优等"。

浙江省国术游艺大会规模之大,规格之高,可以说是空前的,被人称为"千古一会",是继西湖博览会后杭州又一次重要的会展旅游。不仅当时甚至在以后很长一段时间内,杭州成为武林高手荟萃之地,杭州的十大国术教练站均有武林高手主持执教:三圣巷所(汤鹏超)、枝头巷所(刘金声)、吴山所(韩庆奎、蒋玉坤)、仙林寺所(朱强)、南班巷酒业会馆所(奚成甫)、社坛巷所(谢茂林)、琵琶巷所(如修和尚)、道院寺所(张士贤)、南星桥所(朱孔武)、油竹桥财神殿所(朱元江)。

3. 中华民国第四届全国运动会

中华民国全国运动会,指近代中国的全国运动会,共计7届。从清宣统二年(1910)由美国传教士爱克斯纳(D. T. Max Esner)发起"全国学校区分队第一次体育同盟会"在南京举行开始,已开过三届"全运会",但因所有的组织、裁判工作均由外国人担任,国内体育界颇有微词。1929年4月,南京国民政府教育部公布《国民体育法》,决定是年下半年举办"民国第四届全国运动会",

因浙江省将在 1929 年举办西湖博览会,经争取把会址设在杭州,希望与西湖博览会共办而相互增辉。并推迟半年,改在 1930 年 4 月举办。

1929 年 9 月,"第四届全运会筹备处"在杭州马坡巷"省自治专校"门口挂牌,原定经费 26 万元,后减为 15.5 万元,其中,浙江省出资 10 万,中央及部分省市赞助 5.5 万。运动场址选定梅登高桥东边原清军大营盘基地,东西长 380 米,南北宽 243 米,面积约 150 亩。前后费银 4.4 万元,建成田径场、足球场、排球场、网球场各 1 个,各场间以竹篱相隔,建有木质看台,可同时容观众万余。游泳比赛场地一时不及赶建,遂商定借用之江大学游泳池一用。

1930 年 4 月 1 日,中华民国第四届全国运动会在杭州隆重开幕,与会者有 14 省市及各地华侨代表队共 22 个、1707 人(男 1209、女 498),规模远超前三届"全运会"。开幕典礼十分隆重,上空飞机翱翔,地面军乐阵阵,小学生集队,齐唱欢迎歌,并表演 5000 人大型欢迎操,蒋介石、邵元冲、吴稚晖、褚民谊、王正廷、宋子文、杨杏佛、张静江、朱家骅等出席开幕仪式。蒋介石作即席讲话。天津《大公报》对中华民国第四届全国运动会开幕式的盛况做了详细报道:

> 今日为全国运动会在杭州开会之第一日。值此春光明媚、风物宜人,西子湖边尤多佳景,乃于此聚全国雄奇善斗之士各显身手,以备在第九届远东运动会博得代表中华民国之荣誉。其人、其地弥足相映成趣,吾人以南北阻隔莫由参列盛会,涉笔及此,心焉向往矣……此次全国大会系为准备第九届远东运动会而设,该会在两年前开于上海,按章两年一会,定本年五月集合于东京,是为第九次大会。日本、菲律宾久已磨拳擦掌从事练习,中国已经有所预备,为网罗人才期无遗贤计,一方面由各省、市分别竞选能手,一方面更集合全国优秀于杭州,冀其中更有最杰出之人物脱颖而出,以负国际选手之使命,是又可知今日以后一星期之杭州运动会间接且与将来之国家荣誉有关,其受人重视岂宁无故,然而吾人犹忆前年第八次远东大会在沪开会,正为宁、汉争执剧烈之时,蒋中正氏方宣布下野,今日杭州盛会系属远东大会之预备,乃又值战云弥漫,全国鼎沸,天下竟有如此巧合之事)想蒋氏今日莅会演说,当亦不胜感触欤……两年以来,全国体育家苦口暗音努力提倡,一般社会对于运动已不似从前漠视,尤以上海、天津等通都大埠遇有球类比赛亦颇能哄动市民、吸引观众;

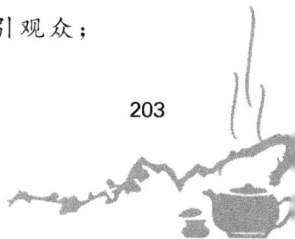

而沈阳、哈尔滨运动之风更甚。盖张学良于此道向抱特别兴趣，倡导最力，东北体育声誉忽著，原因在此。且沈阳密迩大连，该处日本人鼓励运动素极热烈，大连中华青年会所办学校及社会事业平日对体育亦特别注重，其受日人运动会观摩之益，自必不少。近来在东北运动界负盛名之刘长春等多为大连学校出身，修养有素，根柢不同，东北体育之显露头角，此亦一因。加以辽宁去年曾有中法日、中德日国际竞赛之会合，于增进运动能率上收效亦大，至今东北大学犹有德国专家担任指导，其于造就人才自当发生相当效果。上次远东大会，中国田径赛成绩极劣，此次或将因东北健儿之参加，一雪"中国人无腿"之耻亦未可知，故日人于此已大注意，杭州大会中东北选手有何表现——不但吾人亟欲一知，恐东瀛运动家亦当延颈以待新纪录之报告也。抑吾人更愿为国人告者，提倡体育不能利用人类之斗争本能，参加国际竞赛决不能免于国家的荣辱观念……盖日人评论中国运动员：个人甚强、团体殊弱、再上即衰、耐久力薄，以为须以统一的集团力破之；此外排球、篮球人选亦概以推举形式，不用预选之手续，其目光全注在有组织之一点上，由此可见日人对此届远东大会筹划之周密。吾人深望杭州此会努力选拔优异人才，多予集体练习机会，不但在田径赛与各种全能运动中，应挽回已往之失败，更宜善保足球、网球等项锦标，勿为日本有组织的战斗力所挫折，是则今日杭州全国运动大会为饶有价值矣。①

开幕式后，林森、何应钦、陈果夫、蔡元培、蒋梦麟、于右任等先后也到会参观、讲话，蔡元培说，运动有两种意义，一在人类身体健康，一在人类竞争状况，并鼓励运动员胜不骄、败不馁，以"参与即为荣"。

4月1日下午1时，各项比赛分别有序展开，其中，男子8种锦标，女子4种锦标，10日结束，江苏、广东、香港获前三名。比赛得到13万余名观众一致好评。天津《大公报》做了高度评价：

> 第四届全国运动会今日闭幕。此次开会十一日，参加者十四省区、七市，选手达一千六百余人，可谓极从来未有之盛，预料今后提倡体育之风气，益有进展，诚国家前途大可乐观之一现象也。此次大会

---

① 《大公报》1929年4月1日。

有一极好之情形,即女子参加者之踊跃是也。国人习于文弱,女子尤甚,袅袅婷婷、多愁善病为中国美人之写照,以致国民半数浸成废人,种族偏弱,影响百祺。近十年来,教育家渐知注重女子体育,第五届远东运动会在中国举行,女子参加团体游戏者已有一千余人;第六届在日本开会,我国女子曾有排球队及网球员渡海远征;第七届在马尼拉召集,亦有中国女子排球队躬与其盛,虽无赫赫之名,一十九日女子足不出闺阃者,故已大有进境。前年第八届上海之会,正值宁汉风云、战机迫切,中国女子乃至有排球一项参列,论者惜之。此次全国大会,沪、杭、平、津自不待论,远至哈尔滨已有女生选手跋涉水陆与华南、华中之女健儿一较高下,如孙桂云女士声威震于南北,其尤著者也。抑女子选手不但人较历届为多,其成绩亦复有突飞之进步,试就百米、五十米、跳远、跳高之计录观之,即可证明……

由此可见中国家庭生活显有变化,盖女子受家庭传统思想与习惯之束缚最甚,女子而能从事户外运动,则其家庭之开通可知,此从任何方面言均一可喜之事也……要之,此次全国大会选手之多、参观之盛,皆足表示社会普遍的对于体育重要之认识,今后姑无论远东大会成绩如何?"体育的民众化"早晚总可实现。中国改革大业,经纬万端,长夜漫漫,前途正远;所可断言者,只需有强健的国民自能办创造的事业,国民乃国家之真正资本,健康是事业的真正根基。国民果都了解及此,锻炼身体则危必复安、弱且终强。吾人所以对国家前途不终抱悲观者,自今以往,益坚所信矣。①

(四)修学旅游

在中国传统社会,士是一个比较特殊的社会群体,不论博取功名,还是屡试不中;不论归隐自然,还是玄学清流,似乎永远忘却不了"修身、齐家、治国、平天下"的人生信仰。而这一信仰表现在旅游观上,就是把旅游当作显示自己、区隔他人的象征。较之于别的社会群体,其游山玩水更加普遍。

近代知识分子尤其是青年学生自然不能与中国传统社会的"士"相提并论,但因他们思想活跃,生性好动,爱好交际,加上闲暇时间较多,修学旅游盛

① 《大公报》1929 年 4 月 11 日。

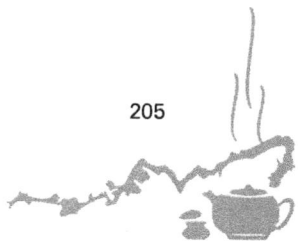

行期间。他们或互相结伴旅游，或参与团体旅游，或进行采集旅游；或徒步，或骑车，或乘船，不拘形式，自由自在。杭州地处长江三角洲，与上海、南京距离不远，交通便利，首先吸引了上海、南京青年学生的修学旅游。1920 年 10 月 20 日，金陵第四师范学校学生旅行团 39 人"由宁乘快车来沪，转乘沪杭路早快车赴杭"①。1922 年春，"天气晴朗，各学校正值春假，多有组织旅行队观察名胜者，沪北市北公学生三十余人，亦于昨日旅行赴杭"②。1924 年 4 月，"江苏省立第七中学校学生旅行团四十三人，由通乘轮来沪，于六日乘沪杭路早班车赴杭参观"③。1926 年春，上海光华大学童子军团"于本星期六晨，由教练率领童子军赴杭旅行。并闻该团童子军不乏摄影人才，故此次旅行，必有许多成绩可取也"；上海群治大学生"为更换空气，增加见闻起见，特组织西湖春游团。游览后决参观各司法机关，以增学力"④。除来自于短途上海、南京的青年学生外，路途遥远者也不乏，1921 年 4 月，"北京女师校旅行团三十余人，定今明日到杭，寓省教育会"⑤。1924 年春，"保定第二师范旅行团，于四月一日来沪。该团于二日分往各大公司购置书物，三日参观市立万竹小学、中华职业学校、江苏第一商业、公共体育场，四日参观第二师及其附小，与中华书局印刷厂，五日往商务印书馆印刷所，及上海第三小学，与青年会参观。昨日游半淞园，并参观上海之运动会。七日拟即赴杭"⑥。

　　青年学生的修学旅游另有两个鲜明的特点：一是随着近代意义的男女平等思想观念的普及，女子的社会地位有了一定的提高。1921 年春，"江苏女师校旅行团八十余人，明日亦到杭，寓清华旅馆"⑦。女生出门远游，是社会进步的表现。二是按自己的喜好，设计旅游路线、旅游方式。1934 年 1 月，交通大学学生王启熙、王衍蕃、黄周坤等认为，骑自行车旅游，既可锻炼体魄，增强意志，又可尽享沿途自然风光，在一些喜爱的风景名胜之地，可多停留一段时间，或写生，或考察，比较自由，故组织"重轰旅行队"，骑自行车前往浙江旅游。他们于 22 日从上海出发，沿沪杭公路到杭州，过钱塘江到绍兴，至曹娥江，再经

① 《沪宁路学生旅行团来往记》，《申报》1920 年 10 月 21 日。
② 《沪北市北公学生昨日旅行赴杭》，《申报》1922 年 4 月 3 日。
③ 《江苏省立第七中学校旅行团由通来沪》，《申报》1924 年 4 月 7 日。
④ 《春游纪盛》，《申报》1926 年 4 月 4 日。
⑤ 《北京女师校旅行团明日到杭》，《申报》1921 年 4 月 15 日。
⑥ 《保定第二师范旅行团来沪》，《申报》1924 年 4 月 7 日。
⑦ 《江苏女师校旅行团明日到杭》，《申报》1921 年 4 月 15 日。

宁波转普陀山,倦游之余,买舟归沪,计时 10 天,行程千里。回到上海以后,王启熙给《旅行杂志》寄去了一篇图文并茂的游记,题为《千里壮游录——重轰旅行队沪杭甬普观光记》,刊于第 8 卷第 4 号。

杭州的青年学生也参与修学旅游,互相往来,增长见识,如,1920 年 5 月,"浙江医药专门学校,社制药科,办理多年。最高级生本年夏季毕业。该校校长钱崇润,为参考功课起见,特定本月六日,由药科教授李觐唐、周冠三二人,督率学生五十二人,出发旅行。拟定先到苏州南京各处,采取当地药性植物,以资实习。后到上海,参观各制药厂各大药房及玻璃工厂等,俾便考察云"①。

二、客源市场

对人员大规模、高频率的流动,站在国家或地区的层面,旅游客源市场按游客的活动一般分为境内旅游、出境旅游和入境旅游三部分。由此,如果把在或赴杭州的游客假设为当地居民和外来游客两部分,其旅游客源市场仍可表述为境内旅游、出境旅游和入境旅游三部分,只是内涵大相径庭。所谓"境内旅游",指当地居民在杭州的旅游活动;所谓"出境旅游",指当地居民离开杭州、赴其他城市甚至国外的旅游活动;所谓"入境旅游",指其他城市包括外国游客在杭州的旅游活动。

(一)境内旅游

旅游是一个国家或地区技术、经济、社会、文化发展的产物,可以反映人类社会摆脱贫困、愚昧、落后并不断迈向物质文明和精神文明的整个过程。同样,当地居民的旅游活动不仅是杭州旅游也是杭州整个经济社会发展水平的晴雨表。遗憾的是,获取杭州当地居民的客流量和旅游收入的统计数据,却是困难,原因在于当时缺乏相应的统计和预测。因此,通过数据,准确描述近代当地居民在杭州旅游活动的规模、水平,几乎不太可能。本节仅根据 20 世纪初叶以来当地居民参与旅游活动的目的和方式,从一个相对恰当的侧面粗略考察近代当地居民在杭州的旅游活动。

近代以来,因对外贸易、市场经济的刺激,人们外出旅游的目的日趋多元,

---

① 《药校医科生定期旅行》,《申报》1920 年 5 月 8 日。

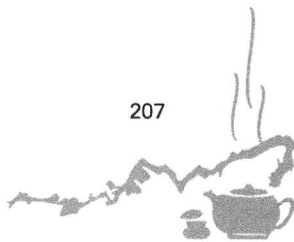

比较常见的有：贸易人员的公务旅游，普通居民的探亲旅游，民间朝圣、祭祀、祈祷等宗教旅游，学生入学、观光、探亲等旅游，富有群体观光、避暑、消遣等旅游，其中，公务旅游、探亲旅游的比重呈持续上升趋势。相对而言，当地居民在杭州的旅游活动仍以观光、朝圣、娱乐居多，通俗地说，吃喝玩乐是杭州当地居民旅游的主要目的，如吃：传统社会以满足生理需求、简单娱乐交往为主，近代社会则注重吃的交游娱乐之道，追求舒适高档，引得餐馆竞相提价。20 世纪20 年代末期，一顿普通西餐每人需花 0.7～1.5 元，酒及小费另行开支。中餐上席价高者每桌 20 余元，加上茶、酒、小费等各项开销，非 30 余元不可；中席者在 12 元以上；普通者在 8 元上下。相对于同一时期杭州丝织、棉织、印刷、钟表、箔等 28 个行业工人 13.83 元的月均收入①，这一消费标准明显偏高，若非城市的社会中层以上者，日常生活都难应付，以吃为主要目的的旅游是他们的消费行为。而且，吃与玩又互相渗透，紧密结合，是娱乐业不可或缺的组成部分，如，在江干花牌楼约有妓院二三十家，嫖客在妓院喝茶吃点心，称"摆茶围"，请客叫局称"吃花酒"，全席称"摆台面"，房中半席称"吃便饭"。酒食或由妓院、或由餐馆操办。1930 年前后，一席花酒约 24 元，几乎与政府低级办事员的月工资相当，其他赏赐并不包括在内。②

　　导致近代杭州当地居民在旅游中吃喝玩乐奢靡之风愈演愈烈的原因主要有三个：一是西方生活方式的效应，享乐、舒适被欧美发达国家视为旅游活动的真谛。当中国闭关自守的大门打开后，挥金如土、奢侈豪华的生活方式和消费方式很快扩散开来，不仅盛行于官宦商贾、富门巨室之中，而且对其他社会群体甚至包括普通居民产生了深刻影响。他们努力效仿，追求时髦，享乐、舒适之风蔓延在杭州城内的角角落落，普通居民也十分羡慕居必华屋、衣必锦绣、食必粱肉、出必车马的生活方式。二是国内经济增长的结果，近代以来，中国经济总体呈增长趋势，人们的生活水平略有提高，赴杭州的游客就是来消费的。为了满足游客的多元需求，餐馆、茶楼、酒肆、烟馆、妓院等一应俱全，加剧了奢华之风的蔓延。三是杭州对外交流的影响，沪杭铁路开通以后，杭州与外界的交流日趋频繁，庞大的客流量尤其是赴杭州旅游的中外游客激增，不仅带来了人流，而且增加了消费。

---

① 浙江省建设厅第六科：《杭州市工人生活状况》，《浙江省建设月刊》1930 年第 4 期。
② 何永德：《杭州娼妓史话》，载《近代中国娼妓史料》，石家庄：河北人民出版社 1999 年版，第177—182 页。

（二）出境旅游

受制于几千年乡土观念和家族意识的约束，中国居民居族而居，具有很强的居家特点，满足于他们世世代代生活在与外部世界几乎隔绝的乡土家园之中，很少有背井离乡、到外部世界闯荡的冲动。因此，在传统社会，很少有离开家乡、参与旅游活动的需求，即使有所谓的观光、娱乐、朝圣等，也是少数社会群体诸如官宦、商贾、士人之类偶尔为之的出行，且与宗教信仰、社会习俗密切相关。近代尤其在 19 世纪 70 年代以后，中国因被卷入对外贸易、市场经济的格局当中，自然经济逐步解体，大批农村居民破产，被迫离开土地，"世界变了，简直变得面目全非，女人已经不再纺纱织布，因为洋布又好又便宜。她们已经没有多少事可以做，因此有些就与邻居吵架消磨光阴，有些则去念经拜菩萨。年轻的一代都上学堂了。有些女孩则编织发网和网线餐巾销售到美国去，出息不错。许多男孩子跑到上海工厂或机械公司当学徒，他们就了新行业，赚钱比以前多"①。城市则因农村居民涌入而使原居民大量失业，使之不得不踏出家门，足迹遍及国内甚至全球各地。如，厦门人林鍼凭借自己出色的外语才能，得以到海外担任翻译，开创了近代中国个人出境旅游的先河，后将旅途感受、美国见闻详细写进了《西海纪草》。必须指出的是，其外出旅游并非因个人收入提高和闲暇时间增多引发的。此外，还有大量为了优质教育资源而去其他城市甚至国外留学的学生。明治维新以后，日本摆脱民族危机，成为亚洲强国。清光绪二十二年（1896），首批 13 名留日学生随驻日公使赴日，一时间赴日留学成为风尚。1911 年，作为留美预科的清华学堂正式成立，留学重心又由日本转向美国，"乡村里喜欢读书的青少年们，犹如在帝制时代他们的祖辈想通过科举当上官吏一样，如今他们梦想的是去美国留学"②，后又转向法国、苏联等国，如，1928—1930 年，中国平均每年出国的留学生大约在 4000～4500人，其中，去欧洲的 1000 人，去美国的 1200 人，去日本的 2000 人。③ 至于频繁往来于城市之间的商贸人员也是出境旅游的一部分客源。

近代杭州究竟有多少当地居民离开家乡、赴国内甚至全球各地从事所谓

---

① 蒋梦麟：《现代世界中的中国：蒋梦麟社会文谈》，上海：学林出版社 1997 年版，第 45 页。

② （日）平冢益德：《近代中国教育文化史》，载朱有瓛、高时良主编《中国近代学制史料》（第四册），上海：华东师范大学出版社 1993 年版，第 179 页。

③ 雷麦：《外人在华投资》，北京：商务印书馆 1962 年版，第 159—160 页。

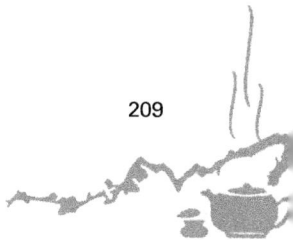

的旅游,恐难估计推算,但从一些通商口岸、大中城市的人口籍贯结构中,似能窥见端倪,如,1930年上海租界华人1393282人,其中,浙江籍304544人,占21.86%。① 又如,1883—1927年浙江商帮在上海投资创办的310家企业及占绝对优势的钱庄中,可以推断有大量浙江包括杭州当地居民已"离开"杭州,正在上海从事各种商贸活动,他们是杭州出境旅游客源市场的组成部分(详见表7-1)。②

表7-1　上海"浙江帮"钱庄统计表

年份	上海钱庄(家)	资本(万两)	其中浙江钱庄(家)	资本(万两)
1912	28	110	20	87.8
1924	85	1004.3	53	660.7
1926	86	1357	53	855.3
1928	80	1256.3	51	856.8
1930	77	1364	54	1045
1932	72	1510	53	1133.5
1934	62	1783.5	45	1307.9

近代以来杭州对外贸易所达范围,遍及亚、欧、美、澳四大洲的20多个国家和地区,尤以英国、日本、印度、法国、德国、美国为主要贸易伙伴③,从中似可推断杭州与上述20多个国家和地区之间的游客往来。

(三)入境旅游

中国入境旅游的产生和扩大,是中国被迫对外开放的产物,带有赤裸裸的西方殖民主义色彩。因对外贸易、市场经济的刺激,怀有各种旅游目的入境中国的境外游客逐年增加。尤其在19世纪70年代后,一个以东南沿海、内陆沿江和北方边境地区各个通商口岸为主体,辐射东南亚周边国家和欧美发达国家的客源市场随之形成。中外游客主要来往于上海、广州、天津、牛庄、大连、秦皇岛、青岛、烟台、汕头、厦门、福州、琼州、北海、梧州、三水、江门、香港、澳

① 徐雪筠等编:《上海近代社会经济发展概况(1882—1931):〈海关十年报告〉编译》,上海:上海社会科学院出版社1985年版,第310-311页。

② 参见陶水木《浙江商帮与上海经济近代化》附录一、附录三,上海:上海三联书店2000年版。

③ 周峰主编:《民国时期杭州》,杭州:浙江人民出版社1992年版,第230页。

门、台湾等地以及日本、朝鲜、俄国、新加坡、菲律宾、泰国、越南、印尼、美国、英国、澳大利亚、南非等国。① 入境中国的境外游客主要有:从事贸易的商贾,投资创办企业、学校、医院、教会的人员、游历团、考察团和传教士,侨民和领事馆人员,观光游览和避暑消遣的游客,其中,经商、贸易、投资、办企业者为数居多。境外游客入境中国后,会在中国各地产生二次甚至更多次的流动,旅游的目的仍是经商贸易、观光游览、避暑消遣、宗教传播、文化考察等,旅游目的地集中于通商口岸、大中城市、贸易集散地、风景名胜区。在境外游客的旅游目的地中,排名前列者依次是上海、天津、汉口,客流量占入境游客总数的80%左右,其余分散在厦门、汕头、镇江、宁波、苏州、杭州、大连、烟台、牛庄、哈尔滨、安东、芜湖、宜昌、温州等。② 同时因近代社会的变迁,国内游客出于各种目的的旅游活动也大大增加,并形成了相对固定的客源市场。在国内游客的旅游目的地中,排名前列者依次是上海、汉口、天津、苏州、镇江、汕头,其余分散在烟台、牛庄、大连、长沙、杭州、温州等。③

　　从上述两项排名顺序中可以看到,在大部分年代,来杭中外游客所占的份额并不大,杭州未成为境内外主要的旅游目的地。那么,近代杭州入境旅游的规模和水平究竟如何呢? 时人说:"近年来,不但居民日增,游人蚁集,即欧美各国人士,慕名而来的每年达百万人以上。外人曾把它当作东方的日内瓦湖看待。因之,杭州的地位更蒸蒸而日上。"④同样由于缺乏统计数据,目前很难详细描述整个近代杭州入境旅游的客流量,只能就已有的统计数据笼统分析。资料显示,国内游客"每年达百万人以上",其中,参与宗教旅游者每年10万人,若遇会展旅游之类的大型活动,游客将大幅度增加,如,1929年西湖博览会期间,游客达1761万人次。1947年在国货街举办国货展览会,仅1个月营业额即达21亿法币,参观游览和洽谈贸易者达24.18万人。而且杭州不仅是游览观光的名胜区,也是从事商贸的生意场。表7-2系1910—1913年国内游客苏州、杭州客流量季节指数,从中可见,苏杭两地客流量的变化,第一季度由于气温较低,期间还有春节假日,是淡季;第二季度春夏之际,春暖花开,是最好出游季节;第三季度酷热难耐,但因逢茶叶、丝绸交易的旺盛季节,仍有相当

---

①　张俐俐:《近代中国旅游发展的经济透视》,天津:天津大学出版社1998年版,第53页。

②　张俐俐:《近代中国旅游发展的经济透视》,天津:天津大学出版社1998年版,第128页。

③　张俐俐:《近代中国旅游发展的经济透视》,天津:天津大学出版社1998年版,第154页。

④　唐应晨:《杭州市政的鸟瞰》,《市政评论》第4卷第8期。

数量的游客参与商贸活动;第四季节由秋转冬,并非特别寒冷,前期是游览的季节。因此,第三、第四季度客流量虽有一定减少,但不是明显淡季(详见表7-2)。①

表 7-2　国内游客苏州、杭州客流量季节指数(1910—1913)

年	一	二	三	四	合计	平均
1910	49794	66425	68986	71880	257085	64271.3
1911	51018	82989	57851	59323	251181	62795.3
1912	33839	36494	30282	32875	133490	33372.5
1913	57436	72078	77604	66629	273747	68436.8
合计	192087	257986	234723	230707	915503	228875.8
同季平均	48021.8	64496.5	58680.8	57676.8	228875.8	57218.9
季节指数	83.9	112.7	102.6	100.8	400.0	100.0

　　至于境外游客,仅 1930—1936 年 7 年间共计 32845 人,1936 年达到高峰,有 10419 人,较之于 1930 年增长了近 10 倍(详见表 7-3)。② 其中,不乏国际知名人士,如,1921 年,"持续不断的追求人道主义理想和思想自由"的罗素(Bertrand Russell)游览杭州,"从上海起身,许多的中国朋友带我们到西湖上的杭州去游玩三天。那地方算是中国风景最美的地方。这回是纯粹休息的旅行。西湖并不大,差不多像(Gramere)湖那么大小。四面有树木昌茂的秀山,山上有无数的宝塔和庙宇。她的如此美观,可以算是几千年来诗人和皇帝的功劳。(看起来中国古代的诗人来,他们似乎有现在欧洲的经济家那么阔绰)我们在山里头过了一天,坐了十二点钟的轿子。第二天就在湖里的岛上和湖边上,看人家的别墅和寺院等处。……西湖上最有浓味的地方,就是八百年前造了一个学者退隐的地方(葛仙庙)。我想中国古代学者的生活,一定是非常快乐的"③。

---

① 参见张俐俐《近代中国旅游发展的经济透视》,天津:天津大学出版社 1998 年版,第 149 页。

② 杭州市档案馆编:《民国时期杭州市政府档案史料汇编》,第 7 页。

③ 罗素著,赵元任译:《旅行中国的快乐》,《申报》1921 年 3 月 20 日。

表 7-3　境外游客来杭人数(1930—1936)

年份	1930	1931	1932	1933	1934	1935	1936
人数	1211	1830	2592	4785	5354	6654	10419

　　抗日战争胜利后,杭州为了振兴旅游业,在铁路、公路增开旅游专车,兴办旅馆、餐馆及娱乐场所,一定程度上促进了杭州旅游的恢复和发展,1946 年 7 月至 1947 年 6 月的 1 年,境外来杭游客共计 2977 人,国籍有英、美、苏、法、加、意、匈、墨、丹、西、波斯等。

　　在来杭境外游客中,日本游客占有一定的比例,原因在于日本正大力推行大陆旅行体制,内容包括发售"日中周游券",出版《朝鲜、满洲、中国指南》等。在日本政府倡导下,来杭州的日本游客日渐增多,如,1924 年 4 月,"沪杭甬铁路上海北站,昨日由沪开杭之六号车,有日本男女计一百四十五人,向路局定包三等客车两辆,至新龙华站下",参与龙华香汛,并且"待由杭来嘉沪区间车抵南站至半淞园游玩"①。1931 年 4—5 月之间,中国旅行社、日本国际观光局合作接待日本来华旅行团共计 20 余次,游客 3000 余人。日本游客游览了上海、苏州、杭州、南京等地,其中,用于游览交通、食宿购物的费用达 20 余万元。

　　最后,在结束本章以前,特地摘录 1937 年春上海某杂志编辑游杭期间的所见所闻,行文有些夸张,但从中似可看到杭州在近代中国旅游发展中的地位和影响:

　　　　这几天真是不得了,杭州既作了游玩的中心,又成了政治的中心,冠盖云集……要是世界和平主义抬头,侵略者销声匿迹,人类相亲相爱的时候,则中国理想中指都会,不是南京,也不是北平,更不是西安,而是杭州。只要杭州建了都城,把西湖锐意建设一下,我可保证国内决不会再有内战发生的可能,因为无论是哪一个强镇,只要请他来游一下京师……先为之布行馆于湖滨,饮之于楼外楼,然后驾一舸之扁舟,命干练大将以相从,徜徉于六桥三竺间,任由天大别扭的事,到这儿也只得抛开……玩了两三天后,然后从容进言:"你老哥驻地的贫瘠,中枢是知道的,久又想调剂调剂的意思,就是这浙江的主席,请老哥屈就,你看这里的风光多好!"这位固然也有些尝尝苏东

――――――――――
①　《日人游览龙华》,《申报》1924 年 4 月 14 日。

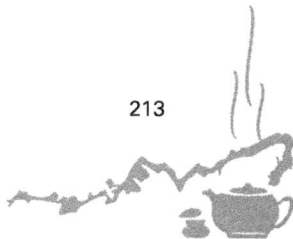

坡"西湖长"的风味,但究也放不下追随了许多年的部下,于是就提出增加军饷问题……于是双方就在湖艇上,三言两语,把行将生灵涂炭的天大事情解决……蒋委员长被劫西安,你想他会被困于杭州吗?……所以,这次要人的聚会,不在政治中心的南京,而偏移到游玩中心的杭州来,这实在是当事者的聪明过人处……①

---

① 李杭育:《老杭州:湖上人间》,南京:江苏美术出版社 2000 年版,第 151—153 页。

第七章
近代杭州旅游文化概述

旅游文化并非旅游与文化的简单相加。广义的旅游文化既包括旅游客体文化,也包括旅游主体文化和旅游介体文化。本章所指旅游文化是狭义的,仅指旅游主体文化,如,游客文化素质、兴趣爱好、行为方式、思想信仰等。

一、旅游思想的演变

(一)传统旅游思想的延续

受制于自给自足的自然经济,中国传统旅游思想的核心理念就是重安居、畏客居,即,"我们中国人是最怕旅行的一个民族"①。最早提出这一传统旅游思想的是先秦儒家。儒家认为,旅游行为作为人生的活动之一,必须符合忠孝节义以及观物比德、礼乐教化等礼仪规范,要求"父母在,不远游,游必有方"②,"三年之丧练,不群立,不旅行"③。即使偶尔外出旅行,也应在游山观水中获得品德的陶冶,所谓"志于道,据于德,依于仁,游于艺"④,"知者乐水,仁者乐山;知者动,仁者静;知者乐,仁者寿"⑤。"君子比德"之说一方面强调

---

① 梁实秋:《梁实秋雅舍小品全集》,上海:上海人民出版社 1993 年版,第 73 页。
② 《论语·孟子》,北京:燕山出版社 2001 年版,第 35 页。
③ 《礼记·尚书》,北京:华龄出版社 2002 年版,第 93 页。
④ 《论语·孟子》,第 67 页。
⑤ 《论语·孟子》,第 62 页。

游山观水给君子美的艺术享受,从而反省自身,陶冶情操;另一方面则奠定了功利主义旅游观的基础,积极入世、富于实践是旅游的方向。儒家自然审美观和保守内敛旅游观的二元结构,对传统旅游思想的形成影响深远。

此外,对中国传统旅游思想起主导作用的有庄子的"逍遥游","乘云气,骑日月,而游于四海之外",强调"乘物以游心",使精神世界臻于优游自在、无挂无碍的境地。① 受庄子"逍遥游"影响,文人雅士在游山观水中,崇尚自然,超然尘外,倡言怀古,把山水视为吟诗作文、抒发情怀的对象,并不涉奇历险,更少追根究底。

近代以来,国门洞开,交通工具的引进、通信设施的发展、大众媒体的传播,形成并推动了文化近代化,使经几千年延续、早就固化的中国传统旅游思想在短短几十年间迅速而广泛地得到了转变,经历了一场深刻的革命。其中,最突出的表现是一批又一批中国人改变守家恋祖、父母在不远游的传统旅游思想,挣脱乡土观念和家族意识的束缚,走出家门,奔向全国甚至全球各地。如,1928 年,浙江东阳外出男性 81790 人、女性 683 人,合计 82473 人,全县总人口 463902 人,外出总人口数占全县总人口数的 17.77‰②,"据熟于内幕者估计,东阳每年外出工作者,约有十万人,内木匠、泥水、裁缝占最大多数,杭州、上海丝织界次之,大部分为女工,再次则为投身行伍者"。③ 华侨的足迹则集中于东南亚各国以及美国、加拿大、澳大利亚、秘鲁、古巴、南非、俄国等。④

但是,中国传统旅游思想"浅游"的观念依然根深蒂固,积极入世、富于实践的观念会不时受到传统观念、现实社会干扰。思想家、政论家、新闻记者王韬自述,"余年未壮,即喜读域外诸书,而兴宗悫乘风破浪之想,每遇言山水清嘉、风俗奇异,辄为神往"⑤,不仅在国内游山观水,还于清同治六年(1867)、光绪五年(1879)出游了欧洲和日本。在旅游中,尽显中国传统旅游思想本色,就是以积极入世的激情,关注他国民情国力,"以图有朝一日用于祖国,遍游域外

---

① 商友敬:《中国游览文化》,上海:上海古籍出版社 2001 年版,第 12 页。
② 国立浙江大学社会系编:《浙江八县农村调查报告》,《国立浙江大学农学院丛刊》1930 年第 8 号,第 25 页。
③ 赵懿翔:《东阳县农村经济的三大基础》,《浙江省建设月刊》第 8 卷第 10 期,"调查"第 6—7 页。
④ 陈翰笙等主编:《华工出国史料汇编》(第四辑),中华书局 1981 年版,第 3—5 页。
⑤ 王韬:《弢园老民自述》,南京:江苏人民出版社 1999 年版,第 151 页。

诸国,览其山川之诡异,察其民之醇漓,识其国势之盛衰,稳其兵力之强弱"。①
但他早年多作"浅游",因为老母在堂。

郁达夫有自己的旅游观,"旅行,实在是有闲有钱有健康的人的最好的娱
乐。从前中国人视出门为畏途,离家百里,就先要祷告祖宗,辞别亲友,象煞是
不容易回来的样子。现在则空有飞机,水有轮船,陆有火车汽车,千里万里,都
可以转瞬而至了,所以从前的人所最怕的这旅行,现在的人却可以把它当作娱
乐来看。有几个有钱好事的闲人,并且还把它当作了一种学问"。在他看来,
旅游应该抛弃牵强,了却杂念,把它作为娱乐方式,放松身心,获得"精神上的
解放"和"好奇心的满足"两种快乐,但在他的家乡,旅游仍被视为"畏途":

> 自富阳到杭州,陆路驿程九十里,水道一百里;三十多年前头,非
> 但汽车路没有,就是钱塘江里的小火轮,也是没有的。那时候到杭州
> 去一趟,乡下人叫做充军,以为杭州是和新建伊犁一样的远,非犯下
> 流罪,是可以不去的极边。因而到杭州去之先,家里非得供一次祖
> 宗,虔诚祷告一番不可,意思是要祖宗在天之灵,一路上去保护着他
> 们的子孙。而邻里戚串,也总都来送行,吃过夜饭,大家手提着灯笼,
> 牌成一字,沿江送到夜航船停泊的埠头,齐叫着"顺风! 顺风!"才各
> 回去。摇夜航船的船夫,也必在开船之先,沿江绝叫一阵,说船要开
> 了,然后再上舵梢去烧一堆纸帛,以敬神明,以恶赂鬼。……祖母为
> 忧虑着我这一个最小的孙子,也将离乡别井,远去杭州之故,三日前
> 求愁眉不展,不大吃饭不大说话了;母亲送我们到了门口,"一路要
> ……顺风……顺风! ……"地说了半句未完的话,就跑回到了屋里去
> 躲藏,因为出远门是要吉利的,眼泪决不可以教远行的人看见。②

上海中医陈存仁参加了中国旅行社组织的华南旅行团,远游广州、香港,
"一般亲友已经认为我有勇气,竟作千里迢迢的远游";后来又打算赴日本,"亲
友们竟人人感到骇然,老年人且认为我家有老母,怎能出门,所谓'父母在不远
游',是指我不应该的"③。与上述典型案例相类似,这是中国传统旅游思想的

---

①　王韬:《弢园老民自述》,南京:江苏人民出版社 1999 年版,第 190 页。

②　郁达夫:《远一程,再远一程!——自传之五》,《郁达夫全集》(第四卷),杭州:浙江文艺出版
社 1992 年版,第 344—345 页。

③　陈存仁:《银元时代生活史》,上海:上海人民出版社 2000 年版,第 298 页。

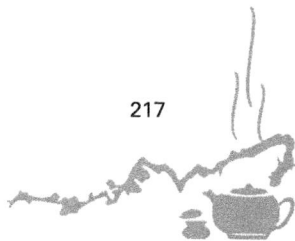

反映,"家庭伦理甚至涉足我们的旅行与运动"①,也是局限,如,对当时欧美发达国家已十分流行探险旅游,认为"吾们实在并无探险北极或测量喜马拉雅山的野心。当欧美人干这些事业,吾们将发问:'吾们干这些事情为的是什么?是不是到南极去享快乐生活'"②?甚至连漫游欧洲各国的赵尔谦也大惑不解:"人类的交通日益繁多,想种种的方法以便旅行,从前在水上旅行,不久就在地上和地下旅行,现在已经在空中旅行。还有许多的人以为不足以充足人类的欲望,有的到南北极去旅行,想发现新的地方;有的想到地球以外去旅行,探访地球以外的地球。他们因为旅行而牺牲生命的实在不少,但是不因此而少许敛其足迹,怪哉怪哉。"③

(二)近代旅游思想的演变

在继承中国传统旅游思想尤其是儒家自然审美观和保守内敛旅游观的同时,近代旅游思想有所变化。学者汪亢虎说,"余性雅好游,凡环球两次。民国数十,内地除西北外,各省区足迹几遍。或问余何为栖栖如此,亦哑然无以自解也。然大抵游之动机皆为人非为己,又皆自动而非被动。与饥驱者有殊。但亦从未斥千金之产。裹三月之粮,郑重准备以出之。综计游资,三十年来累数万金矣。而家中无盖藏,杖头无美钱。且挈全眷周历欧美大陆垂十年。虽富豪往往不办。余意则谓旅行即娱乐也。起居大旅社,趁急行瞭望车。或脱身浮海之宫殿。固娱乐矣",对此有感而发,"平生初历即佳境。境无穷斯乐亦无穷。故善游者虽苦亦乐,不善游者虽乐亦苦。世有能从吾游者乎,须知此中固自有乐地也"④,而富有时代的特色。

1.旅游是一种心理的需求

赵尔谦试图从心理需求的角度阐述旅游存在的价值:

> 另外还有一个问题与旅行不解缘,就是心理学。人生自幼至老无往而不为相对定律"La loide contrast"所管辖。譬如人之乐极生悲,欢喜听笑话,欢喜听怪事,种种是要与日常生活相反对处,现在二十世纪的世界,假使有一个人能够处一个地方,一年三百六十日,一

---

① 林语堂:《吾国与吾民》,长沙:岳麓书社 1990 年版,第 153 页。
② 林语堂:《吾国与吾民》,长沙:岳麓书社 1990 年版,第 298 页。
③ 赵尔谦:《我的旅行哲学》,《旅行杂志》第 3 卷,第 9 页。
④ 汪亢虎:《旅行与娱乐》,《申报》1924 年 12 月 19 日。

日二十四小时，始终不动，不去旅游，自甘为羲皇以上的人，那真正是
不容易的事，而且是反乎人生的观念。人的性质是好动不好静，静极
思动，动极思静，那是相对的，要去旅行，也就是这个道理。你住在一
个地方，四面的环境以及一切你所遇到的人物长久就使你生厌，你就
想调剂互换，重到一个地方去住几天，这真是人生不可缺少的原因。
所以学校有暑假年假就是这个道理。

并且赵尔谦预测未来"饮食男女，人之大欲存焉，以后就是旅行"①。换句话
说，旅游就是人们温饱之余所产生的另一种较高层次的心理需求。

翻译家黄嘉音认为旅游是调剂人类机械生活方式的最好方法，完全适合
心理健康的需求。他曾分门别类，对比了心理健康原则与旅游旅行益处。前
者是"不断地发展多方面的趣味；以活的智识增加人生乐趣；精神上的调剂及
恢复；身体、心智与精神的锻炼；了解自己、了解别人；过最合理的生活"，后者
是"增长见闻智识；增加人生经验、了解风土人情（生活的武器）；赏心悦目、心
身舒泰、恢复精神；把工作与家务暂时丢在脑后；改变环境；运动；使身心不过
分空闲（时间的利用）"。从中可见，两者具有很大的一致性，你中有我，我中有
你，关系密切。由此得出结论："旅行是合乎心理卫生之道的。"②

人们开始讨论什么是真正有效的娱乐方式，"今日常人所目为娱乐者，决
非真正之娱乐。真正之娱乐为人类工作后之修养而已恢复工作之能力者也。
奈之日所谓娱乐者非特不能恢复已损之精神，反或伤原有之精力。歇浦江畔，
纸醉金迷，终日惟逐鹿于歌舞之园，出入于游戏之场。而吾沪人士，固乐融融
也。以为娱乐之法，莫逾乎此。不知人类之精力有限，事业无穷，欲创非常之
伟业，必先具非常之精力，欲具非常之精力，必先有良好之修养。此娱乐之所
以重也。奈何吾人独沉溺于损及道伤及精力之娱乐而弃有生产之娱乐如敝屣
哉"，但"远足"即旅游恰恰是满足精神需求的娱乐方式之一，"远足能得精神上
之修养。至宏且伟，考察各地风俗物状名胜古迹，尤能增广见识。古人谓读万
卷书不如行万里路。良有以也。惜此事非短时间所能举行，如能于例假或星
期日偶一为之，以较目眩神迷之电影、鼓角喧天之剧园，为益多矣"。因此希望
政府倡导"远足"，"吾沪人最尚时髦。无论何事，苟有力者为之先导，接踵附和

① 赵尔谦：《我的旅行哲学》，《旅行杂志》第 3 卷，第 8—9 页。
② 黄嘉音：《旅行——心理卫生之道》，《旅行杂志》第 15 卷，第 18 页。

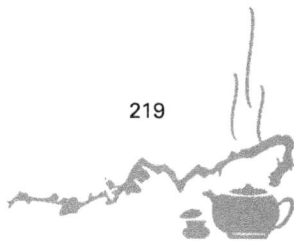

者,定不乏人。娱乐虽小道,然苟能导以正轨风俗,不无小补,尚望当事者有以提倡之"①。

2.旅游有助于国家的自强

"谁能救中国"、"谁能发展中国"一直是近代中国的时代主题。基于此,中国传统旅游思想之积极入世、富于实践的内涵不仅得到延续,而且早已超越只关乎个人经验、知识以及精神的层面,开始与国家、民族的前途和命运相关联,"我以为在此刻时候,旅行是值得用力提倡的。以为我们感觉到从家庭出来,要达到国家的路上,再进一步,走上世界的路途,第一个条件,是要眼光远,眼光如何而后远? 惟有旅行可以得到。尤其是我们中国人,特别需要旅行"②。因为"一个国家不能闭关自守,一个人家不能关门作皇帝。秀才不出门,广知天下事,此是古时候的事,现在不行了",过去"我们国家因为不旅行、闭关自守吃了大苦"。通过旅游则可以沟通中西文化、认识欧美发达国家的民族性格和大众心理,"美国人的那一种性情,他们商业的组织、学校的生活、学踢足球的精神、男女的交际;英国人冷淡深沉的态度,老谋深算、惟我独尊、俯视一切,重实利而不尚空谈;法国人的演说,法国人的文雅宽大,处事重理想而不着实际,说到做不到的样子,你非到他们家里同他们谈心,细心体察他们的心理,决非不旅行可以做到的"③。故而他们不遗余力地描述欧美、东瀛那些值得学习的东西,如,王韬感慨西方的专利制度,"西国之例,凡工匠有出新意制器者,器成上禀,公局给以文凭,许其自行制造出售,独专其例,他人不得仿造,须数十年后乃驰此禁,其法亦良善也"④;评价伦敦的城市建设和管理,"每日清晨,有水车洒扫沙尘,纤垢不留,杂污各尽,地中亦设长渠,以消水"⑤;也关注日本的礼义细节,"文字之缘,友朋之乐,特于海外见之,亦奇矣哉"⑥。

我国幅员辽阔,通过旅游可以了解各地的情形和差距,有利于制定国家的政策,以及把握发展的方向,"吾国幅员之大,山川之富世与无比。然舍东南数省外,大都地弃而不辟,货弃而不采,此国人只知闭户读书之大误也。总理遗教,首重建设,然不便历各方,不知土地之肥瘠,形势之险易,事业之宜兴不宜;

---

① 子秋:《娱乐之改革》,《申报》1926 年 2 月 16 日。
② 赵君豪:《黄任之先生访问记》,《旅行杂志》第 9 卷,第 61 页。
③ 赵尔谦:《我的旅行哲学》,《旅行杂志》第 3 卷,第 7-8 页。
④ 王韬:《弢园老民自述》,南京:江苏人民出版社 1999 年版,第 163 页。
⑤ 王韬:《弢园老民自述》,南京:江苏人民出版社 1999 年版,第 174 页。
⑥ 王韬:《弢园老民自述》,南京:江苏人民出版社 1999 年版,第 2 页。

心也亲临游览,而后知有所轻重,有所取舍,有所先后,此实建国之一大助也"①。当理念具备时,外力更应介入,以推动旅游的实现,其中,创办旅行社是最佳的路径之一。陈光甫指出了中国旅行社致力于旅游实现尤其是为宣传中国优秀文化做出的贡献:

> 通商以来,仰慕东方文化而来游历之外人,踵趾相接。旅行社以服务旅客为宗旨,对于万国游客,应时代谋旅行上之便利,而北平分社处如斯胜地,宜更为祖国宣扬文化。北平所有之名胜古迹,应编成一游览指南,以供中外人士参考,并宜有精通英语,而熟于风景及掌故之招待员,以招待外人,而任说明之役,以宣传我国文化,而免无知识之通译,讹传滥语之弊。②

近代旅游活动充满爱国主义的激情,中国铁路建设先驱之一黄伯樵《导游与爱国》一文充分论述了两者的关系,在当时颇有代表性:

> 故老于旅行者,对于国中地理、历史、经济、风尚等等,恒有普遍之认识,即对于国家往古来今,有整个之认识;而惟认识其国家,始油然而起爱护其国家之心,不待勉强而致。……导游机关提倡旅行,同时予旅行者以种种之便利,推其结果,必使旅行者愈众,寖假而认识国家,爱护国家者愈众,而后国之基础赖以立,国之事业赖以振。③

3. 旅游有助于公德的培养

随着大众旅游的日渐来临,旅游的不文明行为诸如风景名胜破坏、古迹遗存损毁、生态环境恶化、旅游经济纠纷、旅游文化粗俗之类相继出现。唐渭滨"有感于旅游中之道德问题至为重要,如其不能改良增进,小则增加旅客之危险,大则妨碍社会之秩序,耗财费时,公私均有不利",撰文《旅游中的道德问题》,提出"旅游道德,并难知,要在力行",呼吁人人应身体力行,"一方面需要各个人反躬自省,同时又需要社会之互相提倡。最好在车站、码头、火车、轮船各交通重要处所于警告标语之外,并由交通机构之员工,相机为旅客择要申说,并奖励游客作同样之义务宣传,如其遇有不正当之语言行动,尤应不客气

---

① 黎昭寰:《游览建国》,《旅行杂志》第 10 卷,第 7 页。
② 上海市档案馆编:《陈光甫日记》,上海:上海书店 2002 年版,第 128 页。
③ 黄伯樵:《导游与爱国》,《旅行杂志》第 10 卷,第 3 页。

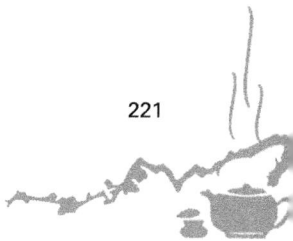

的予以忠告。如此在社会的共同监督之下,人人皆具有十目所视十手所指之感想,易于提醒其反躬自省之观念,比诸一二官兵警察之监视,似乎更为有效"①。通过悬挂警示标语、口头申说忠告等手段,形成全社会共同监督游客不良习惯的氛围,有助于民众自我反省、改进。

对于那些喜好在风景名胜区随便涂鸦者,《申报》发出了中肯劝告:

> 名胜之区,所以供国内外人之游览者也。故凡其地之一草一木、一花一石,皆当在爱护之列。而我国人之游览名胜者,乃均喜用铅笔或毛笔以涂抹粉白之墙壁。是诚所谓特别者矣。夫在涂抹者之心理,以为我远道而来,得游是胜,宁非一生之快事。乃又片刻即与此璀璨明媚之胜景作别,其意若有所不忍焉者。于是异想天开,遂思及用铅笔或毛笔以涂抹墙壁,而大书特书其尊姓大名。吁我国人之公德心到处可见,而今且明明白白以表示于公众游览之所。使东西洋人见之,益信我国人之缺乏公德。故窃愿我国人之游览名胜者,切不可再作此举。而各名胜地壁上之已被涂抹者,望即重行粉刷,以去我国名胜上之污点。此事虽小,抑所关亦甚大也。②

甚至借助警察力量,帮助禁止,如,1921年4月,为保护沧浪亭五百名贤祠,苏州省立第二图书馆吴县修志局会函警察厅吴县公署,内云:"沧浪亭五百名贤祠,为吴中名迹,中外人士,咸来瞻仰。乃近有江北流民时往砍伐树木。始仅剥去树皮,继竟连根砍去。更有外来网船,偷捕池鱼。及散勇游兵闯入园内,任意攀折花枝,并将碑碣乱拓。种种情事,仰祈于该处添设岗亭,随时禁止,并出示保护等情。厅县准函后,立即会衔布告,并令行该管警区随时保护矣。"③

旅游有助于培养国人的道德心,"人谓吾国人无道德心。吾谓吾国人所以无道德心者,盖无相当之方法以养之耳。果使思想优美举动闲雅,则道德之心自油然而生"。添建、完善旅游设施又能更多、更大地发挥其社会教育的作用,如,"公园者,可以养吾人道德心者也。试观各文明国,其国人必富于道德心。岂其生而如斯耶。盖有以养之也。养之之法,遵以极高尚之娱乐。故国家愈文明,其公园愈多惜乎。吾国人不知也。且天下事苟能引起吾人之美感,则情操

---

① 唐渭滨:《旅游中的道德问题》,《旅行杂志》第18卷,第6—7页。
② 晋父:《我国名胜上之污点急宜革除》,《申报》1921年11月3日。
③ 《苏州保护沧浪亭五百名贤祠》,《申报》1921年4月11日。

自能高尚,精神自能涵养,公园能引起人之美感者也。园中一草一木一禽一鱼,均有活泼自然之妙。人游期中,而美感自生,美感生而道德心亦因之而生也"①。

或许近代旅游思想正处在这样一种新旧相间的状态。若从发展的角度看,近代旅游思想已有了较多的演变,赋予了许多时代的内容,但相对于传统旅游思想,这些演变显然是缓慢的、琐碎的,甚至微不足道。在总体上,传统旅游思想不仅延续下来,而且占据主导地位。代表旅游近代化的思想因素似乎只在传统旅游思想的体系中打入了几枚异己的楔子而已,尽管这几枚楔子将对传统旅游思想产生难以估量的冲击甚至破坏作用。当然,这种新旧相间的状态,不应该被看作是杭州或者江南一带所特有的。因此,本节在阐述时,涉及范围较广泛而笼统。

二、商品意识的加强

之所以把商品意识作为本章的内容加以叙述,无非想说明,随着旅游近代化进程的纵深发展,旅游供需双方都有了比较强烈的旅游需求。就旅游供给者而言,不仅将向旅游需求者提供一系列与旅游活动相关的设施、实物甚至劳务,而且面对越来越激烈的市场竞争,必须持续开发,满足旅游需求者多元化且不断变化的需求;就旅游需求者而言,在旅游过程中购买到物有所值、称心如意的旅游产品,是最大的愿望。本节拟以导游指南、旅游商品为切入点,描述近代杭州的导游指南、旅游商品,从这一侧面反映旅游供需双方正在不断增强的商品意识。

(一)导游指南

近代以来,有关观光、游览之类的导游指南小册子纷纷面世,大量出现,仅民国时期就有 596 种,数量空前,超过古代同类导游指南的总和。② 其中,既有交通部门编印的旅游指南、名胜指南、航班火车时刻表,也有各个城市出版的旅游便览、导游手册、风物游记,分别介绍铁路、公路沿线和城市的地理、气候、交通、餐饮、旅馆、风景名胜、风土人情、物产特色等,为中外游客提供准确

---

① 孟昭范:《公园可以养成市民之公德心》,《申报》1926 年 1 月 4 日。
② 贾鸿雁:《民国时期游记图书的出版》,《广西社会科学》2006 年第 1 期。

及时的旅游信息,是近代中国第一代旅游宣传促销媒介。[①] 导游指南的大量面世,是人们尤其是旅游供给者商品意识逐渐增强的产物,表明他们已经开始自觉或不自觉地进行旅游宣传促销,希望通过媒介这一平台,传播各类旅游信息。《旅行杂志》曾刊行若干年专号,最早者为第二卷之春游专号,"国内名胜之区,凡可供游览者,作一有系统之介绍。东南山水,若苏州、南京、杭州;冀北名胜,若北平、天津、青岛等地,咸列举其奥区,状述其古迹。凡旅人所认为必须先知者,为游程之安排,费用之估计,食宿之料理,衣物之取携,此专号中,于上述各点,记载甚详,旨在服务,非事宣扬,盖在欲动游人,藉此佳日,一舒精力,于各地名胜之阐扬,游览事业之促进,似亦有若干作用"[②]。

近代杭州较早面世的导游指南是 1913 年由徐珂编写的《西湖游览指南》(附《观潮指南》)。该书"序例"开宗明义,编写目的十分明确,专供游客游览之需,"杭之西湖,为吾国第一名胜。自沪杭通车,游客骤众,恒以指导无人,致感不便,因思东西各国名都大邑必有指导专书,游历者既免入境问俗之烦,复得循途进行之乐,乃师其意,以编西湖游览指南"。在参考《杭州府志》、《仁钱邑志》、《西湖志》、《湖山便览》、《梦粱录》、《武林旧事》、《西湖游览志》、《西湖游记》、《神州古史考》、《西湖纪述》、《孤山志》、《钱塘遗事》、《西湖杂记》、《西湖小史》等多种方志史料的基础上,该书详细记录杭州各处名胜的距离、方位及游览途径,除核心的西湖区域,城中、江干、北墅、西溪、东皋诸路都有纪述,为方便游客一目了然地了解实际情况,附有西湖全景图 1 幅和各景插图 33 幅;此外又附各地游程、时刻、费用、食宿、票价以及杭州城内外各种事业之地址;最后由于农历八月十八日是有名的观潮节,"为古今中外人士所瞩目",人们大多在钱塘或海宁观潮,尤以后者为盛,加上沪杭铁路开通,前往海宁观潮的人堪称大观,特纂《观潮指南》,附钱塘潮和海宁潮 2 图,附在《西湖游览指南》之后,以为游客观潮指南。[③]

近代杭州导游指南影响较大者还有陆费执原辑、舒新城重编的《杭州西湖游览指南》。与上述《西湖游览指南》一样,该书序言也有编写原因的说明:

> 今日之西湖,几成中国之大公园,如欧洲之瑞士。惟外人游杭,多限于时间或乏于向导,只得近湖而止,仅窥一斑,皆不足以言畅游、

① 张俐俐:《近代中国旅游发展的经济透视》,天津:天津大学出版社 1998 年版,第 166 页。
② 《旅行杂志之初期·下篇》,《旅光》第 1 卷第 6 期。
③ 徐珂:《西湖游览指南》,上海商务印书馆 1919 年版,"序例",第 1—2 页。

全游、远游,于是名山佳景,多淹没而无闻焉。坊间已有之指南、导游、游记之书,或偏于局部,或过于泛泛,或抄袭旧志,或得之耳闻……,欲其为实地指导,势有未能,仅供参考,尚属有用。作者共花三年时间实地游览西湖山水,每至一处,观察记载必详,以补前书之遗漏。读者得此,按图索骥,当亦不致茫然不辨东西,可视为一熟手之良伴也。

该书介绍了杭州历史沿革与区界,西湖的形成、发展概况与沿湖、孤山、葛岭、北山、南山、吴山、江干、西溪和城区等 9 个旅游分区,包括西湖十景、钱塘八景、新二十四景及春夏秋冬四时风景、传统的良辰佳节。介绍了西湖及周边游览行程与须知,插有西湖十景图、沿湖区图和旅游路线图,并附杭州著名商品一览表、杭州酒饭馆一览表、杭州旅馆一览表、游湖舟轿车马雇价表、浙江省各路汽车里程、价目、时刻表等,真正做到"一书在握,万事不愁"①。

观察近代杭州林林总总的导游指南,大致有如下 4 个特点。

第一,多种类。除上述《西湖游览指南》、《杭州西湖游览指南》两种影响较大的导游指南,类似的还有《西湖名胜快览》、《新杭州导游》、《西子湖》、《杭州》、《怎样的游西湖》、《西子湖边》、《西湖胜迹全集》、《游杭快览》、《杭州导游》、《游览杭州西湖新导》、《西湖新指南》、《杭州西湖导游》、《杭州名胜导游》、《实地步行杭州西湖游览指南》、《杭州市指南》、《小说的杭州西湖指南》等,但发行量、知名度都不及上述两种。

第二,较应时。指南在保证基本内容、常规出版发行的同时,动态掌握杭州各类信息,及时增加相关旅游内容。如,西湖博览会前夕,不仅在当年 5 月新版的《西湖游览指南》中,附有西湖博览会会场全图,而且刊行了一部《西湖博览会参观必携》,明确指引展馆、机关的分布及位置。包括革命纪念馆(在唐庄)、革命纪念馆图书部(在平湖秋月)、博物馆(在放鹤亭、林社、王庄及徐公祠一带)、艺术馆(在陆公祠、莲慈庵、照胆台、三贤祠一带)、农业馆(在忠烈祠、文澜阁、中山公园一带)、教育馆(在图书馆、徐潮祠、启贤祠、朱公祠、顺兴花园一带)、卫生馆(在西泠印社、俞楼、寂盦一带)、丝绸馆(在地藏寺、葛荫山庄、严庄一带)、工业馆(在新建馆舍、抱青别墅、王庄、菩提精舍一带)、特种陈列馆(在坚匏别墅)、参考陈列馆(在岳庙、岳坟);总办事处(在里西湖智果寺下)、分办

---

① 陆费执原辑、舒新城重编:《杭州西湖游览指南》,中华书局 1929 年版。

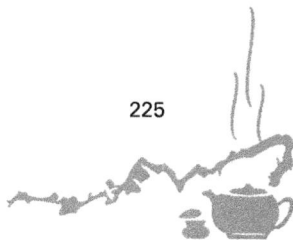

事处(在平湖秋月一带)、警卫总部(在里西湖陆军后方医院)、交通部临时电信所(在里西湖工业馆隔壁)、邮电收发处(在里西湖招贤寺)、消防队(在孤山)、临时医院(在里西湖西湖疗养院);并有不少新建场地,正门、大礼堂、工业馆、音乐亭、博览会桥、轻便铁道、临时商场(有五处)、中山公园、革命纪念馆、跳舞厅、国乐社、电影场、百艺场、京剧场、跑驴场、迷魂阵等;门票分各馆门票、入馆通用门票、一月期入馆通用门票、全会期入馆通用门票四种。各馆门票每张铜元 10 枚,入馆通用门票每张小洋 2 角。①

第三,用照片。较早者如 1919 年商务印书馆摄制的小册子《西湖风景画》,此后有黄炎培《西湖》、日本游客重重木《西湖风景图说》、海上重来客《银色的西湖》、楼辛壶《珂罗版本宣纸西湖十景》、西湖闲闲居士《西湖名胜》、友声旅行团《西湖倩影》等,其中,《西湖百景》更是收集照片 120 余幅,"合成名胜百景,并于每景之下,详考各种记载,编成中英文简要说明"。

第四,重细节。如,《西湖游览指南》中的"游客须知"这样说:"出城游览所需之物,为《增订西湖游览指南》、西湖图、日记簿、铅笔、表、罗盘针、望远镜、行杖、雨具、保温水瓶、茶食、水果、干粮,须先于一夕预备完全,临行再检点之,能携手提照相机尤佳,沿途可摄风景。"②这样既起到营销该书的目的,又使游客得到了服务的享受。

导游指南因信息量大、形式多样深受中外游客的喜爱,如,在杭州"游西湖以阴历三月最适意。吴灵国新编小说杂志式之《西湖一枝花》乃必不可不备者。内容有古今名人轶事遗闻约百则,诗词游记,选择精当,风量摄影异常特别。并有普通难见之冯小青苏小小等画像,栩栩如生,把玩不厌。名胜概说游览指南两种,皆从最新经验调查得来,他书所未载及,加以印刷装订,俱极精美。故出版未及一星期,已销去二千六七百部。现在存书即将售罄"。③ 至于《西湖游览指南》由于叙述翔实、文笔流畅、通俗易懂,销量甚广,在 1913 年初版后,1919 年、1921 年、1922 年、1925 年、1926 年、1929 年、1934 年、1935 年等都有增订本,各地游客几乎人手一册。

(二)旅游商品

迄今为止,国内外尚无关于旅游商品十分权威的界定。世界旅游组织

① 西湖博览会编:《西湖博览会参观必携》,上海商务印书馆 1929 年版,第 2 页。
② 徐珂:《西湖游览指南》,上海商务印书馆 1919 年版,第 80 页。
③ 《春游小志》,《申报》1926 年 4 月 8 日。

（UNWTO）只在其设立的旅游卫星账户（TSA）中把旅游消费界定为，游客或游客的代表因旅游引起的或在其旅程和目的地期间所发生的总消费支出，远比现行旅游统计制度所核算的内容宽泛；中国《旅游服务基础术语》（GB/T 16766-1997）则把旅游商品等同于旅游产品，并界定为，由实物和服务综合构成的、向游客销售的旅游项目；《旅游资源分类、调查与评价》分类系统又分为菜品饮食、农林畜产品与制品、水产品与制品、中草药材与制品、传统手工产品与工艺品、日用工业品、其他物品7个基本类型。① 本节为研究方便，将旅游商品简单、笼统地界定为游客在旅游目的地购买的、具有杭州地方特色的商品，如，当时杭州拥有商户9006家，其中，服务于游客、香客、山客、水客的2046家，占22.7%。② 兹举几例，简单述之，似可反映近代杭州旅游商品生产和游客购买的状况。

1. 茶

茶，古称"茶"，居茶、可可、咖啡世界三大饮料之首，大致分绿茶、红茶、乌龙茶、白茶、黄茶、黑茶几类。杭州作为著名旅游名胜，各地各类茶叶都有销售，是浙、皖、闽、赣茶叶转售集散地，产茶季节，茶商云集。清末民初有茶叶店47家，年销售茶叶40万担，营业额117万元，从业人员300人。到抗日战争爆发前有茶叶店58家，营业额190万元，从业人员470人。③ 西湖龙井茶是杭州特产，始于宋代，盛于明代，具有色绿、香郁、味甘、形美四绝特点。产地以龙井负盛名，尤以狮峰为著，此则云栖、虎跑，故有狮、龙、云、虎之号，西湖周围的天马山、棋盘山、翁家山、杨梅岭、月轮山、满觉陇、九溪十八涧一带也有出产，产量相对不大。1926—1930年，年产413～600担，1931—1935年，年产574～988担，1948—1949年，年产2109担。④ 其中，以创业于清雍正七年（1729）的翁隆盛茶号知名度最高，该店原在梅东高桥贡院附近，各地考生都会购买赠送亲友，太平天国后迁址清河坊。新茶产制之时，正逢春游旺季，翁隆盛茶号前十分热闹，游客选购龙井、旗枪、九曲红梅、贡菊，一天营业额曾达1000多元。

---

① 王德刚、何桂梅主编：《旅游资源开发与利用》，济南：山东大学出版社2005年版，第240页。
② 闵子：《民国时期杭州的民族工商业概况》，载熊恩生、王其煌主编《杭州文史丛编》经济卷（上），第31页。
③ 吴乐勤：《解放前杭州的茶叶销售》，载熊恩生、王其煌主编《杭州文史丛编》经济卷（下），第84页。
④ 唐力新：《总结龙井茶历史经营经验 改进龙井茶今后产销工作》，《茶叶》1982年第4期。

2. 伞

伞,古称"盖",大致分纸伞和绸伞两类。前者在近代受洋伞即铁骨布伞冲击,初由杭州孙源兴伞号仿洋伞改制,柄作弯形,包以铜皮,精巧轻便,美观耐用,颇受欢迎。种类主要有老头伞、文明伞、小花伞几种。其中,老头伞笨重耐用,多销售给农村居民、牛马贩商,但量不大;文明伞形式美观,携带便利,适合普通市民需要,销路甚广;小花伞短小精致,伞面印有西湖十景及各种花色图案,色彩秀丽,青年女性及孩童十分喜欢。① 1931 年,杭州有纸伞厂家 69 家,资本额 2.6 万元,营业额 15.2 万元,从业人员 285 人。② 1935 年,年产文明伞5 万把,小花伞 40 万把,多数为湖墅、武林门一带居民作坊自制。③ 每至春夏两季,杭州纸伞销路最畅,因为"我国妇女多不戴帽,借伞以避炎日,故购买者众"④。绸伞在 1932 年由都锦生试制成功,因伞以竹作骨,以绸张面,绘有西湖风景,故称西湖绸伞。1932 年底,杭州兼营西湖绸伞的作坊 27 家,资本额12800 元,从业人员 120 人。⑤ 到 1935 年,以都锦生、振记竹氏、王志鑫等最负盛名,销售旺季,门庭若市。

3. 扇

在杭州的旅游商品中,扇一直受游客追捧。相对于百年以上老店林芳儿、张子元、舒莲记,无论年代还是规模,创业于清光绪元年(1875)的王星记扇庄都逊一筹,但购买杭扇莫不王星记。种类主要有折扇、团扇、葵扇几种。1932年,杭州有扇厂 14 家,年产扇 30 万把,资本额2.68万元,营业额 15.9 万元,从业人员 200 人左右。⑥ 其中,1933 年,王星记年产扇 10000 余把,营业额25000 元⑦,以春夏两季为销售旺季,除在浙江本省销售外,大部分运往上海转销平津以及山东各地,甚至远销南洋一带。1944 年,年产扇 14400 万把,并在《浙江商务报》做"品质兼优、式样新颖、中国第一、历史悠久、环球驰名"的广

---

① 浙江省商务管理局编:《杭州之特产》,1936 年,第 24 页。
② 郑水泉:《民国时期杭州的手工业》,载熊恩生、王其煌主编《杭州文史丛编》经济卷(上),杭州:杭州出版社 2002 年版,第 36 页。
③ 浙江省商务管理局编:《杭州之特产》,第 30 页。
④ 《浙江工商年鉴》(1946 年),1947 年,第 345 页。
⑤ 杭州市政府社会科编:《杭州市二十一年份社会经济统计概要》,1933 年,第 17 页。
⑥ 郑水泉:《民国时期杭州的手工业》,载熊恩生、王其煌主编《杭州文史丛编》经济卷(上),第 33 页。
⑦ 浙江省商务管理局编:《杭州之特产》,第 50 页。

告宣传,①促进了销售。

4.丝绸

丝绸的概念十分宽泛,就品种而言,有绸、缎、纺、罗等 10 多个大类,杭州丝绸被相应地称作"杭绸"、"杭缎"、"杭纺"、"杭罗"等。在近代杭州绸厂出现前,都是以家庭为单位的小作坊,与此相关的包括原料收购、原料加工、成品加工等,直接或间接从业人员 10 万人。绸厂出现以来,由于原料加工、花色品种不断提升,杭州丝绸得到一定发展。其中,1926 年是最好的一年,杭州有织机 1 万台以上;1937 年前,有丝绸工厂 140 家,机坊 4000 户,电力织绸机 8500 台,手拉织绸机 5000 台,月产绸缎 62000 匹,不仅远销各地,其各色成品也是赴杭游客购买的商品,与西湖龙井茶、王星记扇子、张小泉剪刀并称杭州四大特色旅游商品。②

5.剪刀

清康熙二年(1663),张小泉创业于杭州,因其剪刀镶钢均匀、磨工精细、刀口锋利、开闭自如,在南洋劝业会、巴拿马万国博览会等上屡获殊荣。种类主要有信花、山郎、五虎、圆头、长头五款。因张小泉剪刀名噪一时,销售旺盛,许多厂家都冠以"张小泉"的品牌,规模较大者有太平坊之张小泉晋记、大井巷之张小泉大井记、三元路之张小泉老双井记等。1931 年,杭州有剪刀厂 42 家,年产剪刀 64 余万把,资本额 3.3 万元,营业额 19.9 万元,从业人员 231 人。③

6.竹制品

杭州的竹制品销售向来发达,20 世纪 30 年代,杭州销售竹篮、玩具、花伞、竹烟管及其他竹制品的店家不下 20 家(详见表 8-1)④,集中在新市场一带,春夏两季,销售最旺,购买者多为"各地士女来杭进香游览者",全年营业额 4 万元。如,旅行包未流行时,竹编香篮是游客用来盛放土特产的、一种美观实用、携带方便的理想器具,尤其在每年香汛期间,大批香客手拎香篮,出入杭城,使香篮名播各地,"杭城所属竹篮竹筐,精巧玲珑,素负盛名。春季时节,游杭者莫不购买而归,业此者,以此时最忙"⑤。又如,天竺筷,据 1930 年《工商半

---

① 建设委员会调查浙江经济所编:《杭州市经济调查》(下编),1932 年,第 431 页。
② 闵子:《民国时期杭州的民族工商业概况》,载熊恩生、王其煌主编《杭州文史丛编》经济卷(上),杭州:杭州出版社 2002 年版,第 26—27 页。
③ 建设委员会调查浙江经济所编:《杭州市经济调查》(下编),1932 年,第 427 页。
④ 建设委员会调查浙江经济所编:《杭州市经济调查》(下编),1932 年,第 328—330 页。
⑤ 《杭城之物产》,《申报》1925 年 10 月 20 日。

月刊》第 2 卷第 4 号记载,杭州大小制筷作坊二三十家,大多集中在大井巷及打铜巷一带,从业人员百余人,销售天竺筷的店铺约 50 余家。其中,大井巷以及清河坊一带专营批发业务,湖滨一带则以零售为主,兼营梳篦或篾篮,销路以济南、南京、苏州、青岛、上海等地为主,本地及邻县的销售仅占 1/5。30 年代后,杭州制筷作坊仅剩 8 家,资本额 2400 元,年营业额 39500 元,从业人员仅 20 人左右。再如,杭州竹笋亦负盛名,"杭州多竹,故产笋最为著名。又旅行者逢寻幽探胜时,则可带宁波如生厂所制油闷鲜笋。此物装入洋铁罐内,抽去空气,可以历久鲜味不损。如遇取食时,只须开罐倾出,冷食亦可,煮食亦可,或和入荤素肴馔之内,莫不鲜甘可口,亦一便也"①。方便携带的罐头食品深受游客的喜爱。

表 8-1　1931 年杭州竹制品店家统计表

商品类别	商品名称	单件价格
篮子类	网篮	1
	小菜篮	0.2
	盒子篮	0.45
	状篮	7
	纱篮	1.2
	香篮	1.2
手杖类	木手杖	0.45
	藤手杖	1.4
	竹手杖	0.8
玩具类	小状篮	0.45
	小园篮	0.6
	四木马	0.4
	小汽车	0.55
烟管类	广竹	0.25
	烟筒头	0.04
	烟匣子	0.2

①　《春游纪盛·杭州之春笋》,《申报》1926 年 4 月 4 日。

结　语

1912 年，上海《时报》曾有《新陈代谢》的评论文章：

共和政体成，专制政体灭；中国民国成，清朝灭；总统成，皇帝灭；新内阁成，旧内阁灭；新官制成，旧官制灭；新教育兴，旧教育灭；枪炮兴，弓矢灭；新礼服兴，翎顶礼服灭；剪发兴，辫子灭；盘云髻兴，堕马髻灭；爱国帽兴，瓜皮帽灭；阳历不兴，阴历灭；鞠躬礼兴，拜跪礼灭；卡片兴，大名刺灭；马路兴，城垣卷栅灭；律师兴，讼师灭；枪毙兴，斩绞灭；舞台名词兴，茶园名词灭；旅馆名词兴，客栈名词灭。

到位地概括了近代以来整个社会生态环境的新旧交替，客观地反映了近代尤其是进入民国后万物更新的社会面貌。以此审视近代杭州旅游的盛衰变迁和总体水平，似乎有一定的借鉴意义。

一、基本特点及影响

（一）特点

1. 以旅游作为城市定位

近代以前，杭州的政治地位起起落落，或是山中小县，或作皇城所在，或为东南名城，但经济在总体上却呈持续发展的趋势。如，明清时杭州被称"东南

财赋地,江左人文薮"①,明代中叶以后,随着商品经济的发展,出现了新的生产关系即资本主义的萌芽,且以丝棉纺织业最显著,有织机2万台以上,清代更达到3万台②,工匠多住城东,以致杭城东郊"机杼之声,比户相闻"。③清末民初,杭州的工业化和城市近代化蹒跚起步。清光绪九年(1883)设立杭州电报局,开启杭州通信近代化的大门;光绪十五年(1889),庞元济等创办通益公纱厂,杭州有了近代化的民族工业;光绪二十一年(1895)设立杭州送信官局,标志杭州有了近代化的邮政;光绪二十八年(1902)有了近代轮船,告别帆船时代;宣统元年(1909),沪杭铁路开通,杭州成为全国较早拥有近代交通工具的城市之一;宣统二年(1910),"浙江大有利电灯股份有限公司"建成发电,杭州有了电灯和新机器动力;1912年,杭州开始拆除城墙、旗营以及武林(北关、百官)门、艮山(坝子)门、凤山(正阳)门、清泰(螺蛳)门、望江(草桥)门、候潮门、清波门、涌金门、钱塘门、庆春(太平)门,进行大规模的城市道路建设,在短时间内建成了以迎紫路、延龄路为轴心的近30条马路;1922年,杭州出现公共汽车。举凡种种,足以反映近代杭州经济社会的发展,从而为杭州旅游近代化的推进造就了良好的外部环境。

同时,杭州风光秀丽,诸如"湖山映带"、"山川秀丽"、"地有湖山美,东南第一州"、"上数天堂、下数苏杭"、"四山凉翠滴杯底,看敛斜阳雉堞边"④之类的描述,比比皆是,历来是人们游山玩水、娱乐休闲最优胜的去处,"毕竟西湖久擅名胜,游人恒留连不忍去,杭州繁盛半赖此湖"⑤。

基于杭州经济社会发展、城市资源特点,无论晚清还是北洋地方政府都重视杭州的旅游,也在古迹遗存保护、旅游资源开发中发挥了一定作用,尤其在杭州市政府组建伊始,就确立旅游立市方针,市长周象贤明确表示:"欲繁荣杭市,首当整理西湖,吸引游客,同时须注重生产建设,发展农工商业,增进富庶,使市民得安居乐业"⑥。在发展杭州城市的8项措施之中,就有疏浚西湖、改进旅游景区两项。⑦市政府高级职员程远帆称抗日战争前10年间杭州的发

---

① 《江南通志》卷首二之二《示江南大小诸吏》。
② 李伯重:《江南的早期工业化(1550—1850)》,北京:社会科学文献出版社2000年版,第43页。
③ (清)厉鹗:《东城杂记》卷下《织成十景图》。
④ (清)厉鹗:《樊榭山房集》卷八《诗辛》。
⑤ 杭州市政周刊特刊:《三个月之杭州市政》,第71页。
⑥ 杭州市政府秘书处编:《杭州市政府十周年纪念特刊》,序。
⑦ 国民政府实业部国际贸易局编:《中国实业志·浙江卷》丙9。

展方向:"惟是从前杭州市之建设,似偏重于风景之整理,欲藉天赋艳丽之湖山,吸引游客,振兴市场,效欧洲瑞士之故伎。此种利用环境,以繁荣都市之政策,固极正当。然都市繁荣,若仅赖游客消费,其力量殊属有限;良以风景都市,如秾桃艳李,秀而不实,终难期有伟大之发展。故予以为杭市要政,一方面固应注意于整理风景,发挥其天赋优美之特长,而另一方面,似应扶植工商,发展产业,着手于生产都市之建设。"①虽是着眼于杭州今后的发展方向,强调在"整理风景"时,也应"扶植工商,发展产业",打破生活型城市格局,开始生产型城市建设,以补漏偏之弊,但反过来恰恰说明了 1927—1936 年 10 年间杭州以发展旅游作为城市定位的建设思路。

城市发展方针一旦定位,杭州市政府虽几经改组,但始终一如既往地按照既定方针,围绕发展旅游进行城市的建设和管理。其中,担负城市建设的杭州市工务局的中心工作就是"莫不以布置风景,造成庄严灿烂之杭州市为主旨"②,"对市区以内,则按照各段情形,建筑道路,以利交通,疏浚河道,以资灌溉,而便航运。整理西湖名胜,开辟公园,俾吸引旅客,繁荣市面。对市外则谋交通之连络,分别缓急,次第举办"③。对此,工务局局长沈景初做了解释:"以上工程,凡道路桥梁固为交通上所急不容缓,其余类皆偏重于风景之建设。"④

2.旅游六要素初步具备

游客旅游需求的产生和变化,催生了旅游目的地吃、住、行、娱、游、购六要素的形成、完善。尽管其形成不仅在不同的旅游目的地之间不平衡,即使在同一旅游目的地之内部的各要素之间也不平衡,但在近代杭州,因天时(经济社会发展)、地利(旅游资源禀赋)、人和(地方政府倡导),旅游六要素日渐成长并初步具备,杭州已具有一定的旅游接待能力。

就吃而言,餐馆、茶楼、酒肆五花八门,一应俱全,可以满足游客的多元化需求,更因杭帮名菜、风味小吃、特色茶点,吸引游客纷至沓来,前来品尝美味佳肴。就住而言,各类不同性质、不同规模的旅馆和住宿接待服务设施纷纷拔地而起,而且提升了硬件的建设标准和软件的服务水平,在很大程度上改善了住宿设施条件和接待服务能力。就行而言,随着铁路、公路、轮船等近代交通

①　程远帆:《十年来杭州市之进展与今后之展望》,《市政评论》第 5 卷第 7 期。
②　沈景初:《杭州市工务之吾见》,《杭州市政府十周年纪念特刊》,1937 年。
③　陈曾植:《十年来之工务》,《杭州市政府十周年纪念特刊》,1937 年。
④　沈景初:《杭州市工务之吾见》,《杭州市政府十周年纪念特刊》,1937 年。

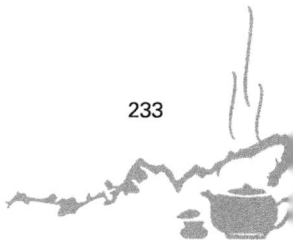

工具的引进和发展,杭州被纳入近代化的交通运输网络当中,使游客在旅游客源地和旅游目的地之间的空间位移有了基本保证。至于旅游目的地内部的交通,也是焕然一新,"杭市的道路宽阔,道旁树木整齐,为国内其他各大都市所不及"①。"重要路线,均铺沥青,宽敞整洁,而交通车辆,亦与年俱增"②。值得一提的是,作为旅游供需之间桥梁和纽带的旅行社已在近代杭州旅游的组织、促销、宣传等方面发挥作用,并因改封闭式的旅游方式为开放式的旅游服务,从而方便了游客的旅游活动。就娱而言,游艺场、电影院等娱乐场所、休闲设施欣欣向荣地发展起来,游客有了更多新的旅游去处。就游而言,维护修缮了花港观鱼、平湖秋月、三潭印月、双峰插云、曲院风荷、苏小小墓、放鹤亭、先烈祠、镇海楼、梅花碑、六和塔、保俶塔、武松墓、湖心亭、竹素园、岳庙等古迹遗存,又开辟公园、添建景点、疏浚西湖、整治环境,丰富了杭州的自然旅游资源和人文旅游资源,增加了游览、观光、娱乐、休闲的内容。就购而言,杭州形成了东、西、南、北、中5处业态相对集中、稳定的商业区块,旅游商品琳琅满目,其中,西湖龙井茶、王星记扇子、张小泉剪刀、杭州丝绸等成为游客所青睐的特色旅游商品,他们纷纷购买,或自用,或赠人,或纪念,从而促进杭州旅游市场甚至整个城市经济的繁荣。

3. 旅游目的地地位提升

杭州自古就是名闻遐迩的旅游目的地,近代以来,随着吃、住、行、娱、游、购旅游六要素的初步具备,旅游目的地的地位更加提升。1922—1931年的海关10年报告做了生动描述,"西湖风景著称中外,庙宇林立,楼阁参差,每届春季香汛,游客有如云集,而跨运河两岸之拱宸桥,进香船只熙来攘往,盛极一时"③。除了参与宗教旅游的游客外,还有参与诸如观光旅游、会展旅游、修学旅游之类的游客,每年达百万人次以上,若遇会展旅游之类的大型活动,游客更是大幅度地增加,"近年来,不但居民日增,游人蚁集,即欧美各国人士,慕名而来的每年达百万人以上"④。

对于杭州日渐提升的旅游目的地地位,陈光甫曾从旅行社经营和服务的层面做过思考,"现在旅行社只招待一二等客人,而对于三等客人,毫无招待之

① 唐季清:《杭州市之前瞻与后望》,《道路月刊》第51卷2号。
② 程远帆:《十年来杭州市之进展与今后之展望》,《市政评论》第5卷第7期。
③ 张俐俐:《近代中国旅游发展的经济透视》,天津:天津大学出版社1998年版,第163页。
④ 唐应晨:《杭州市政的鸟瞰》,《市政评论》第4卷第8期。

方,殊无失宜。三等客人守候火车,餐风饮露,而宿于车站者甚多。为服务社会计,为谋人群福利计,皆宜设一备有浴室卧所之招待所,使风尘劳顿旅客,得藉安适之卧室,温暖之浴水,消减其劳乏,恢复其精神。旅行社能如此设备,方可稍达服务社会之目的,方能于社会上有立足之地。我人当以为社会服务之精神,博社会上之信用,宜即从事筹划此种设备,以巩固旅行社本身之基础"①。表面看来,陈光甫的思考似与杭州旅游目的地地位的提升风马牛不相及,但事实上却是对大众旅游时代来临的有感而发,因为杭州虽然是游览、观光、娱乐、休闲的胜地,在大众旅游时代来临之际,并不乏游客,但来自于吃、住、行、娱、游、购的优质服务,一定会吸引更多的游客赴杭旅游。"兹值春节,旅沪士女,多作春游,或往龙华,或往苏州,或往南京等处。而赴杭州者,因上海银行旅行部有专车之设备,游人犹众。上海银行旅行部游杭专车,于本月一日下午五时五十五分出发,于十时十分抵杭。游人在车中颇不寂寞。专车于五时五十五分开,旅行部车务科主任庄君奔走各列车中,如穿花蝴蝶。车于十时十分抵杭站,沿途开车甚速。站上派招待十余人,各携一长方形之手提灯笼,照料各客乘车。又备有汽车九辆,亦载送各客者。此次该银行旅行部筹备之周到,可谓无微不至。车过长安时,即发临时通告:①本专车到达杭州城站时,指定停靠切近站门之月台,不必走过洋桥;②旅客下车,例须检查,业已商准军警稽查处,一律免通行;③本专车到站时,由杭州分行旅行部加派招待,在站近候照料,并备咨询;④专车到站,本行特嘱永华汽车公司备有公共汽车,在站接客,送至新市场各大旅馆,每位小洋三角。"②游客对于赴杭州旅游途中的种种细节甚为满意,旅行社的经营和服务被普遍认可,而经营、服务被普遍认可,则巩固了赴杭州的大量客源,进一步提升了杭州旅游目的地的地位。

(二)影响

旅游产业对于一个国家或地区的发展至关重要,"旅行事业之是否发达,可以觇民之文野,可以度国之强弱",实为"经国之一环"③。面对旅游尤其是大规模、高频率人员流动给一个国家或地区可能带来的冲击、影响、利益、问题,尤其是未来经济社会发展的深远意义,无论过去还是现在,无论发达国家

---

① 上海市档案馆编:《陈光甫日记》,第108页。
② 《春游纪盛》,《申报》1926年4月4日。
③ 唐渭滨:《中旅二十三年》,《旅行杂志》第20卷,第93页。

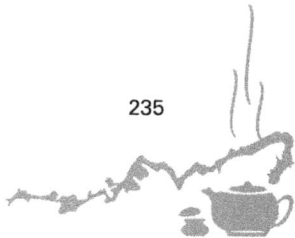

还是发展中国家，几乎都把旅游作为一种经济意义巨大的外向型产业加以推进，旅游产业似乎已成为全球最大的朝阳产业之一，尽管其正面影响和负面影响同时存在，如，仅入境游客对旅游目的地的影响就有 40 项，其中，对经济的正面影响 11 项、负面影响 8 项，对生态的正面影响 6 项、负面影响 6 项，对社会文化的正面影响 7 项、负面影响 12 项。[1] 那么，近代以来杭州旅游近代化的总体水平怎样？对当时以及今天杭州的经济社会、历史文化又有哪些深刻影响？

1. 推进市政建设

旅游近代化首先是围绕城市展开的。之所以如此，张俐俐归纳总结了 4 个原因：一是贸易中心；二是工业基地；三是基础设施和第三产业基础；四是生活环境造就的享乐阶层。[2] 城市因工商业集聚渐成人们逐利的首要目标，当人员达到一定规模时，相应的基础设施、服务设施随之展开；随着这些条件的具备和成熟，人员的流动更加频繁，市场的规模更加扩大，从而为旅游近代化的纵深推进创造了发展的空间，城市日益成为旅游的目的地；旅游的发展反过来又倒逼城市的发展，尤其是对市政建设提出了更多、更高的要求。

相对应的，杭州旅游近代化与市政建设是互动的。一方面，以道路、桥梁、建筑物等"硬件"为代表，以电力、通讯、自来水等"软件"为代表的市政建设，本是应于杭州城市发展需要的，但客观上却为前来游览、观光、娱乐、休闲的游客提供了良好的条件。市政建设是衡量一个城市发达程度和旅游综合接待能力的标志。另一方面，随着旅游近代化的推进，杭州市政建设有序展开，既有以西湖整治为重点的古迹遗存保护和旅游资源开发，也有旅馆、餐饮、娱乐、购物等旅游服务环境的营造。如，把旗营旧址开辟为新市场，本是基于革命和建设的双重需要，但因"西湖搬进了城"，又有五大花园式公园，湖滨一带渐成城市热土，既是商业中心，也是游览起点，还是旅游服务的集散地。清末，杭州拥有旅馆 15 家，1931 年增加到 168 家，增长 11 倍，其中，"营业数达二万元以上者"12 家，几乎都集中在湖滨及环西湖一带（详见表 9-1）。[3] 该地区集旅游、

---

① 刘瑞卿：《居民社区意识与社区观光发展认知之研究——以名间乡新民社区为例》，台湾私立朝阳科技大学休闲事业管理系硕士班硕士论文，2003 年。

② 参见张俐俐《近代中国旅游发展的经济透视》，天津：天津大学出版社 1998 年版，第 160—165 页。

③ 建设委员会调查浙江经济所编：《杭州市经济调查》（下编），第 364 页。

购物、市政建设、城市发展等"多位一体",功能越来越多元。

表 9-1　1931 年杭州 12 大旅馆分布表

名称	地址	资本数(元)	1931 年营业数(元)
聚英	花市路	50000	72000
瀛州	延龄路	32000	60000
清华	延龄路	30000	52000
杭州	湖滨路	30000	45000
环湖	湖滨路	30000	42000
清泰第二旅馆	延龄路	24000	42000
西湖	湖滨路	4000	41000
天然	湖滨路	34000	40800
湖滨	仁和路	9000	28000
新新	里西湖	9000	23000
大陆	延龄路	3000	21500
江南	闸口塘上	700	20000

2. 繁荣地方经济

旅游对经济的积极影响已被普遍认可。其中,最早的文献是意大利包立欧(L. Bodio)《旅意外国人之移动及其消费金额》一文,把游客人数、停留时间、消费能力、社会收入等作为旅游对经济影响的重要指标。至于由旅游带来的直接、间接和就业 3 项乘数的效应,很快地成为衡量旅游经济意义的有力手段。其中,直接效应表现在经济收入和创汇能力,间接效应表现在旅游带动交通、旅馆和旅行社等相关行业的发展,就业效应表现在提供了大量的就业机会。①

杭州传统旅游也对经济有一定的影响,且能带动当地经济的发展。因此早在明代中期,就有关于两者之间关系、利弊的争论,如,万历时有人以"游观"导致社会风俗奢靡为由,要求禁止西湖旅游,王士性认为轻易不可,指出:"游

---

① 任黎秀主编:《旅游规划》,北京:中国林业出版社 2002 年版,第 7—8 页。

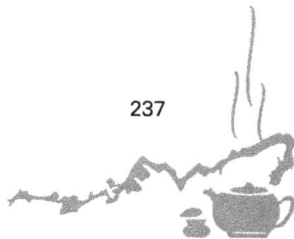

观虽非朴俗,然西湖业已为游地,则细民所藉为利,日不止千金,有司时禁之,固以易俗,但渔者、舟者、戏者、市者、酤者咸失其本业,反不便于此辈也。"①西湖是"游地",旅游将推进杭州地方经济繁荣,"渔者、舟者、戏者、市者、酤者"以此赚钱谋生,养家糊口,一旦禁革,杭州不仅丧失"日不止千金"的利益,而且,"渔者、舟者、戏者、市者、酤者"因失"本业",无以谋生,从而引发整个社会动荡不安。

近代以来,不少有识之士已看到旅游的经济效益:

> 繁荣地方,不一其道。而赖山水名胜吸收游客,亦为繁荣地方之一道,盖可使他乡人士消耗金钱于风景区域。如舟车、饮食、旅舍,皆可藉此获到直接间接之收入,为数亦属匪细。
>
> ……世界各国之经济收入,或恃农产,或赖工业,或重经商,其道不同。然亦有别开辟蹊径于农工商外,获得特殊之收入者。如瑞士,以风景美丽驰誉寰宇,号称"世界公园"。其国家之收入,大部有赖于风景,每岁吸收外国游客之消耗,举凡舟、车、宿、食,以及种种直接间接因游览而流播于瑞士国境内之金钱,年获二千五百万元之巨。其它如法、如意,关于风景区之收入,亦颇不赀。②

同时看到旅游的联动作用,如,"旅行社既为服务社会而设,亦需在服务上取得立足之点,故本行欲在某地发展,先在某地办旅行社,取得社会上一部分同情后,既办银行。旅行社即为银行之先锋队,而旅行社之招待,亦即为旅行社之先锋队,又为银行之尖端士卒,尤不可不以善良和蔼之面容,努力为人服务",并且进一步地强调,"同仁须知总理与招待,仅责任上一种记号,抱为旅客服务宗旨则一,而招待与旅客接近社会,又每日不断,此所以能为旅行社之先锋队也"③。

杭州似乎是这些认知的试验地之一,首任市长邵元冲曾畅想杭州旅游经济的美好前景:

> 杭州市之山川文物,既为历史所盛称,而西湖之明丽,尤驰誉于世界,市府于此既有整理西湖,恢复名胜,改良交通及游览设备之计划。倘能假以之时日,俾按部进行,则数年之后,风景灿然,有逾旧

---

① 王士性:《广志绎》卷四《江南诸省》。
② 上海大学、江南大学《乐农史料》整理研究小组选编:《荣德生与社会公益事业》,第 240 页。
③ 上海市档案馆编:《陈光甫日记》,第 125 页。

观,每年以之增吸一二百万游客,每人所销耗于西湖之游资,平均每人以十五元至二十元计,则杭州市所吸收外来之现金已及三四千万元,而因交通便利之故而激增之地价不与焉。①

事实同样如此。杭州作为近代较富盛名的旅游目的地之一,由于一定的客流量,带来旅游消费,推进地方经济的繁荣。如,武林门俗称北门关,是水路交通枢纽,春游进香者,多泊船于此,每到傍晚,樯帆如林,百货登市,熙熙攘攘,人影杂沓,赛过元宵灯市,"北关夜市"由此出名;又如,每年春季,各地善男信女皆由运河乘船前来杭州烧香,昭庆寺前后、城隍山上下,商贩、店铺骤然云集,杭州城里的生意,夏、秋、冬三季不抵春香一市,时人不禁感叹,"三四五三日天朗气清,四日又为星期,五日又为清明节,故游客倍行拥挤,酒楼饭店,莫不利市十倍"②。无怪乎杭州地方政府都重视杭州的旅游,甚至把发展旅游作为城市未来的定位,进行了整体规划。

3. 影响城市定位

一座城市当下和未来的发展方向如何定位,一般应从以下几个层面加以理解。

第一,自然因素。一方水土养一方人,一座城市的形成和发展,与其自然环境密切相关。不同的自然环境,形成不同的城市定位。杭州属于亚热带季风气候区,四季分明,温和湿润,光照充足,雨量充沛。年平均气温16.2℃,夏季平均气温28.6℃,冬季平均气温3.8℃。无霜期230~260天。年平均降雨量1435毫米,平均相对湿度76%。春天风和日丽,桃红柳绿;夏日梅雨绵绵,荷花映日;秋季晴朗高爽,月中寻桂;隆冬寒冷有雪,暗香浮动。明高濂《四时幽赏录》按照春、夏、秋、冬四季,分成春时幽赏、夏时幽赏、秋时幽赏、冬时幽赏,每季又有12景。杭州四季皆有景致,处处如诗如画,时时变幻多姿,从发展旅游的视角观察,其资源禀赋有很大优势。第二,文化因素。城市定位与城市的发展过程难舍难分。杭州的发展有一条清晰的文脉延续传承,就是隋唐、吴越、两宋、元明清各时期历史文化的积淀和反映。尤其是吴越、南宋等在城市发展过程中曾产生较大影响的朝代留下的特色文化,造就了杭州与其他城市互相之间的差异,构成杭州历史文化的内容和特点,并外化为显性的表现方

---

① 杭州市政周刊特刊:《三个月之杭州市政》,第2页。
② 《上海银行游杭专车经过详情》,《申报》1926年4月7日。

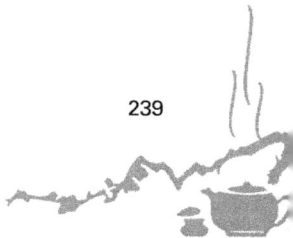

式,被普遍认知和一般了解,如,北方人的大气、上海人的精明等,杭州则因深厚的历史文化内涵而成为游览、观光、娱乐、休闲的旅游目的地,历史文化是旅游目的地的根和魂。第三,社会因素。中国在开始近代化以前,多数城市是作为政治中心形成和发展的,典型者如,西安、北京等。到封建社会的后期,随着资本主义萌芽缓慢成长,许多城市围绕交通运输枢纽、商品贸易中心兴起。进入近代社会以来,出现一大批新兴的沿海、沿江通商口岸城市,成为对外贸易以及工业、商业、金融、政治、文化中心。基于这一城市形成和发展的机制,晚清、北洋杭州地方政府重视旅游,尤其是杭州市政府把发展旅游作为当时和未来城市的发展方向,并非空穴来风,而是看到了杭州的若干特点。1949 年以后,杭州仍继续发展旅游,说明了清末民初尤其是民国时期确定的把发展旅游作为城市定位的正确和前瞻,"正如世界上其他许多旅游热点城市一样,杭州的魅力不仅在于她拥有看似纯洁的自然美,更在于她具有公认的超越时间的永恒性"①。

4. 损坏西湖风貌

由市政建设带来的大拆大建,并非今天的中国所特有,如,法兰西第二帝国时期,巴黎警察局长、塞纳省行政长官奥斯曼大规模改造巴黎,几乎摧毁一座中世纪以前的城市,这种"休克式疗法",迄今也是举世罕见。该概念并不完全适用于对杭州旅游开发的描述,但近代杭州在旅游开发中仍有失误。其中,最大的失误是损坏了西湖风貌,这种损坏看似无形,但无孔不入,具体表现在:一是添建有时代特色的建筑群,陈英士铜像、淞沪战役国军第八十八师阵亡将士纪念碑、徐锡麟墓、秋瑾墓、西湖博览会纪念塔等"新西湖十景"是其代表②。尽管有些建筑群被保留下来,成为西湖新的景观,但当时确有蹂躏景观之嫌,游客不愿一味接受者大有人在,如,从审美的角度看西湖博览会纪念塔,是"一座灯塔式的建筑物,丑陋不堪,十分碍目,落在西子湖上,真同美人脸上一点烂疮"。林语堂立志率军打入杭州,把"这西子脸上的烂疮,击个粉碎",并以打油诗为证:

> 西湖千树影苍苍,独有丑碑陋难当。
> 林子将军气不过,扶来大炮击烂疮。③

---

① 汪利平:《杭州旅游业和城市空间变迁(1911—1927)》,《史林》2005 年第 3 期。
② 《新西湖十景》,《东南日报》1934 年 7 月 21—27 日。
③ 林语堂:《春日游杭记》,吴战垒选编《忆江南——名人笔下的老杭州》,北京:北京出版社 1999 年版,第 304 页。

二是植入太多异于杭州的建筑元素。作家施蛰存敏锐地发现,杭州新建造的房子,"都完全成为上海式的石库门,最考究的也学了上海式的三层楼小洋房",夜晚的路灯及喧嚣的无线电声音,使人力车上的游客仿佛仍在上海,"市政也许是修明了,人的生活也许是摩登了,但到杭州来的旅客已经不能感觉到他是在杭州了"①。游客为西湖边"那些没有艺术价值的洋房"而惭愧,认为太多西方的建筑元素,视觉上让人不舒服,最"时髦"的建筑就是"最劣"的西式建筑。② 他们就连市政建设中的细处都关注到了,如,也不喜欢环湖马路建设中的桥梁改石阶踏步为斜坡桥面、路面铺设碎石,"白堤上,同上海一样铺着黄砂的马路,怪讨厌的细砾,时常要跳入我的'凉鞋儿'中,和我的脚底捣乱:——虽然两旁都是清清的湖水,团圆的明月在年老的垂柳梢头闲游,轻风伴着女性的柔语在湖光中沐浴,但是我觉得是同样令人厌倦的",对幽微传来的钟声,"在这样沙沙然的马路上走着的人,哪一个能领略这些东西",已改建的断桥"令人作呕","简直是一个工整的狗洞"③。

二、总体水平

近代杭州旅游的总体水平如何? 可以横向和纵向两个维度加益以观察。

(一)杭州上海的简单对比

> 四围马路各争开,英法花旗杂处来。
> 怅触当年丛冢地,一时都变作楼台。④

开埠通商,设立租界,短短一二十年,上海从昔日不起眼的小商镇一跃为内外贸易兴盛、华洋商号林立、中西客商群集的通商巨埠,既是冒险、发财的乐园,也是娱乐、享受的天堂。在 19 世纪 60 年代末 70 年代初,争逐享乐之风达到极盛,"奢华靡费至江苏之上海极矣,人之言曰:此眼前之极乐世界也,吾则

---

① 施蛰存:《玉玲珑阁丛谈》,陈子善、徐如麟编选《施蛰存七十年文选》,上海:上海文艺出版社 1996 年版,第 121—122 页。
② 刘既漂:《西湖艺术化》,《旅行杂志》第 3 卷,第 23—24 页。
③ 许杰:《平湖秋月的红菱》,《许杰散文选集》,上海:上海文艺出版社 1989 年版,第 3 页。
④ 龙湫旧隐:《前洋泾竹枝词》,《申报》1872 年 6 月 13 日。

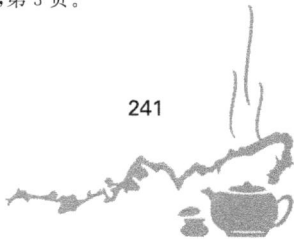

名之曰:销金窟焉。二十年来,纵观盛事,遍及欢场,叹桑海之几重,乃骄淫之倍甚。暇取时事而静验之,窟之大者有三,曰妓馆,曰戏馆,曰酒馆,一日夜所销不下万数千元焉;窟之小者有三,曰清烟馆,曰花烟馆,曰女堂烟馆,一日夜所销不下千数百元焉。他物之以日计者称是,大抵一年所销不下数百万金。来游是邦者少不自检,往往失足于窟中"①。面对大上海的灯红酒绿、纸醉金迷,就连乡下的土财主都蠢蠢欲动,如,被鲁迅喻为"傻公子",后来建嘉业藏书楼的刘承干,就频频亮相于大上海的各种娱乐场所,吃喝玩乐,兴致勃勃。他在《求恕斋日记》里记道:

> 2 月 28 日,乘马车至高德,请西医配墨晶眼镜一副,计洋 42 元。……夜携陈姬至美斋夜膳,膳毕,至北四川路看外国影戏,二等每票一元。戏与寻常所演者较好,每演一片则必有洋字片一张,以誌原委,惜予不能辨识。坐中,华人亦甚寥寥。西人纷集,每演一套毕,必有一男一女跳舞一次。跳舞形灵动,予虽不知意,度之,其技要亦高手耳。
>
> ……
>
> 3 月 19 日,午后三点钟,同醉愚坐马车至斜阳路西园,看文明结婚……主婚者王一亭,新人吾湖应溥泉与鉴湖章肃女士。
>
> ……
>
> 3 月 25 日,与内子、徐姬游哈同花园,夜,礼查西膳。②

在此前后,他又游览了张园、畅游园,去江湾看飞行艇就是飞机表演、去圆明园路看外国戏、去震泽看赛船等。③

上海之所以成为境内外主要的旅游目的地,有许多的影响因素,如,太平天国运动、抗日战争期间各地资金的大量涌入,率先开埠通商、走向世界,以及得天独厚的区位优势、无与伦比的经济腹地等。20 世纪二三十年代,上海已跻身于世界最大城市的行列,被誉为"东方巴黎"。1922—1931 年的海关 10 报告分析上海成为主要旅游目的地的原因:"近十年来,本埠环游事业颇称发

---

① 忏情生:《销金窟歌有序》,《申报》1872 年 7 月 13 日。
② 刘承干:《求恕斋日记》,上海图书馆藏。
③ 童立德、宋路霞:《百年儒商——南浔小莲庄刘氏》,杭州:浙江摄影出版社 2004 年版,第 106 页。

达,初不因设备不全或缺乏鼓励而稍形退缩,其于繁荣市面,实不无小补。殆亦①旅邸设备日有进步;②环行世界巨舶数目增多,布置渐臻完善;③西伯利亚铁路交通恢复,有以促成之也。本期莅埠游览人士虽以统计缺如,无从确悉,然每年不下万人,似无疑义。顾其中游览而外,兼为经商者亦实繁有徒,当不在少,夫上海扼长江之咽喉,当交通之要冲,且复密迩金陵、苏杭胜地,实为游览华中人士往来孔道,是以各界人士,对于环游事业诚宜积极鼓励,不仅沪埠得以繁荣,即国家资产亦可增大也。"①

对比两个不同的旅游目的地旅游发展的总体水平,涉及的内容很多,如,交通工具、基础设施、服务设施、资源开发、旅游活动、客源市场、旅游文化等,其中,游客人数和旅游收入是衡量旅游发展水平的两项主要指标。第四章、第六章已分别按杭州、上海的旅馆数量与规模、境内外游客的客流量进行了前后排名,近代杭州旅游的发展水平落后于上海。兹仅再据 1922—1931 年海关10 报告对杭州、上海两个旅游目的地的记述进行简单对比(详见第 233 页):就区位条件看,上海优于杭州,"扼长江之咽喉,当交通之要冲",离南京、苏州、杭州并不远,"实为游览华中人士往来孔道";就交通工具看,除铁路、公路、轮船等近代交通工具,上海有"西伯利亚铁路"、"环行世界巨舶"等,无缝对接世界客源市场,杭州主要依靠运河,游客集中在每年的"春季香汛";就旅游资源看,上海营造了良好的旅游环境,社会各界"积极鼓励",旅馆等配套服务设施成为吸引游客的基本条件,杭州自然旅游资源、人文旅游资源十分丰富,西湖、庙宇"著称中外",拥有很高的知名度;就旅游目的看,来上海的游客游览外,"兼为经商者""当不在少",客源结构多元,杭州则以观光旅游、宗教旅游居多;就游客人数看,上海"每年不下万人",杭州"有如云集";就社会影响看,由于旅游"颇称发达",不仅上海"得以繁荣",而且"国家资产亦可增大",对于"繁荣市面""不无效补",杭州游客"有如云集","进香船只熙来攘往,盛极一时",推动了当地经济的繁荣。

(二)杭州旅游的近代命运

近代杭州旅游并非凭空出现的,而是传统杭州旅游的延续。近代前夜,也就是 19 世纪中后期中国社会近代化发轫之际,历史所展示的传统杭州旅游的基本格局和发展水平是这样的:杭州素因经济发达、西湖秀丽吸引了官宦、商

---

① 张俐俐:《近代中国旅游发展的经济透视》,天津:天津大学出版社 1998 年版,第 163 页。

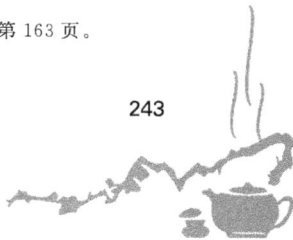

贾、士人、香客、市民,是观光、娱乐、朝圣的旅游目的地;他们参与旅游的目的千差万别,方式上具有分散、自发、随意的特点;受交通工具的限制,人们多数时候只能在居住地附近"浅游",长时间、远距离的"壮游"几乎是奢望;在人们外出旅游时,会遇到食宿、交通等约束,需要专人或服务机构帮助解决困难,提供方便条件,同时支付相应费用,作为劳动报酬或盈利所得,这种供需关系或多或少一直存在着。

近代以来,尤其是从清末民初开始,随着经济增长与生活水平提高、西俗东渐与价值观念转变,市政建设有序展开,城市功能开始显现,杭州旅游在交通工具、基础设施、服务设施、古迹保护、资源开发、旅游活动、客源市场、旅游文化等几乎所有方面,都逐步地、或多或少地发生了变化。这些变化孤立地看,都是缓慢的、琐碎的,甚至微不足道,但聚集起来却构成了一幅杭州旅游近代化不断推进的画面,展示了异于传统杭州旅游的一些"近代"景象:随着铁路、公路、轮船等近代交通工具的引进,以及人力车、三轮车、自行车、公共汽车、西湖游船的使用,游客不仅可以更加方便、快捷地赴杭州旅游,而且有了对交通工具更多的选择;至于杭州市政建设之道路、桥梁、建筑物等"硬件",电力、通信、自来水等"软件",则为游客提供了良好的条件,推进了杭州旅游目的地的形成;旅游管理接待机构、旅游团体、旅行社、旅馆、餐饮、娱乐、购物等服务设施的出现或提升,是旅游服务意识增加的表现,也使游客出行有了保障;在古迹遗存保护、旅游资源开发的同时,旅游活动丰富多样,除观光旅游、宗教旅游外,会展旅游、修学旅游是新常态,基本形成境内旅游、出境旅游、入境旅游3个客源市场;以重安居、畏客居为核心的传统旅游思想依然存在,但在其中出现了近代的元素,并通过导游指南、旅游商品这些载体不断地加以传播。这一旅游近代化的进程于19世纪末叶在杭州慢慢启动,到20世纪30年代中期达到一定水平,后因战争惨遭破坏,甚至一度中断,抗日战争胜利后略有回复,但程度十分有限。因此,传统杭州旅游向近代杭州旅游转型的实际展开,前后不过持续了将近50年时间,就是清明民初尤其是民国时期。应该说,这近50年时间是传统杭州旅游走向近代杭州旅游承上启下的阶段,在杭州旅游发展史上具有不可替代的重要地位。

近代杭州旅游的总体水平并不高,甚至十分微弱。具体地说,第一,由于传统旅游尤其是传统旅游思想根深蒂固,旅游目的、旅游方式、旅游产品、旅游服务虽产生种种变化,但总体上仍较传统,新的因素、成分微乎其微;第二,一方面,受中国社会近代化的深刻影响,促使交通工具、基础设施、服务设施、资源开发、客源市场、旅游文化等发生变化,另一方面,因其成绩相对落后于上海、北平等重要通商口岸以及交通枢纽城市,旅游竞争力相对有限,未成为主要的旅游目的地;第三,因战争等原因,发展缓慢,甚至中断,让人倍感杭州旅游近代化的艰辛、无奈。这一切都表明,杭州旅游所经历的转型还处在早期近代化阶段,向近代旅游转型的速度过于缓慢。

不过,杭州旅游近代化的程度虽极有限,但从另一个角度来看,这一实际只有50年甚至不足50年时间的短暂转型过程,所达到的水平已属难能可贵。更关键的在于,近代杭州旅游是现代杭州旅游的基础。第一,晚清、北洋杭州地方政府重视旅游,尤其是杭州市政府把发展旅游作为城市发展的方向,不仅在当时具有积极意义,而且可以成为未来杭州发展方向选择的依据,发展旅游完全有可能在新的历史背景下继续成为杭州发展的方向;第二,以吃、住、行、娱、游、购为主体构成的旅游产业已初具规模,基础设施、服务设施尤其是旅游资源开发、旅游产品构建,为今天杭州旅游的发展创造了条件;第三,观光旅游、宗教旅游、会展旅游、修学旅游蔚然成风,杭州成为游览、观光、娱乐、休闲的旅游目的地。

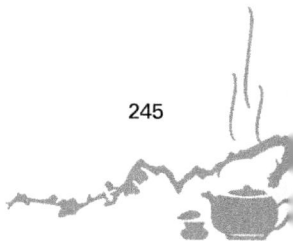

参考文献

一、历史文献

（宋）周淙撰：《乾道临安志》、施谔撰：《淳祐临安志》，杭州：浙江人民出版社 1983 年版

（宋）吴自牧：《梦粱录》，西安：三秦出版社 2004 年版

（意）马可·波罗：《马可·波罗游记》，福州：福建人民出版社 1981 年版

（明）沈朝宣纂修：嘉靖《仁和县志》，嘉靖二十八年刻本

（明）陈善纂：万历《杭州府志》，万历七年刻本

（明）田汝成：《西湖游览志》，上海：上海古籍出版社 1998 年版

（明）田汝成：《西湖游览志余》，上海：上海古籍出版社 1998 年版

（明）张岱：《西湖梦寻》，南京：凤凰出版社 2002 年版

（清）崔灏：《湖山便览（附西湖新志）》，上海：上海古籍出版社 1998 年版

（清）范祖述：《杭俗遗风》，同治三年手抄本

二、档案资料

徐珂：《西湖游览指南》，上海商务印书馆 1919 年版

《三个月之杭州市政》（《杭州市政》周刊特刊），1927 年

陆费执原辑、舒新城重编：《杭州西湖游览指南》，中华书局 1929 年版

中国旅行社编：《西子湖》，1929 年

王兰仲：《小说的杭州西湖指南》，1929 年

杭州市政府秘书处编：《杭州市政府现行法规丛刊》，1930 年

傅荣恩:《江浙市政考察记》,新大陆印刷公司 1931 年版

建设委员会调查浙江经济所编:《杭州市经济调查》,1932 年

杭州市政府社会科编:《杭州市二十一年份社会经济统计概要》,杭州图书馆藏 1933 年

石克士:《新杭州导游》,杭州新新印刷公司 1934 年版

张光剑:《杭州市指南》,杭州市指南编辑社 1935 年版

白云居士:《游杭快览》,浙江正楷书局 1936 年版

杭州市政府秘书处编:《杭州市政府十周年纪念特刊》,1937 年

中国旅行社杭州分社:《杭州导游》,杭州图书馆藏,1947 年

李乃文:《杭州通览》,中国文化出版社 1948 年版

干人俊等编纂:《民国杭州新志稿》,杭州图书馆编:《杭州史地丛书》(第一辑),1983 年

杭州市地方志编纂办公室编:《杭州地方志资料第一、二辑:民国杭州市新志稿》,1987 年

杭州市档案馆编:《民国时期杭州市政府档案史料汇编》,1990 年

中国人民银行上海分行金融研究所编:《上海商业储蓄银行史料》,上海:上海人民出版社 1990 年版

陈存仁:《银元时代生活史》,上海:上海人民出版社 2000 年版

上海市档案馆编:《陈光甫日记》,上海:上海书店 2002 年版

王国平主编:《西湖文献集成》(第 10 册),《民国史志西湖文献专辑》,杭州:杭州出版社 2004 年版

芥川龙之介著,秦刚译:《中国游记》,北京:中华书局 2007 年版

马尔智:《马尔智日记》,《杭州日报》2009 年 11 月 13 日

阮毅成:《三句不离本杭》,杭州:杭州出版社 2011 年版

中国旅行社总社档案,卷号 Q368-1-466,上海档案馆藏

Mrs. J. F. Bishop. The Yangtze and Beyond. London: John Murray,1899.

William Kahler. The Hangchow Bore, and How to Get to It. Shanghai: "Union" Office 1905.

Charles K. Edmunds. A Visit to the Hangchow Bore. The Popular Science Monthly , Feb 1908.

Robert Dollar. Private Diary of Robert Dollar on His Recent Visits to

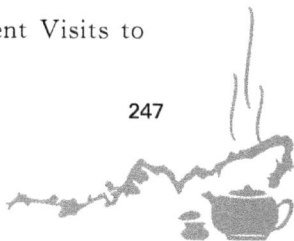

China. San Francisco：W. S. Van Cott & Co. 1912.

Robert F. Fitch. Hangzhou Itineraries. Shanghai：Kelly & Walsh. 1918.

Robert Dollar. Memoirs of Robert Dollar. San Francisco：W. S. Van Cott & Co. 1917,1918,1921,1922.

《旅行杂志》

《道路月刊》

《市政评论》

《杭州市政季刊》

《浙江省建设月刊》

《东南日报》

《申报》

三、近人论著

钟毓龙：《说杭州》，杭州：浙江人民出版社1983年版

王仁兴：《中国旅馆史话》，北京：中国旅游出版社1984年版

周峰主编：《元明清名城杭州》，杭州：浙江人民出版社1990年版

周峰主编：《民国时期杭州》，杭州：浙江人民出版社1992年版

张静如、卞杏英：《国民政府统治时期中国社会之变迁》，北京：中国人民大学出版社1993年版

杭州市旅游事业管理局编：《杭州市志·旅游篇（送审稿）》，1994年

张仲礼主编：《东南沿海城市与中国近代化》，上海：上海人民出版社1996年版

任振泰主编：《杭州市志》，北京：中华书局1997年版

包伟民主编：《江南市镇及其近代命运》，北京：知识出版社1998年

张俐俐：《近代中国旅游发展的经济透视》，天津：天津大学出版社1998年版

王淑良、张天来编：《中国旅游史》（下册），北京：旅游教育出版社1999年版

郑焱：《中国旅游发展史》，长沙：湖南教育出版社2000年版

刘佛丁主编：《中国近代经济发展史》，北京：高等教育出版社2001年版

商友敬：《中国游览文化》，上海：上海古籍出版社2001年版

熊恩生、王其煌主编：《杭州文史丛编》，杭州：杭州出版社2002年版

王永忠：《西方旅游史》，南京：东南大学出版社2004年版

彭勇主编：《中国旅游史》，郑州：郑州大学出版社 2006 年版

张学勤、王利民编著：《中山中路的历史建筑与商业文化》，杭州：杭州出版社 2009 年版

张俐俐：《近代中国国际旅游客源市场浅析》，《南开经济研究》1997 年第 6 期

张俐俐：《近代中国第一家旅行社述论》，《中国经济史研究》1998 年第 1 期

张俐俐：《中国、日本、美国近代国际旅游收支比较分析》，《南开经济研究》1998 年第 5 期

吕伟俊、宋振春：《陈光甫的旅游管理思想与实践》，《东岳论丛》2002 年第 2 期

贾鸿雁：《民国时期文化名人旅游特点浅析》，《桂林旅游高等专科学校学报》2002 年第 2 期

贾鸿雁：《民国时期旅游研究之进展》，《旅游学刊》2002 年第 4 期

郑焱、易伟新：《中国早期旅游企业的企业文化建设——兼析企业文化建设与研究起于何时》，《湖南师范大学学报》2003 年第 6 期

赵可：《民国时期城市政府行为与杭州旅游城市特色的显现》，《中共杭州市委党校学报》2004 年第 2 期

贾鸿雁：《略论民国时期旅游的近代化》，《社会科学家》2004 年第 3 期

陈蕴茜：《论清末民国旅游娱乐空间的变化——以公园为中心的考察》，《史林》2004 年第 5 期

巫仁恕：《晚明的旅游风气与士大夫心态——以江南为讨论中心》，论文集编者：《明清以来江南社会与文化论集》，上海社会科学出版社 2004 年版

汪利平：《杭州旅游业和城市空间变迁(1911—1927)》，《史林》2005 年第 3 期

贾鸿雁：《民国时期游记图书的出版》，《广西社会科学》2006 年第 1 期

潘研：《俄日殖民统治大连时期的旅游业》，《大连近代史研究》2007 年第 0 期

张进：《近代商人与民国旅游事业的发展》，《南通纺织职业技术学院学报》2007 年第 1 期

郑焱、杨庆武：《30 年来中国近代旅游史研究述评》，《长沙大学学报》2011 年第 1 期

刘畅、黄涛：《张謇与地方旅游事业的发展》，《江苏工程职业技术学院学报》2015 年第 2 期

潘虹、庄东芳：《陈光甫之中国旅行社对中外文化交流的影响》，《吉林省经济管理干部学院学报》2016 年第 1 期

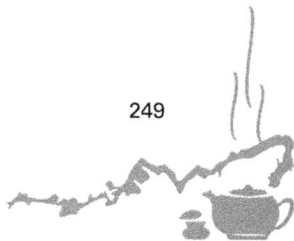

附录一　近代杭州旅游大事记

清道光二十八年（1848）

楼外楼创建。

清咸丰十一年（1861）

灵隐寺、岳王庙、钱王祠、清行宫、于谦祠毁于兵火。

清同治三年（1864）

浙江布政使蒋益澧创立西湖浚湖局，委钱塘丁丙主其事。

清同治四年（1865）

浙江布政使蒋益澧询故老，访残碣，捐资重建岳王庙。

清同治八年（1869）

郡人吴煦、濮诒孙等请款重建于谦祠。

清光绪元年（1875）

王星记扇庄创建。

清光绪四年（1878）

胡庆余堂国药号创建。

清光绪九年（1883）

杭州设立电报局并开始运行。

清光绪二十一年（1895）

杭州设立送信官局。

清光绪二十三年（1897）

根据《马关条约》规定，日本在杭州拱宸桥划定了租界区，西沿运河塘路，南至拱宸桥脚,北到瓦窑头,东及陆家务河,周围 11.2 里,占地 2809 亩。

清光绪二十八年(1902)

杭州有了近代轮船,告别帆船时代。

清光绪三十二年(1906)

开工建设沪杭铁路,同时开工建设江墅铁路。次年,江墅铁路通车运营,系杭州也是浙江最早运营的铁路,全长 16.135 公里。

清光绪三十三年(1907)

杭州有了电话。

清泰旅馆创办,系杭州最早的新式旅馆。

清光绪三十四年(1908)

杭州第一部电影在阳春茶楼放映。

清宣统元年(1909)

沪杭铁路建成通车。

清宣统二年(1910)

浙江大有利电灯股份有限公司建成发电,杭州有了电灯和新机器动力。

清宣统三年(1911)

重建灵隐寺。

民国元年(1912)

开始拆除钱塘门至涌金门的城墙、旗营、城门。同时决定将旗营旧址开辟为"新市场",重点发展工商业。

湖滨公园创建,最初由 5 块大小不一的园地连缀而成,自南向北,依次称一公园、二公园、三公园、四公园、五公园,全长近 1 公里。

孤山公园创建。

民国 2 年(1913)

徐珂编写《西湖游览指南》(附《观潮指南》)。

民国 5 年(1916)

经省长吕公望提议,决定根据清代主要驿道走向,修建以省会杭县(今杭州)为起点的 6 条省道干线公路。

民国 6 年(1917)

浙江都督杨善德购进一辆汽车,系杭州也是浙江有汽车的开端。

民国 7 年(1918)

浙江有识之士忧于洋货泛滥成灾,建议地方政府择新市场适中地点,创办国货陈列馆。

民国 8 年(1919)

开驶海宁观潮专车。

民国 9 年(1920)

开工建设环湖马路。

民国 11 年(1922)

杭州有了公共汽车。

浙江省省长张载阳创办大世界游艺场。

民国 12 年(1923)

在上海银行杭州分行内设立旅行分部,系杭州最早的旅行社。

民国 13 年(1924)

在城站旅馆屋顶楼外楼露天电影院放映国产无声影片,系杭州开办的首家专业电影院。

雷峰塔倒塌。

民国 14 年(1925)

在杭州基督教青年会露天电影场放映美国影片,系杭州最早放映外国影片的专业电影院。

民国 16 年(1927)

邵元冲偕市政厅、科局长宣誓就职,暂假青年会之全部用房为临时办公处。此为杭州建市之始。

为纪念孙中山先生,孤山公园更名中山公园,并在后孤山造中山纪念林、中山纪念亭。

民国 17 年(1928)

规定凡属重要道路均修柏油马路。

浙江省政府在三公园码头建立辛亥革命元老、上海都督陈英士铜像。

民国 18 年(1929)

举办西湖博览会。

浙江省务委员会 223 次会议决定,于该年 10 月在杭州举办全国性的"浙江省国术游艺大会",并由浙江省国术馆具体承办筹备事宜。

杭州市政府在城区东郊,利用铁路车站隙地 20 余亩,就原有池沼之地修建城站公园,此为城东有公园之始。

民国 19 年(1930)

举办中华民国第四届全国运动会。

民国 20 年(1931)

杭州自来水厂正式开始供水

设岳王庙产保管委员会,由原浙江省省长张载阳任主席。

民国 21 年(1932)

成立杭州市游客局。

民国 23 年(1934)

在五公园码头,雕塑家刘开渠为 1932 年一·二八淞沪抗战牺牲的将士创作淞沪战役国军第八十八师阵亡将士纪念碑。

民国 32 年(1943)

南洋三轮车股份有限公司从上海引进 10 多辆三轮车,系杭州最早的三轮车。

民国 34 年(1945)

制定《西湖造林计划大纲》。

附录二　中国世界遗产

编号	名称	入选年代	所在地
1	长城	1987	横跨17个省、市、自治区
2	明清皇家宫殿	1987(北京) 2004(沈阳)	北京、辽宁沈阳
3	莫高窟	1987	甘肃敦煌
4	秦始皇陵	1987	陕西西安
5	周口店北京人遗址	1987	北京
6	承德避暑山庄	1994	河北承德
7	孔庙、孔府	1994	山东曲阜
8	武当山古建筑	1994	湖北丹江口
9	布达拉宫	1994(布达拉宫) 2000(大昭寺) 2001(罗布林卡)	
10	庐山风景区	1996	江西九江
11	丽江古城	1997	云南丽江
12	平遥古城	1997	山西平遥
13	苏州古典园林	19972000(扩展)	江苏苏州
14	颐和园	1998	北京
15	天坛	1998	北京

续表

编号	名称	入选年代	所在地
16	青城山都江堰	2000	四川都江堰
17	西递、宏村	2000	安徽黟县
18	大足石刻	1999	重庆大足
19	明清皇家陵寝	2000(明显陵、清东陵、清西陵) 2003(明孝陵、明十三陵) 2004(盛京三陵)	湖北钟祥、河北通化、河北易县、江苏南京、北京、辽宁沈阳、新宾
20	云冈石窟	2001	山西大同
21	龙门石窟	2000	河南洛阳
22	澳门历史城区	2005	澳门
23	殷墟	2006	河南安阳
24	高句丽王城	2004	吉林集安、辽宁桓仁
25	福建土楼	2008	福建龙岩、漳州
26	五台山	2009	山西五台
27	开平碉楼与村落	2007	广东开平
28	"天地之中"历史建筑群	2010	河南登封
29	杭州西湖文化景观	2011	浙江杭州
30	元上都遗址	2012	内蒙古正蓝旗
31	红河哈尼梯田文化景观	2013	云南红河
32	九寨沟风景区	1992	四川九寨沟
33	黄龙风景区	1992	四川松潘
34	武陵源风景区	1992	湖南张家界
35	三江并流	2003	云南丽江、迪庆、怒江
36	大熊猫栖息地	2006	四川成都、阿坝、雅安、甘孜
37	南方喀斯特	2007	云南石林、贵州荔波、重庆武隆
38	三清山风景区	2008	江西上饶

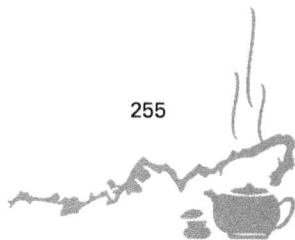

续表

编号	名称	入选年代	所在地
39	中国丹霞	2010	福建泰宁、湖南新宁、广东仁化、江西贵溪、浙江江山、贵州赤水、习水
40	澄江化石池	2012	云南澄江
41	新疆天山	2013	新疆阿克苏、伊犁、巴音郭楞、昌吉
42	泰山	1987	山东泰安
43	黄山	1990	安徽黄山
44	峨眉山、乐山大佛	1996	四川乐山、峨眉山
45	武夷山	1999	福建武夷山
46	中国大运河	2014	流经2直辖市6省
47	丝绸之路（中国部分）	2014	河南、陕西、甘肃、新疆
48	土司遗址	2015	湖北恩施、湖南湘西、贵州遵义
49	左江花山岩画文化景观	2016	广西崇左
50	湖北神农架	2016	湖北神农架
51	可可西里	2017	青海玉树
52	鼓浪屿	2017	福建厦门
53	梵净山	2018	贵州铜仁

附录三　杭州国家 5A 级旅游景区、全国重点文物保护单位

编号	名称	年代	批次（年份）	地点
1	西湖风景名胜区	古代、现代	2007	杭州
2	千岛湖风景名胜区	现代	2010	淳安
3	西溪国家湿地公园（包括洪园）	古代、现代	2012	杭州
4	岳飞墓（庙）	南宋	一（1961）	栖霞岭南麓
5	六和塔	南宋、清	一（1961）	钱塘江北岸月轮峰上
6	飞来峰造像（包括西湖南山造像）	五代至元	二（1982）六（2006）七（2011）	灵隐寺前飞来峰、玉皇山慈云岭南麓、翁家山南麓、玉皇山南麓
7	闸口白塔	五代	三（1988）	钱塘江边闸口白塔岭上
8	胡庆余堂（包括胡雪岩旧居）	清	三（1988）六（2006）	清河坊大井巷
9	良渚遗址	新石器时代	四（1996）	余杭良渚镇、瓶窑镇、安溪镇
10	梵天寺经幢	五代	五（2001）	凤凰山脚梵天寺路
11	临安城遗址（包括皇城、太庙等遗址）	南宋	五（2001）	凤凰山麓
12	临安吴越国王陵（包括胡汉月墓）	五代	五（2001）六（2006）	临安锦城镇太庙山南坡、玲珑镇祥里村庵基山东北坡、锦城镇西墅村明堂山施家山南麓

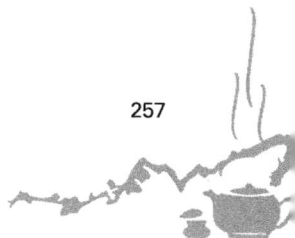

续表

编号	名称	年代	批次（年份）	地点
13	凤凰寺	元至清	五（2001）	中山中路 325 号
14	宝成寺曷葛剌像	元	五（2001）	紫阳山宝成寺内
15	文澜阁	清	五（2001）	孤山东侧
16	功臣塔（包括功臣寺遗址）	五代	五（2001） 七（2011）	临安临安镇功臣山顶
17	西泠印社	清	五（2001）	孤山西侧
18	跨湖桥遗址	新石器时代	六（2006）	萧山城厢街道湘湖
19	茅湾里窑址	周至战国	六（2006）	萧山进化镇裘家山茅湾里
20	郊坛下和老虎洞窑址	宋至元	六（2006）	玉皇山南乌龟山西麓
21	于谦墓	明至清	六（2006）	三台山麓
22	大运河（包括浙东运河）	春秋至清	六（2006） 七（2011）	流经 2 直辖市 6 省
23	马寅初故居	清至民国	六（2006）	庆春路 210 号
24	钱塘江大桥	民国	六（2006）	六和塔附近
25	之江大学校址	民国	六（2006）	浙江大学之江校区
26	笕桥中央航校旧址	民国	六（2006）	笕桥镇横塘村
27	章太炎故居	明末清初	六（2006）	余杭仓前老街
28	乌龟洞遗址	旧石器时代	七（2011）	建德李家镇新桥村后乌龟山
29	小古城遗址	新石器时代	七（2011）	余杭潘板镇俞家堰村西
30	泗洲造纸作坊遗址	宋	七（2011）	富阳高桥镇泗洲村
31	天目窑遗址群	宋至元	七（2011）	临安於潜镇敖干水库、田干、俞家、松毛坞
32	灵隐寺石塔和经幢	五代或北宋初	七（2011）	灵隐寺内
33	保俶塔	五代、明、民国	七（2011）	宝石山
34	西山桥	南宋	七（2011）	建德乾潭镇梓洲村西山脚
35	普庆寺石塔	元	七（2011）	临安横畈镇湖山村普庆寺南

编号	名称	年代	批次(年份)	地点
36	新叶村乡土建筑	明至民国	七(2011)	建德大慈岩镇新叶村
37	龙兴寺经幢	唐	七(2011)	延安北路灯芯巷口
38	仓前粮仓	清至新中国	七(2011)	余杭仓前街道灵源村
39	浙江兴业银行旧址	清末	七(2011)	中山中路 261 号
40	南山造像	元	七(2011)	余杭瓶窑镇南山东南
41	西湖十景		七(2011)	西湖周围

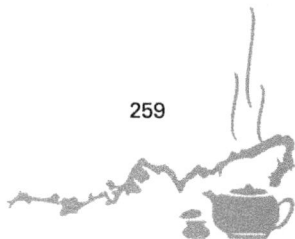

附录四　杭州五星级酒店及国际酒店品牌

编号	名　　称	地　　点	档　　次
1	富春山居	富阳杭富沿江公路	世界最佳酒店
2	香格里拉饭店	北山路 78 号	中国第一家
3	杭州凯悦酒店	湖滨路 28 号	中国第五家 Hyatt
4	杭州黄龙饭店	曙光路 120 号	准白金、五星
5	杭州维景国际大酒店	平海路 2 号	五星
6	杭州国大雷迪森广场酒店	体育场路 333 号	Radisson、五星
7	浙江世贸君澜大饭店	曙光路 122 号	五星
8	东方豪生大酒店	艮山西路 288 号	五星
9	杭州西湖索菲特大酒店	西湖大道 333 号	SOFITEL、五星
10	西湖国宾馆	杨公堤 18 号	五星
11	浙江国际大酒店	体育场路 221 号	五星
12	天元大厦	钱潮路 2 号	五星
13	浙江西子宾馆	南山路 37 号	五星
14	杭州海外海皇冠假日酒店	上塘路 333 号	五星
15	杭州哥德大酒店	西湖大道 19 号	五星
16	杭州温德姆至尊豪廷大酒店	凤起路 555 号	Wyndham
17	杭州安缦法云酒店	灵隐法云古村	AMAN
18	杭州开元名都大酒店	萧山市心中路 818 号	五星

续表

编号	名　称	地　点	档　次
19	杭州金马饭店	萧山通惠中路 218 号	五星
20	索菲特世外桃源度假酒店	萧山湘湖路 3318 号	SOFITEL、五星
21	杭州第一世界大酒店	萧山风情大道 2555 号	五星
22	杭州白鹭湾君澜度假酒店	萧山东方文化园内	五星
23	浙江天都城酒店	余杭欢西路 1 号	五星
24	杭州良渚君澜度假酒店	余杭良渚文化村	五星
25	杭州陆羽君澜度假酒店	余杭大竹园 18 号	五星
26	浙江南国大酒店	富阳馆驿里 8 号	五星
27	富阳国际贸易中心大酒店	富阳江滨西大道 56 号	五星
28	杭州中都青山湖畔大酒店	临安圣园路 88 号	五星
29	千岛湖开元度假村	淳安阳光路 888 号	五星
30	杭州西子湖四季酒店	灵隐路 5 号	Four Seasons
31	杭州柏悦酒店	钱江路 1366 号	Hyatt
32	杭州洲际酒店	解放东路 2 号	InterContinental
33	千岛湖洲际度假酒店	淳安羡山半岛	InterContinental
34	杭州 JW 万豪酒店	湖墅南路 28 号	Marriott
35	西溪悦榕庄	紫金港路西溪天堂国际旅游综合体 2 号	Banyantree
36	西溪悦椿	紫金港路西溪天堂国际旅游综合体 8 号	Angsana
37	龙禧福朋喜来登酒店	东信大道 868 号	Sheraton
38	滨江银泰喜来登大酒店	江虹路 1769 号	Sheraton
39	喜来登西溪天堂	紫金港路 21 号	Sheraton
40	绿城千岛湖喜来登酒店	淳安新安北路	Sheraton
41	杭州和达希尔顿逸林酒店	金沙大道 600 号	Hilton
42	千岛湖希尔顿度假酒店	淳安环湖北路 600 号	Hilton
43	杭州 OAKWOOD 酒店公寓	教工路 28 号	OAKWOOD

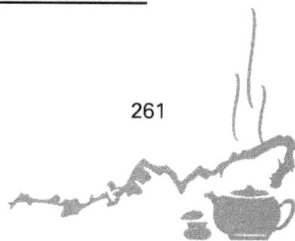

后　记

　　杭州作为历史文化名城和山水旅游城市,在我国现代旅游发展进程中扮演了重要的角色。尤其是改革开放以来,随着桐庐瑶琳洞、建德灵栖洞的成功开发,形成了以西湖、瑶琳洞为代表的旅游目的地和延伸到灵栖洞、千岛湖的黄金旅游线,开创了以旅游资源开发为导向的景区建设先河,我国进入到大众旅游、现代旅游的新时代,并标志着旅游正在成为一种新兴产业。而且,杭州旅游发展的步伐并没有停顿,相反着力挖掘历史文化内涵,兴建了包括中国茶叶博物馆、中国丝绸博物馆、南宋官窑博物馆、胡庆余堂中医药博物馆在内的纪念馆、博物馆群,打造特色旅游品牌;以市场为导向,开发了宋城、未来世界、灵隐中华石窟、六和塔中华古塔博览苑等人造景观主题公园,改变了旅游开发仅仅依托自然山水资源的模式,开始变得绚丽多彩;在我国旅游度假区建设的浪潮中,创建了一个国家旅游度假区(之江)、一个省级旅游度假区(千岛湖),度假休闲成为促进杭州旅游发展的战略方向之一。

　　如果说改革开放以来的20年是杭州旅游发展的起步阶段,那么,21世纪的头一二十年是杭州旅游蓬勃发展并走向成熟的阶段。立足“大杭州、大旅游、大产业”的发展理念,实施“旅游西进”战略,拓展旅游开发空间,围绕“三江(钱塘江、富春江、新安江)、四湖(西湖、湘湖、南湖、千岛湖)、一山(天目山)、一河(京杭运河)、一溪(西溪)、三址(跨湖桥遗址、良渚文化遗址、南宋皇城遗址)”重点旅游资源,发挥大项目的带动效应,修复和新建了大量旅游景点;坚持可持续发展理念,启动了西湖、西溪、运河三大综合保护工程,保护历史文脉,优化城市景观,提升旅游质量,2011年、2014年,西湖文化景观、中国大运河相继申遗成功,标志着杭州拥有国际顶级旅游景区和世界级的旅游产品,为提升杭州的知名度、美誉度和影响力,助推杭州甚至整个浙江旅游产业的腾飞,做出极其重要的贡献;大力发展旅游休闲业,基本形成了"一核(都市旅游休闲核)、一极(千岛湖休闲度假增长极)、两圈(环都市休闲游憩圈、杭州都市旅游休闲圈)、两轴(三江两岸生态旅游发展轴、沿杭徽高速公路旅游发展轴)"的大杭州旅游休闲空间格局;依托美丽乡村、特色小镇建设,乡村旅游、民宿经济遍地开花,全域旅游稳步推进;成功举办 G20 峰会,向全球展示了杭州历史和现实交相辉映的独特韵味和别样精彩,助推杭州跨入国际都市行列,促进会展旅游迅猛发展。

　　过去的近 40 年,杭州既重视旅游目的地发展,又关注城市国际化进程,实现了从旅游城市向城市旅游的华丽转身,呈现出闪耀精彩的一面,荣登美国《纽约时报》"2016 年全球值得到访的 52 个旅游目的地",也被国内权威旅游媒体评为"2016 年度最受关注旅游目的地"。但杭州翻天覆地的旅游变化,并不是一蹴而就的,因为杭州拥有秀丽的湖光山色,自古以来就是帝王巡游、官吏宦游、士人漫游、僧侣云游、商贾周游等的主要旅游目的地,他们留下了无数美妙的诗篇,脍炙人口,推动了旅游文学的繁荣,是杭州、中国甚至世界最早的旅游形态,而且引发了杭州西湖自然园林、文化景观的形成,是杭州优先发展旅游的基础和最为宝贵的财富,相对于把天下山水收藏在自家庭院、居家欣赏的皇家和私家园林,西湖因为开了外出审美的风气,而显得更加大气、开放、精致、和谐。最为关键的是,近代既是杭州旅游发展承上启下的重要阶段,也是考察杭州旅游近代化如何经过艰难曲折,逐步地、缓慢地向前迈进的不可逾越的历史环节。因此,梳理近代杭州旅游的盛衰变迁,揭示杭州旅游近代化的进程,既能起到"匡史书之误、补档案之缺、辅史学之证"的作用,唤起人们对杭州以致人类所有历史文化遗产更多的珍惜和呵护,为共建共享历史文化名城、创新活力之城、东方品质之城,朝着建设世界名城目标大步迈进的杭州提供历史的注脚和说明,并以其揭示的历史轨迹为今后杭州旅游的发展提供一定的借鉴,也能为未来杭州旅游乃至经济社会的发展提供更多的精神动力和智力支持。基于上述目的,本书运用相关理论和方法,对近代杭州旅游做了研究。总的来说,本书具有三个特点:第一,跨度大,时间上虽以近代杭州旅游为主题,但涵盖了杭州旅游发展的整个进程,直至对当下杭州旅游发展的影响,空间上并未局限狭义的杭州,所研究的杭州,只是一个较笼统、模糊的概念,反映的是整个大杭州的旅游面貌;第二,内容广,所指旅游是旅游活动的通称,包括围绕近代杭州旅游活动展开的交通工具、基础设施、服务设施、资源开发、客源市

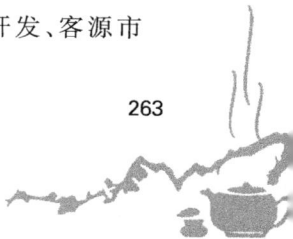

场、旅游文化,以及对当时及以后旅游发展、经济社会、历史文化的影响;第三,有问题意识和时代意识,期望通过对近代杭州旅游发展的研究,为当下杭州旅游发展的实践服务。在研究过程中,本书遇到两大挑战:第一,回答了在鸦片战争到新中国成立的百余年里,杭州有没有旅游和旅游活动的问题,但缺乏对其本质、规律、特点的理论探索;第二,由于数据不够完整,未对能近代杭州旅游做出深入的定量分析。两大挑战无疑是另一个富有意义的课题,成为今后继续研究的方向。在写作过程中,本书吸取了前辈的许多研究成果,在此无法一一列举各位的尊姓大名了,忐忑不安,谨致以衷心的感谢! 还要感谢傅百荣先生,正是他的博学和细心,使本书少了错误;正是他的严谨和敬业,让我吾辈倍感汗颜! 由于专业认知和理论水平的限制,本书难免存在遗漏和不足之处,请广大读者不吝赐教。

浙江工业大学之江学院

项文惠